JN438312

세력 전환기 동아시아의 국가 정체성과 지역 인식

National Identities and the Perceptions of the Region in East Asia in the Period of Power Transition

아연동북아
총서 _ 21

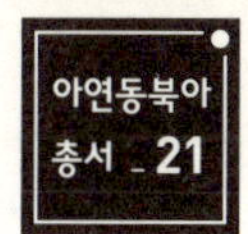

세력 전환기 동아시아의 국가 정체성과 지역 인식

| 이정남·이내영 편저 |

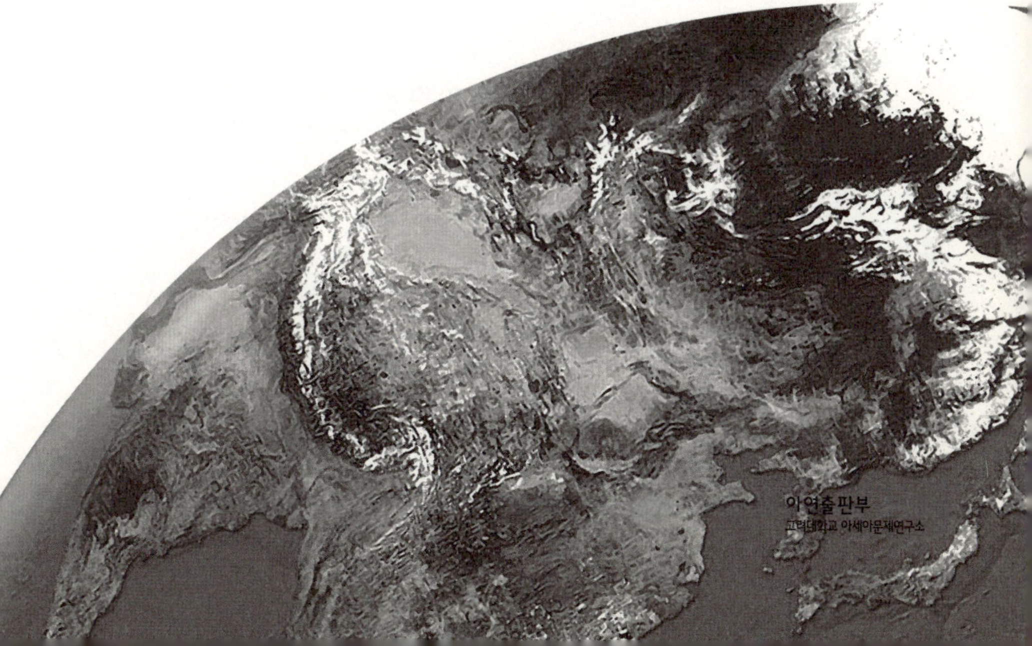

아연출판부
고려대학교 아세아문제연구소

Table of Contents

INTRODUCTION The Possibility and Prospect of East Asia's Transnational Identities
| Jung-Nam Lee and Nae-Young Lee 11

PART I

Regional Power Transition and the National Identities of Korea, China, and Japan

CHAPTER 1 The Identities and Representations of Korea, China, and Japan in Korean Newspapers: Focusing on the Discourse of Seonjinguk | Jongtae Kim 27

CHAPTER 2 China's Perception of the East Asian Regional Order
: Focusing on Its Position and Role as an Emerging Power | Jung-Nam Lee 64

CHAPTER 3 Revisionist Nationalism and the Pursuit of a 'Normal Military State'
: The Changes of the Abe Administration's Foreign and Security Policies
| Young-June Park 93

CHAPTER 4 A Study of the Determining Factors of South Koreans' Perceptions and Attitudes Towards National Unification | Nae-Young Lee 130

PART II

The Expansion of Transnational Exchanges and the Possibility of Post-National Identities

CHAPTER 5 Is History Stronger than Reality?: The Possibility of the Change of Korea's and Japan's Perceptions of History According to Their Cultural Contacts
| Aelee Sohn 171

CHAPTER 6 Student Mobility and the Dynamics of Multiple Identities in Asia
| Jung-Mee Hwang 203

CHAPTER 7 National Identity Issues and Regional Security Cooperation in Northeast Asia | Key-young Son 238

Abstract 268

| 차 례 |

아연동북아총서 발간에 부쳐 8

서문 동아시아 초국가적 정체성의 가능성과 전망 | 이정남·이내영 11

제1부 동아시아 세력 전이와 한·중·일의 국가 정체성

1장 한국 언론에 나타난 동북아 3국의 정체성과 표상
: 선진국 담론을 중심으로 | 김종태 27

2장 세력 전환기 중국의 동아시아 질서 인식
: 부상하는 자국의 지위와 역할에 대한 인식을 중심으로 | 이정남 64

3장 수정주의적 내셔널리즘과 보통군사국가화
: 일본 아베 정부의 외교안보정책 변화를 중심으로 | 박영준 93

4장 한국인의 통일에 대한 인식과 태도의 결정요인 분석 | 이내영 130

제2부 초국가적 교류의 확대와 '포스트-내셔널' 정체성의 가능성

5장 역사가 현실의 문화보다 강할까?
: 문화 접촉에 따른 한·일 역사인식의 전환 가능성 | 손애리 171

6장 아시아 역내 유학생의 증가와 다층적 정체성 분석 | 황정미 203

7장 동북아의 '국가 정체성 이슈'와 지역안보 협력 구상 | 손기영 238

영문 초록 268

| 표 차례 |

표 1-1 신문 사설에 나타난 일본의 정체성과 표상 41
표 1-2 신문 사설에 나타난 중국의 정체성과 표상 47
표 1-3 신문 사설에 나타난 한국의 정체성과 표상 53
표 2-1 현재의 국제질서를 어떠하다고 생각하십니까? 74
표 2-2 가까운 장래에 중국이 미국을 능가하는 세계 리더 국가가 될 것이라고 생각하십니까? 74
표 2-3 지난 10년간 아시아에서 다음 국가들의 영향력이 증가했다고 생각하십니까, 아니면 감소했다고 생각하십니까? 75
표 2-4 현재 국제사회에서 중국에 가장 적합한 역할은 무엇이라고 생각하십니까? 80
표 2-5 국제 문제에 적극적으로 개입하는 것이 중국 장래에 긍정적으로 작용할 것이라고 생각하십니까? 81
표 3-1 일본 청년층을 대상으로 한 역사 및 영토 문제에 관한 여론조사 결과(2013. 6) 99
표 3-2 「방위계획대강 2013」과 이전 방위계획대강 주요 요점 비교 110
표 3-3 역대 방위계획대강에 나타난 육해공 자위대 군사력 비교 118
표 4-1 연령, 성별, 이념 성향별 통일의 당위성에 대한 인식, 2013년 150
표 4-2 통일이 가능한 시기 151
표 4-3 연령, 성별 이념 성향별 통일 가능 시기에 대한 태도, 2013년 151
표 4-4 북한은 우리에게 어떤 대상인가? 154
표 4-5 북한과 미국의 월드컵 축구경기에서 응원할 팀 154
표 4-6 변수 요약과 기술 통계 157
표 4-7 통일의 당위성에 대한 인식의 결정요인 회귀분석 결과 159
표 4-8 통일의 실현 가능성에 대한 인식의 결정요인 회귀분석 결과 161
표 5-1 양국 관계의 발전을 방해하는 주요 요인 177
표 5-2 역사 문제에서 해결해야 할 문제 179
표 5-3 일본 수상의 야스쿠니신사 참배에 대한 생각 179
표 5-4 방문 경험에 따른 상대국 인식 186
표 5-5 지인과 친구 여부에 따른 상대국 인식 187
표 6-1 유학생 조사 참가자의 인구학적 특성 219
표 6-2 다층적 정체성 – 요인분석 결과 추출된 세 가지 지향성 221
표 6-3 유학생들의 4개 집단에 대한 소속감 (5첨 척도: "매우 가깝다" 5점 ~ "전혀 가깝지 않다" 1점) 223
표 6-4 국민국가/아시아인/세계인 지향성 – 출신국별 비교 224
표 6-5 회귀분석 1: 국민국가 지향성 227
표 6-6 회귀분석 2: 아시아인 지향성 228
표 6-7 회귀분석 3: 세계인 지향성 229
표 7-1 헬싱키 프로세스의 이슈 영역 통합 249
표 7-2 동북아 안보 협력과 국가 정체성 이슈의 연계 257

| 그림 차례 |

그림 4-1 통일의 당위성에 대한 인식의 변화 149

그림 4-2 통일로 인한 이익의 기대감, 2007~2013 155

그림 5-1 한·일 상대국(민)에 대한 태도와 양국 관계 인식 176

그림 5-2 방문 경험에 따른 해결할 역사 문제의 우선순위 186

그림 5-3 친구 혹은 지인 유무에 따른 한국인의 해결할 역사 문제의 우선순위 187

그림 5-4 친구 혹은 지인 유무에 따른 일본인의 해결할 역사 문제의 우선순위 189

그림 5-5 정보 취득 정도에 따른 상대국의 인상 191

그림 5-6 정보 취득 정도에 따른 한·일 관계의 전망 192

그림 5-7 정보 취득 정도에 따른 일본 수상의 야스쿠니신사 참배에 대한 입장 193

그림 6-1 유학생의 세 가지 지향성: 출신국별 비교 224

그림 6-2 회귀분석의 틀: 주요 변인들 226

아연동북아총서 발간에 부쳐

탈냉전 이후 동아시아의 역동적 발전은 역내의 정치-외교, 경제 질서뿐만 아니라 문화, 사상, 종교 등의 제 영역에서 새로운 변화를 추동하고 있다. 이런 변화는 일국적 차원의 고찰로는 해명될 수 없는 복잡하고도 민감한 초국가적(transnational) 현상을 낳고 있다. 특히 동북아시아는 지리적 인접성, 공통의 역사-문화적 경험, 협력과 공존의 필요성 등으로부터 연유하는 초국가적 사고와 움직임이 활성화되고 있다. 이런 동북아에 대한 이해를 심화, 확대하고 새로운 해석과 전망을 제공하기 위해서는 국가별 연구나 학문 분과의 분절적 연구를 넘어 동북아시아를 분석의 단위로 삼는 다학문적·학제적 연구가 요청된다.

동북아시아 연구가 갖는 실천적 의미는 매우 중요하다. 주지하듯이 동북아시아는 세계의 어느 지역보다도 급속한 변화와 발전상을 보여 주고 있음에도 불구하고, 여전히 근대성의 문제와 냉전의 구도에 얽매여 있는 곳이다. 20세기 전반기의 제국주의 침략과 식민 경험은 오늘에도 국가적·민중적 기억을 지배하고 있다. 냉전의 산물인 남북 분단과 북한의 핵 위협은 동북아시아의 커다란 불안 요소가 되고 있다. 국가 간 역사 및 영토 분쟁 또한 동북아의 평화로운 발전에 장애로 남아 있다. 그러나 우리는 불편한 역사적 경험과 현재의 불안정이 다른 한편으로 동북아시아의 여러 구성 요소들을 상호 긴밀히 연결시키고, 그로부터 문제 해결을 위한 공통의 기반이 마련될 수 있음에 주목한다. 동북아시아는 대립과 갈등의 무대이기도 하지만 평화와 공존의 모색을 위한 토대이기도 하다. 이제 동북아 연구는 동북아가 처한 현실을 객관적으로 진단하고, 평화로운 미래를 건설하는 시대의 요청에 부응하지 않으면 안 된다.

고려대학교 아세아문제연구소(이하 아연)는 대표적인 동북아시아 지역 종합 연구소로서 학제 간 연구를 통한 동북아 지역 연구를 이끌어 왔다. 1957년 설립된 이래 아연은 구한국 외교문서와 공산권 연구 총서 및 동아시아 연구 총서, 중국 연구 총서, 한일 공동 연구 총서, 민주주의 총서 등 연구 성과의 체계적 집성을 통해 학문적 차원에서 현실을 진단하고 바람직한 미래의 방향을 전망하는 대학 연구소의 역할을 충실히 수행해 왔다. 2008년부터는 한국연구재단의 '인문 한국'(HK) 사업 해외지역학 분야의 지원 기관으로 선정되어, '동북아시아의 초국가적 공간: 사상·사회·문화·제도의 교류와 재구성'이라는 연구 어젠다를 중심으로 10년 기간의 대규모 프로젝트를 진행하고 있다. 이제 아연은 지난 50여 년 동안 축적된 연구 경험과 현재 진행 중인 '인문 한국' 사업의 성과, 각종 동북아 지역 연구 지원, 국내외 소장 학자 교류 지원 프로그램 등을 기반으로 해 〈아연동북아총서〉를 발간한다. 이 총서의 성과가 동북아 공동의 문제를 해결하고 조율하며 바람직한 미래를 모색하는 장이 될 수 있기를 기대하면서, 관심 있는 분들의 격려와 질정을 바란다.

아세아문제연구소장 이종화

서문

동아시아 초국가적 정체성의 가능성과 전망

이정남·이내영

21세기 동아시아는 세계경제의 중심으로 부상하고 있으며 지역 내 경제적 상호 의존의 수준도 비약적으로 심화되고 있다. 한·중·일 및 아세안 13개국은 세계 인구의 31%, GDP의 20%, 교역의 22%를 차지한다. 2008년 금융위기 이후에는 세계경제가 회복세로 전환하는 데 핵심적 역할을 수행했으며, 아시아개발은행(ADB)은 아시아가 2050년에는 세계 GDP의 절반을 차지할 것으로 전망했다. 동아시아의 내부적 경제 협력 정도도 매우 심화되고 있는데, ASEAN+3의 역내 교역 비중은 약 40%, ASEAN+6의 역내 교역 비중이 45%를 차지하면서 동아시아가 하나의 경제권으로 통합되는 추세가 나타나고 있다. 사회문화적 차원에서는 여행과 유학 등 인적 교류가 비약적으로 증가하고 있고, 영화·음악 등 대중문화가 개방되면서 이웃 국가 및 국민들에 대한 상호 이해의 수준도 높아지고 있다.

그러나 다른 한편으로 동아시아 주요 국가들 사이에는 여전히 정치체제와 이념의 격차가 존재하며, 영토와 과거사를 둘러싼 대립과 갈등이 반복되면서 국민들 사이에서 이웃 국가와 국민에 대한 불신과 혐오가 지속되고 있다. 다시 말해, 현재 동아시아 지역의 질서는 경제, 사회, 문화 교류와 상호 의존이 심화되는 지역주의화(regionalization) 추세와 더불어 영토 및 과거사를 둘러싼 갈등과 대립이 지속되고, 배타적 민족주의가 부활하는 상반된 흐름이 교차하고 있다고 요약할 수 있다(Shin and Sneider 2007).

이 책은 동아시아 주요 국가들의 국가 정체성(national identity)의 내용과 변화 양상을 비교·분석하고, 동아시아의 초국가적 지역 정체성(regional identity)의 형성 가능성을 고찰하기 위해 기획됐다. 국가 정체성은 국가 구성원들이 공유하는 국가에 대한 일체감 혹은 소속 의식을 의미한다. 국가 정체성을 구성하는 핵심 내용은 타 국가와 구별되는 우리의 고유한 속성에 대한 인식과 더불어 국가가 추구하는 핵심 이념과 가치이다. 개인의 정체성이 삶의 궤적에 따라 변화하는 것처럼 국가의 정체성도 역사와 집단적 경험에 따라 형성되고 변화한다. 한편 동아시아 지역의 정체성은 동아시아 국가 구성원들의 동아시아 지역에 대한 일체감과 소속 의식을 의미하며, 아직은 초보적 수준에 불과하지만 동아시아 국가 간 경제·사회·문화적 교류와 협력이 활발해지는 추세와 더불어 형성 가능성은 충분하다고 할 수 있다. 길버트 로즈만(2013)에 의하면 중국, 일본, 한국은 공통적으로 국가 정체성을 강하게 유지하고 있으며, 세 국가의 국가 정체성의 내용에는 상당한 차이가 존재한다고 분석한다. 그는 이러한 국가 정체성의 차이가 동아시아 국가들 사이의 갈등과 대립을 초래하는 요인으로 작용하고 있고, 아울러 초국가적인 지역 정체성의 형성을 가로막는 장애가 되고 있다고 주장한다.

협력과 갈등이 교차하는 동아시아의 상황 아래서 동아시아 국가들이 평화와 공동 번영의 새로운 질서를 만들기 위해서는 영토와 해상 경계 분쟁, 역사인식과 이데올로기를 둘러싼 갈등 등 근대적이고 냉전적인 쟁점에 갇혀 일국적 차원의 배타적인 정체성을 추구하는 데 함몰될 것이 아니라, 지역 전체를 아우르는 열린 정체성을 형성해 나가는 것이 필수적인 과제이다. 유럽의 경험을 돌아보더라도, 지역 정체성 형성이 유럽 국가들 간 전쟁과 갈등의 오랜 역사를 극복하고 유럽 통합을 달성하는 데 긍정적으로 기여했음을 확인할 수 있다.

역사적으로 하나의 지역 개념으로서 동아시아가 등장한 것은 근대 이후이다. 근대 이전 동아시아는 화이사상(華夷思想)에 기초한 중화질서로 간주됐다. 유학이 주창하는 예(禮)와 질서의 관념을 기초로 형성된 화이질서는, 근대 이전 동아시아 국가들이 인정한 일종의 세계질서에 대한 구상이었다(李文 2009). 근대화와 함께 중화질서가 해체되고 동아시아가 서구 중심적 근대 국제질서로 편입된 이후 동아시아 지역은 장기간 식민지 질서와 냉전질서 속에 존재했으며, 민족주의 및 동서 간 이데올로기 갈등의 중심지역으로 자리해 왔다. 그리하여 이 시기 동안 지역 국가들로부터 보편적으로 수용 가능한 동아시아라는 지역 개념이나 정체성 형성은 현실적으로 불가능했다.

그러나 1990년대 이후 탈냉전 질서의 도래와 함께 동아시아에서도 지역주의가 진전되면서 '동아시아 공동체', '문화 동아시아', '동아시아 의식' '동아시아 정체성' 등의 개념이 학계에서 논의되기 시작했다. 무엇보다 1997년 동아시아의 금융위기는 이 지역에서 동아시아 공동체 논의가 급속하게 진전되는 결정적인 계기가 됐다. 1997년 12월 15일 개최된 아세안+3(한·중·일) 정상의 비공식 협력회의에서 동아시아 공동체 논의가 시작됐고, 아세안+3 메커니즘이 등장함으로써 진일보했다. 특히 1999년 마닐라에서 거행된 '동아시아 지도자 대화 협력회의'는 동아시아 협력의 중요한 전환점이 됐다. 이 회의는 동아시아 협력의 원칙, 방향, 중점 영역에 대한 공통된 인식을 기초로 '동아시아 협력 공동성명'을 발표했다. 그리고 2001년 '동아시아 비전 그룹'의 보고는 동아시아 협력의 장기적인 목표가 동아시아 공동체 설립임을 명확히 하고, 이에 기초하여 공동체의 틀과 청사진을 제시했다. 이 비전 그룹의 발표는 동아시아 협력에 대한 논의가 매우 활발하게 전개되는 계기가 됐다(이정남·김병국 2010, 175). 현재 동아시아 지역에는 아세안을 중심으로 아세안지역포럼(ARF), 아세안+3, 2005년 12월에 등장한 동아시아정상회의(EAS), 아세안국방장관회의(ADMM+), 아태경제협력체(APEC) 등 중층적인 다자 협력 메커니즘이 존재한다.

그러나 지역 협력을 추진하기 위한 장기간의 다양한 제도화 노력에도 불구하고 동아시아 지역은 이데올로기, 역사인식, 주권국가의 영토 및 해상 경계 획정 문제 등을 둘러싼 충돌로 근대와 탈근대, 냉전과 탈냉전이라는 복합적인 모순구조 속에서 헤어나지 못하고 있다. 이런 상황은 특히 중국이 빠른 경제성장을 토대로 초강대국으로 부상하고, 이를 견제하기 위한 미국의 동아시아 재균형(rebalancing) 정책이 본격화하면서 더 복잡한 양상으로 치닫고 있다. 즉 지역 주도권을 둘러싼 미국과 중국의 치열한 경쟁과 그 사이에서 자국의 이익을 최대화하려는 기타 동아시아 국가들의 전략적인 대응이 복합적으로 얽히면서 동아시아 지역의 불안정은 더더욱 복잡한 양상을 띠고 있다. 이러한 불안정한 상황에서 북한 핵 문제, 일본의 재무장과 보통국가화, 영토와 해상 경계 문제를 둘러싼 한·중·일의 갈등은 이 지역의 안정을 해치는 최대의 화약고가 되고 있다. 따라서 이 지역에서의 공동체 논의는 상당기간 힘을 발휘하기 어려울 것으로 보인다. 뿐만 아니라, 동아시아를 아우르는 통합된 공동체 모색 자체가 공허한 구호로 들리고 있는 상황이다.

하지만 이러한 상황 속에서도 동아시아를 아우르는 지역 공동체나 정체성 형성이 완전히 비관적인 것만은 아니다. 세계화와 정보통신 사회의 발전, 경제적인 상호 의존의 증가로 냉전과 탈냉전, 근대와 탈근대 등 복합적인 모순구조가 공존하고 있는 동아시아 역시 다양한 갈등과 충돌 속에서도 초국가적 흐름과 움직임이 급속히 증가하고 있기 때문이다. 국가, 지방정부, 각종 NGO, 기업, 개인 등 다양한 행위자에 의해 자본과 경제, 노동, 사상, 이념과 문화, 환경, 인권 등 광범위한 영역에 걸쳐 교류가 발생하고 있으며, 기존의 국경에 무수한 구멍이 뚫리는 '다공화'가 진행되고 있다. 그리하여 현재 동아시아는 개별 국가를 넘어 다양한 수준의 행위자 사이에서 중층적인 네트워크와 정체성이 형성, 변용, 재형성되고 있다.

따라서 이 책은 주권국가 간 모순과 충돌 속에서도 초국가적 현상의 광범위한 확산이라는 모순된 상황에 놓인 동아시아에서 지역 국가들의 국가 정체성의 특징을 분석하고, 배타적인 국가 정체성을 초월한 지역 정체성이 형성될 수 있는 다양한 가능성을 탐색하고자 한다. 특히 이 지역의 중심 국가인 한·중·일 3국의 국가 정체성의 특징을 분석하고, 동아시아 정체성으로의 발전을 저해하는 요소를 탐색하며, 동아시아 정체성 형성을 위한 다양한 가능성을 모색한다. 이를 위해 한국인의 눈에 비친 한국, 중국, 일본의 정체성의 표상, 지역 강대국으로서의 중국의 자기 정체성과 역할에 대한 인식, 일본의 보통국가화 움직임의 배경이 되는 수정주의적 내셔널리즘, 한국인의 통일에 대한 인식 등을 분석한다. 그리고 한·중·일 간의 유학생 교류, 문화와 인적 교류, 다자적인 지역안보 협력 구상 등이 지역 정체성 형성에 미치는 영향 등에 대한 분석을 시도함으로써, 한·중·일 3국의 다층적인 정체성 및 동아시아 정체성의 형성 가능성을 탐색하고자 한다.

이 책은 모두 2부 7장으로 구성됐다. "제1부: 동아시아 세력 전이와

한·중·일의 국가 정체성"은 모두 4개의 장으로 구성되어 있으며, 한국 언론에 비친 한·중·일의 정체성, 중국의 지역 강대국으로서의 정체성과 역할에 대한 인식, 일본의 수정주의적 내셔널리즘과 보통군사국가화, 통일에 대한 한국인의 인식 등을 통해 세력 전환기 한·중·일의 국가 정체성을 분석하고 있다. "제2부: 초국가적 교류의 확대와 '포스트-내셔널' 정체성의 가능성"은 3개의 장으로 구성되어 있으며, 한·중·일의 문화와 인적 접촉, 유학생 교류, 지역안보 협력 구상 등을 통해 동아시아 초국가적 정체성의 형성 가능성을 탐색하고 있다.

구체적으로 제1부의 **1장 "한국 언론에 나타난 동북아 3국의 정체성과 표상: 선진국 담론을 중심으로"**에서는 한국의 전국 종합일간지의 최근 10년간 사설 분석을 기초로 현재 한국인들이 세계를 보는 가장 지배적인 해석의 틀인 선진국 담론 속에서 한국, 중국, 일본의 정체성이 어떻게 규정되고 표상화되는지, 또 이들 사이의 위계관계는 어떤 식으로 가정되는지를 살펴보고 있다. 우선, 국제적 사안에 초점을 맞춘 분석에서는 일본은 앞서가는 기술, 핵심 일류기술을 소유한 선진국이자 역사 왜곡을 일삼는 국가로서의 정체성을 갖고 있는 반면, 중국은 요즘에 새롭게 부상하는 경제적 강자로서 국제사회에서의 영향력이 확대되고 한국 등과의 기술 격차를 좁혀가는 신흥국 또는 주요국으로서의 정체성이 주로 나타났다. 한국은 '세계 10위권의 경제대국'이며 'G20 의장국'인 '신흥국(신흥경제국)'으로 '일본과 중국 사이에 있는 샌드위치 또는 넛크래커 호두 신세'라는 표상이 가장 많이 나왔다. 다음으로 각국의 국내 사안에 초점을 맞춘 분석에서, 일본의 경우 '선진국'이라는 지칭이 압도적으로 많았다. '선진국' 일본은 국내 문제에서 대체로 한국이 본받아야 할 '모범사례', '준거점' 등으로 언급되는 경향이 나타났다. 중국의 경우, 직접 지칭 단어로는 '인권 후진국'이 가장 많았으며, 그 다음으로 'G2(주요 2개국)'였다. 서술에 나타난 중국 표상은 '뒤떨어진 인권, 민주화 수준'이 가장 두드러지게 나타났다.

이런 각국의 정체성과 표상은 중층적이라 할 수 있다. 일본의 경우 '선진국'의 정체성이 뚜렷하지만, '역사 왜곡'을 하는 국가라는 표상이 이를 견제하고 있다. 반면, 중국은 선진국에 미치지 못하는 '신흥국' 또는 '인권 후진국'이라는 정체성이 강하지만, 요즘 급부상하고 있는 '주요국'이라는 정체성을 함께 갖고 있다. 이런 중첩된 정체성과 표상은 한국인들에게 이들 국가에 대한 우월감과 열등감, 위기의식 등을 동시에 불러일으키는 요인이 되고 있다. 따라서 동북아 정체성 차원에서 한국의 선진국 담론은 한·중·일 3국 간 지위가 동등하지 않다는 인식을 지속적으로 생산함으로써 지역 공통의 정체성 형성에 부정적인 영향을 끼치는 것으로 평가할 수 있다.

2장 "세력 전환기 중국의 동아시아 질서 인식: 부상하는 자국의 지위와 역할에 대한 인식을 중심으로"에서는 동아시아 권력질서 속에서 중국의 지위와 역할에 대한 중국의 지식인과 대중의 인식을 살펴보고, 이를 통해 중국의 동아시아 정책 방향 및 동아시아 질서 발전에 지닌 함의를 찾고 있다. 분석에 따르면, 중국의 지식인과 대중은 중국을 세계적 차원의 강대국은 아니지만 동아시아 지역의 강대국으로 인식하고 있다. 그러나 동아시아 지역에서 강대국의 지위는 정치, 경제, 안보, 소프트 파워 등 종합적인 능력에 기초한 것이 아니라 안보와 경제에서 미국과 중국이 각각 우세를 점하고 있는 이원화된 구조로 파악하고 있다. 그리고 이러한 이원화된 구조에서 중국이 명실상부한 동아시아 최강대국으로 부상하는 데에는 일정기간이 필요할 것으로 인식하고 있다. 따라서 중국의 지식인들은, 향후 일정기간 동아시아 지역에서 중국이 미국과 평등, 윈윈, 협력, 핵심 이익의 보장을 내용으로 하는 신형 강대국 관계를 형성해야 한다고 인식하고 있다. 동시에 경제, 안보 영역에서 적극적으로 지역 협력을 주도하고 이를 제도화하여 규칙 제정권을 확보하고, 주변 국가의 지지를 확보함으로써 장기적으로 이 지역의 최강대국이 되고자 하는 노력을 추구해야 한다고 인식하고 있다.

따라서 동아시아 지역에서 중국은 향후 상당기간 미국과 이원적인 지도 체제에 기초하여 갈등을 관리하면서 미국과 평화적인 관계를 유지하는 데 주력할 것으로 보인다. 그러나 동시에 중국은 동아시아에서 최강대국으로서의 지위를 확보하기 위해 정치, 경제 영역에서 규칙 제정권 확보와 소프트 파워 제고 등을 중심으로 미국과 치열하게 경쟁할 것으로 보인다. 또한 중국은 동아시아 지역 강대국으로서 책임지는 모습을 보임과 동시에 지역의 각종 현안에 적극적으로 개입, 영향력을 확대해 갈 것이다. 따라서 이 지역에서 중국의 영향력은 경제적인 영역뿐만 아니라 안보 영역으로까지 점차 확대될 것이며, 중국의 영향력 상쇄를 위해 주변 국가들은 대미 관계 강화 등 다양한 대응을 할 것으로 예상된다. 그러므로 동아시아 질서는 향후 일정기간 진행될 중·미 간 치열한 경쟁에 따른 불안정한 상태가 지속되는 과도적인 상황에 놓일 것이며, 이러한 상황은 동아시아를 아우르는 지역 공동체나 정체성 형성의 문제를 둘러싼 논의에 부정적인 영향을 미칠 것으로 보인다.

3장 "수정주의적 내셔널리즘과 보통군사국가화: 일본 아베 정부의 외교안보정책 변화를 중심으로"에서는 수정주의적 내셔널리즘 등장에 따른 아베 정부의 외교안보정책의 변화 및 이것이 동북아 질서에 미치는 영향을 분석하고 있다. 2012년 12월 아베 정부 등장 이후 일본은 역사 및 영토 문제에 관한 내셔널리즘적 이슈와 외교 및 방위정책 분야에서 각각 변화를 추구하고 있다. 내셔널리즘적 이슈에 관해서는 종래 일본이 표명해 온 역사인식 입장에서 벗어나 종전의 역사를 재해석하거나 경우에 따라서는 긍정하려는 움직임을 보이고 있다. 센카쿠와 독도 등에 대해서도 자국의 영유권 주장을 강화하는 정책이 본격화되고 있다. 외교안보정책과 관련해서는 중국 및 북한 위협론을 한층 강조하고 있으며, 국가안전보장회의 설치 등 국내 안보체제를 강화하고 있다. 또 새로운 방위계획대강에서 밝힌 바와 같은 통합 기동방위력의 개념에 따라 자위대 전력 증강이 추진되는 등 '보통군사국가화'의 경향이 노정되고 있다. 이 같은 일본의 외교안보정책의 변화는 수정주의적 내셔널리즘 경향과 결부되면서 한·일 관계 악화는 물론 중국과의 경쟁 및 대립 관계를 초래할 수 있어 동북아 질서 전체가 동요하게 될 우려가 존재한다. 이러한 시기일수록 한·중·일 협력사무국이나 ARF, APEC 등 동아시아 역내 다자간 협의체를 적극 활용하여 당사국 간 대화를 통해 신뢰를 구축하고, 역내 협력과 안정의 정책 어젠다를 적극 개발하려는 노력이 요구된다.

4장 "한국인의 통일에 대한 인식과 태도의 결정요인 분석"에서는 서울대 통일평화연구원이 2007년부터 매년 조사한 통일의식조사 데이터 분석을 통해 한국 국민의 통일의 당위성과 통일의 실현 가능성에 대한 인식이 어떻게 변화했는가를 살펴보고, 이러한 통일에 대한 인식과 태도 변화에 영향을 미친 주요 요인을 알아본다. 60년 이상 장기화된 분단체제 아래서 남북한 사이의 이념, 정치체제, 문화 이질감이 커지면서 북한과 통일 문제는 한국인에게 정체성의 혼돈을 초래하는 주요 요인이다. 따라서 이 장은 한국 국민들의 통일에 대한 인식과 태도에서 연도별로 상당한 변화가 나타나고, 사회 집단에 따라 균열의 양상을 보이는 현상을 설명하기 위해, 통일의식에 영향을 미치는 인구사회 변수, 정치 성향, 북한에 대한 민족적·정서적 유대감, 통일의 기대이익 등을 포함한 네 가지 이론적 시각에서 분석 모델을 제시하고 경험적 분석을 통해 각 모델의 타당성과 설명력을 검증·비교해 본다.

연구의 주요 경험적 결과를 요약하면, 우선 통일의 당위성에 대한 국민들의 인식은 연령, 성별, 이념 등 인구사회 변수와 정치 성향 변수도 영향을 미쳤지만, 북한에 대한 정체성 및 정서적 유대감의 강도와 통일로 인한 기대이익을 어떻게 인식하느냐에 따라 크게 영향을 받는 것으로 나타났다. 통일의 실현 가능성에 대한 인식을 종속변수로 한 회귀분석 결과에서도 연령과 성별 등의 인구사회 변수들과 이념 성향이 유의미한 영향을 미쳤지만, 북한에 대한 정체성과 정서적 유대감의 강도, 통일을 통해 얻는 기대이익에 대한 평가가 보다 중요한 영향을 미치는 것으로 나타났다.

이러한 분석 결과의 이론적 의미는 인구사회 변수와 정치 성향 변수로 통일에 대한 국민의 태도를 비교하는 다수의 기존 연구들이 이론적으로 한계가 있으며, 본 연구에서 제시한 민족 정체성 모델과 기대이익 모델의 변수들이 통일에 대한 국민들의 태도와 인식에 관해 상대적으로 큰 설명력을 갖는다는 점이다. 따라서 민족 정체성 모델과 기대이익 모델을 정교화하고 심화하는 후속 연구를 통해 통일에 대한 인식과 태도의 변화를 설명하는 종합적인 이론적 분석틀이 가능할 것으로 기대한다.

제2부의 5장 "역사가 현실의 문화보다 강할까?: 문화 접촉에 따른 한·일 역사인식의 전환 가능성"에서는 한·일 양국 시민들의 실제 문화 접촉 및 교류의 증대가 한·일 관계와 역사인식 문제에 어떤 영향을 미치는지를 개인 수준에서 실증적으로 검토하고 있다. 국가와 국가의 관계에서는 해결하기 어려운 문제도 내셔널 담론에서 벗어난 시민 개개인의 문화 접촉을 통해 상호이해와 자기성찰을 증진시킴으로써 해결의 실마리를 마련할 수 있기 때문이다. 그것의 효과는 연구를 통해 다음과 같이 확인됐다.

첫째, 상대국을 방문한 경험이 있는 사람은 상대국에 대한 인상이나 상대 국민에 대한 신뢰, 한·일 관계의 중요성 인식 등에서 방문 경험이 없는 사람과 유의미한 차이를 보였다. 그러나 역사인식 문제에서는 차이가 나타나지 않았는데, 이는 대다수의 방문이 단기간의 여행이기 때문인 것으로 보인다. 둘째, 지인이나 친구의 유무 및 친밀감의 정도는 상대국에 대한 태도 및 역사인식과 매우 유의미한 관계를 갖는 것으로 확인됐다. 한국과 일본 모두 상대국에 대한 인상과 상대 국민에 대한 신뢰에서 통계적으로 매우 유의미한 차이를 보였다. 특히 야스쿠니신사 참배와 종군위안부 문제에서 주목할 만한 긍정적 차이를 만들어 냈다. 셋째, 정보 취득의 정도에 따라 상대국에 대한 인상이나 한·일 관계 전망, 야스쿠니신사 참배에 대한 태도가 다르게 나타났다.

이상의 논의를 종합하면 상대국의 방문과 지인, 정보 취득과 같은 문화 접촉은 한국과 일본 국민이 상대국에 대해 갖는 태도 및 역사인식과 매우 밀접한 관계가 있다. 따라서 단발성 관광이 아니라, 향후 학생들의 익스체인지 프로그램이나 도시 파트너십 등 시민 개개인이 일상적으로 경험하고 교류할 수 있는 프로그램들을 양적·질적으로 증대시켜 나가기 위한 노력이 필요하다.

6장 "아시아 역내 유학생의 증가와 다층적 정체성 분석"에서는 동북아시아에서 증가하는 이주의 흐름이 지역 정체성(regional identity)에도 의미있는 변화를 가져 올 것이라는 문제의식에 입각하여, 한·중·일 3개국에서 유학 중인 아시아 유학생들의 정체성을 비교·분석하고 있다. 아시아 학생은 주로 북미 등 영어권 국가로의 유학을 선호해 왔지만, 최근 들어 인근 아시아 국가를 선택하는 학생들이 늘어나면서 '고등교육의 지역화'(regionalization of higher education) 현상이 동북아에서 급속히 진행되고 있는 점이 주목된다. 본 연구는 한·중·일 3개국의 대학 및 대학원에서 유학 중인 아시아 출신 유학생(863명)을 대상으로 설문조사를 실시하고, 유학생들의 태도에서 국민국가에 대한 단일한 소속감뿐 아니라 아시아인 또는 세계인을 지향하는 다층적 정체성이 역동적으로 나타나고 있는지, 또한 그러한 과정에 영향을 미치는 요인들은 무엇인지 분석했다.

분석 결과, 유학생들의 국민국가 지향성은 출신 국가에 따라 다르게 나타났는데, 중국 출신 학생이 일본 출신에 비해 국민국가에 대한 강한 소속감을 보였다. 아시아인 지향성은 유학 과정에서 외국인으로서 차별 대우를 받는다는 인식이 강할수록 낮게 나타났다. 반면, 유학 이후에도 계속 외국에 머무르면서 경력을 개발하려는 학생들은 세계인 지향성이 더 뚜렷한 경향을 보였다. 이러한 연구 결과는 유학생 문제를 단지 교육산업의 이윤 증가라는 경제적 차원에서만 다룰 것이 아니라, 배타적 국가 정체성이 충돌하는 동북아 지역에서 역내 유학의 증가가 새로운 지역 정체성 형성에 기여할 가능성, 유학 과정에서 지역 시민들과 상호 문화 교류를 확대하는 정책 지원의 중요성 등을 부각시키는 차원에서 다루어야 함을 보여 주고 있다.

7장 "동북아의 '국가 정체성 이슈'와 지역안보 협력 구상"에서는 아베 정권이 추진하고 있는 '보통국가'로의 전환이 동북아 안보 아키텍처에 미치는 영향을 분석하고, 중견국가 한국이 모색해야 할 지역안보 협력을 위한 전략적 틀을 제시하고 있다. 일본의 재무장뿐만 아니라 신형 대국 관계(新型大國關係)를 주장하는 중국의 부상과 미국의 '아시아 회귀'(pivot to Asia)에 따른 지역 정세의 변환기를 맞아 동아시아 지역의 안정과 평화를 보장할 수 있는 여러 가지 방법이 모색되고 있는데, 그 중의 하나가 한·일 관계에서 과거사와 영토 문제를 안보 협력과 분리함으로써 일단 양국 협력의 물꼬를 터보자는 것이다. 하지만 이러한 분리 전략이 단기적으로는 가능하겠지만 중장기적인 실효성이 있을까?

이 연구는 동북아 국가 간의 영토 문제와 과거사 문제 등을 일국 민족주의에 근거한 '국가 정체성 이슈'로 분류하면서, 이러한 국가 정체성 이슈와 안보 협력이 쉽게 분리될 수 없는 현실을 직시한다. 그 이유는 이미 과거사와 영토 문제가 동북아 지역에서 첨예하게 '안보 문제화'(securitization)되어 있기 때문이다. 즉 안보 협력의 진전을 위해서는 과거사와 영토 문제에 대해 동북아 국가 간 일정 수준의 공감대가 형성돼야 하는 것이 선결조건으로 부상했다. 이 연구는 유럽의 헬싱키 프로세스의 출범 요인에 대한 분석을 통해 한·미·일 '삼각동맹'에 따른 문제들과 한·중·일 간의 영토 분쟁 및 과거사 문제를 연계시킴으로써 동북아 차원의 지역안보 협력 프로세스를 추진해야 한다고 본다. 이 연구는 헬싱키 프로세스에서 나타난 이슈 연계(issue linkage)에 주목하면서 동북아 지역의 초보적 안보 아키텍처를 강화하기 위해 한국이 일정 부분 한·미·일 '삼각동맹'에 관한 협의에 참가하면서, 이에 대한 반대급부로 한·중·일 협력의 선결조건이라고 할 수 있는 영토와 과거사 문제에 대한 일본의 전향적인 자세를 유도해야 한다고 본다.

고려대 아세아문제연구소 HK사업단은, 제2단계 연구 어젠다인 '동북아 초국가적 공간의 현재적 동학'의 핵심 주제인 '동아시아 정체성'에 대해 분과 학문의 경계를 뛰어 넘어 학제 간 연구를 수행함으로써, 논의의 범위를 넓히고 심도를 높이고자 했다. 이러한 연구의 결과물로 기획된 이 책은 개별 분과 학문의 경계를 초월한 통섭적 시각에서 동아시아 정체성을 다층적으로 분석하고 가능성을 탐색하고자 했다는 점에서 의미 있는 시도라고 볼 수 있다. 그러므로 이 책이 향후 동아시아 정체성 연구를 더욱 더 심화 발전시키는 데 일정한 기여가 되기를 기대한다.

참고문헌

이정남·김병국. 2010. "중국의 동아시아 문화공동체 구상에 대한 비판적 고찰", 『일민국제 관계연구』 2010년 봄호(제15권, 제1호).

李文. 2009. "東亞共同体的邏輯与形態" 『東亞合作論壇 2009: 東亞地區主義的現狀与展望』 (中國人民大學國際關系學院東亞硏究中心 主辦, 2009年 12日 19日, 發表文).

Rozman, Gilbert. 2013. East Asian National Identities: Common Roots and Chinese Exceptionalism. Stanford University Press.

Shin, Gi-Wook and Dan Sneider. eds. 2007. Cross Currents: Regionalism and Nationalism in Northeast Asia. Asia-Pacific Research Center. Stanford University Press.

제1부

동아시아 세력 전이와 한·중·일의 국가 정체성

1장

한국 언론에 나타난 동북아 3국의 정체성과 표상

선진국 담론을 중심으로

김종태

1. 들어가며

담론 이론가들에게 담론(discourse) 또는 지식은 '실재'(實在, reality)의 반영이 아니며, 오히려 우리가 실재라고 여기는 것들은 지식 또는 담론에 의해 창출된다. 다시 말해, 우리가 실재라고 여기는 것은 상징체계 밖에 객관적으로 존재하는 것이 아니라 상징체계의 하나인 담론에 의해 표상화한(represented) 것이다. 우리는 담론을 통해 인식의 대상을 해석하고 이해하며, 담론에 의해 특정한 방식으로 창출된 '표상'(表象, representation)을 객관

---

* 이 글은 『사회과학연구』(서강대) 제22집 1호(2014년)에 실린 졸고 "한국 언론에 나타난 한국, 중국, 일본의 정체성과 표상: 선진국 담론을 중심으로"를 수정·보완한 것이다.

적 실재로 믿고 생활한다.[1] 어떤 대상에 대한 인식은 보편적인 것이 아니며 담론의 틀에 따라 변화한다. 이런 맥락에서 일부 이론가들은 '담론 밖에 실재하는 것은 아무 것도 없다'고 주장한다(Tripathy and Mohapatra 2011).

담론 또는 지식은 사회적 힘(power)과 서로 연관돼 있다. 푸코(Foucault 1980, 52)의 말대로, "힘의 행사는 지속적으로 지식을 창출하고, 반대로 지식은 지속적으로 힘의 효과를 창출한다."[2] 비슷한 맥락에서 그는 "상응하는 지식의 구성없이 권력관계는 없으며, 권력관계를 전제하거나 구성하지 않는 지식은 없다."고 말한다(Foucault 1977, 27). 이렇게 보면, 어떤 대상에 대한 특정한 방식의 해석적 틀은 이것에 의해 지지받고 유지되는 권력관계를 반영하는 것이라고 할 수 있다. 따라서 어떤 담론이 한 사회에서 지배적인 지위에 있다는 것은 그 담론에 반영된 권력관계가 지배적인 지위에 있다는 것을 의미한다. 이런 점에서, 담론의 변화는 패권 변화와 밀접히 연관돼 있다.

담론은 '인식 대상을 해석하고 구성하는 일관된 체계로서의 해석적 틀 또는 그런 해석적 틀이 상징체계에 의해 표명된 것'으로 정의할 수 있다. 정체성 논의와 관련해 볼 때, 담론은 정체성의 구성과 깊이 연관돼 있다. 인식 대상에 대한 정체성은 담론의 해석적 틀에 의해 구성되며, 이러한 관계 속에서 인식 주체가 대상화되고 그 정체성 역시 형성되기 때문이다. 제퍼슨 외(Jepperson, Wendt, and Katzenstein 1996, 59)는 정체성을 "행위자에 의해 유지되고 표출되는 개별성과 독특성의 이미지"라 정의했다. 이렇게 보면, 다른 사람 또는 집단으로부터 나 또는 우리를 구별하는 표상이 어떤 담

1_이 글에서는 '표상'을 '담론에 의해 특정한 방식으로 구성된 인식 대상의 모습'으로 정의하고, 아래 분석 결과 제시에서 주요 개념으로 사용한다.

2_이 글의 영문 번역은 별다른 알림이 없는 한 저자의 직접 번역임.

론에 의해 창출될 때 정체성은 형성되며, 서로 다른 담론은 하나의 인식 대상에 대해 서로 다른 정체성과 권력관계를 창출할 수 있는 것이다.

지역적 정체성을 지구적 차원의 역학관계에서 보면, 서구는 서구 중심적인 담론의 틀 속에서 열등한 정체성과 표상의 비서구를 창출함으로써 이에 대한 지배적 지위를 정당화해 왔다. 유럽의 식민주의 팽창 시기 서구는 문명 담론의 해석적 틀에서 자신들을 '문명'으로, 비서구를 '야만'으로 지칭하면서 식민주의를 '문명화'의 사명으로 정당화했다(Fischer-Tiné and Mann 2004; Watt and Mann 2011). 그러나 이른바 '문명국'들에 의해 저질러진 '세계 대전'의 비참함을 겪으면서 유럽의 정치경제 패권이 쇠퇴하고 이에 따라 문명 담론의 권위도 크게 흔들리게 된다. 20세기 중반 대전쟁의 참상 속에서 패권국으로 떠오른 미국은 '발전'이라는, 문명 담론과 구조적으로 비슷하면서도 내용적으로 다른 새로운 담론을 통해 자신과 서구를 인류 진보의 기준으로 놓고 그 우월성을 전파한다. 이 담론의 틀 속에서 서구는 이른바 '발전된'(developed) 상태로, 비서구는 '저발전'(underdeveloped) 또는 '발전중'(developing) 상태로 지칭되면서 양자는 시간적 선후관계에 놓이게 된다(Sachs 1992; Escobar 1995; Brohman 1995; Nederveen Pieterse 2009).[3]

한국의 경우 발전 담론의 부상은 1960년대 박정희 정부 시기에 본격적으로 이뤄진다(김종태 2013). 당시 문명성 또는 문명의 정도를 강조하는 세계관을 '우물 안의 개구리와 같은 자기도취적'인 것으로 본 박정희 대통령은 '조국 근대화'의 기치 아래 경제적 발전을 국가의 최우선 과제이자 목표로

3-미국 정부의 후원 아래 미국 학자들에 의해 고안된 근대화 이론(modernization theory)은 발전 담론과 미국의 패권을 떠받친 대표적인 이론이라 할 수 있다(박태균 2004; Latham 2000).

설정함으로써 발전 담론의 부상을 이끈다. 이전 시기 지배적 담론이었던 문명 담론에서 '문명국'이던 한국의 지배적 국가 정체성은 발전 담론의 틀 속에서는 가난과 나약에 허덕이는 '후진국'으로 전락한다. 한국의 정체성은 발전국인 서구와의 시간적 선후관계에 놓이면서 한국과 서구의 관계는 다시 서구의 우월적 지위가 인정되는 위계적 관계로 변화한다(김종태 2013).

한국에서 발전 담론의 가정들은 세계를 기본적으로 '선진국'과 '후진국'으로 구분하는 선진국 담론을 통해 구체화한다. 이상화한 선진국과 주변화한 후진국의 이분법적 위계관계에 기반을 둔 선진국 담론 속에서 선진국의 표상은 부유함, 성숙함, 합리성 등 긍정적 속성을 갖는 반면, 후진국은 가난함, 미성숙함, 비합리성 등 선진국에 대칭되는 부정적 속성을 나타낸다.

선진국 담론은 단선적·진화론적 사고에 바탕을 두고 있다. 선진국과 후진국은 단선적, 보편적 발전경로 위에서 시간적 선후관계에 놓이게 되는데, 한국을 포함한 세계의 모든 나라들이 궁극적으로 지향해야 할 바가 선진국으로 설정된다. 현시대에 온전하게 존재하는 나라는 선진국뿐이며, 비선진국들은 불완전한 과거적 존재로서 부단한 노력을 통해 온전한 방향으로 '발전'해야 하며 이는 결국 선진국으로 수렴되는 것으로 가정된다.

선진국 담론은 현재 한국사회에서 세계에 대한 가장 두드러진 해석 틀, 이른바 지배 담론(dominant discourse)으로 작용하고 있다.[4] 즉 한국인들이 어떤 나라의 정체성을 판단하는 가장 중요한 기준 가운데 하나는 그 나라가 선진국인가 아닌가 여부이다. 한국인들은 선진국 담론에 따라 각 국가들의 정체성을 규정하고 이에 따라 각 국의 표상을 만들어내는데, 이는 한

4_도티(Doty 1993, 308)는 "같은 종류의 주체들, 객체들, 관계들이 여러 다른 텍스트들에서 [공통적으로] 발견될 때" 지배 담론이 존재한다고 말한다.

국인들의 국제관계와 외국인에 대한 인식에 중요한 영향을 끼친다. 선진국 담론의 틀에서 한국인들은 선진국으로 규정되는 나라의 사회체계와 제도를 이상적인 것으로 생각하고 그 나라 출신들을 비선진국 출신들에 비해 선호하는 경향을 보인다(유승무·이태정 2006; 김종태·한기덕 2013).

그렇다면 한국의 선진국 담론은 어떻게 한국과 중국, 일본의 정체성을 규정하고, 어떻게 이들을 표상화하는가? 이 장에서는 현재 한국사회가 선진국 담론의 틀 또는 이와의 연관성 속에서 이웃나라인 중국과 일본, 그리고 한국 자신의 정체성과 표상을 어떻게 구성하고 있는지에 대해 살펴보고자 한다. 또 이런 국가 정체성과 표상이 동북아 공동체 구상에 어떤 함의가 있는지를 알아보고자 한다.

1) 기존 연구 검토

중국, 일본에 대한 한국인들의 인식에 관한 기존 연구들을 보면, 이들 국가에 대한 전반적인 이미지와 호·불호를 중심으로 논의가 진행돼 왔으며, 방법적으로는 국민들에 대한 설문조사를 바탕으로 한 연구들이 많다. 우선 중국의 경우, 냉전시기에는 "전체주의, 소련의 위성국, 반전통적 반문명, 1인 독재, 호전적 팽창주의" 등의 이미지로 재현되는 부정적인 중국 인식이 지배적이었다(정문상 2012, 220). 근대화론에 입각해 중국을 "근대화에서 일탈한 비정상적인, 일시적인 정치집단"의 이미지를 구성하기도 했다. 하지만 1970년대 동아시아 냉전구도가 미·중 수교와 중·소 논쟁 등을 통해 동요하면서, 중국을 "한국 사회 개혁의 모델"로 보거나 "연대와 협력의 대상"으로 보는 인식의 경향도 나타났다(정문상 2007; 2012).

한국인들의 중국 인식은 1992년 한·중 수교 이후 크게 변화한다. 김진호(2006, 385-386)는 중국과의 국교 수립을 계기로 한국인들의 중국 인식은 "중화민국 계통의 역사관에서 중화인민공화국 계통의 역사관"으로 바뀌었다며, 중국을 기본적으로 "한국과 긴밀히 협조해야 할 나라"로 생각하면서도 한편으로는 두려움을 느끼기 시작했다고 보고했다. 장세길(2011)은 중국에 진출한 한국기업인들에 대한 조사를 통해 현재 한국인들이 중국에 대해 "두려우면서, 매력적이면서, 야만스러운" 복합적인 이미지를 갖고 있다고 밝혔다.

일부 연구는 한국인들의 중국에 대한 부정적 이미지의 근원을 세계적인 패권 질서의 변화와 연관해 논하고 있다. 이욱연(2004, 60)은 근대 이전 동아시아에 존재했던 '중-한-일'의 전통적인 계서구도가 근대 이후, 특히 냉전체제 이후 '미-한-중'의 자본주의 세계 체제적 계서구도로 변화하면서 "한국인들은 여전히 중국보다 훨씬 문명화되고 경제적으로 발달했다는 우월감 속에서 중국을 내려다보는" 경향이 생겼다고 보고했다. 이와 관련해 임춘성(2009) 역시 한국이 미국적 세계질서에 편입된 것을 중국에 대한 부정적 인식의 확대와 연관해 해석하고 있다. 그는 "한국 대학의 중국 인식에는 미국화에 기초한 중국 혐오가 만연되어 있다."며 "중국을 문명사적 관점에서 바라보아야 한다."고 주장했다(임춘성 2009, 290).

기존 연구에 나타난 한국인의 일본 인식 역시 다중적이다. 일본 식민지배의 역사에서 오는 증오심과 피해의식, 경제대국과 한국의 발전 모형이라는 의식 등이 중첩돼 있다(박정화·김도희 1997; 박중현 2008). 박중현(2008)이 서울 지역 고등학생들을 대상으로 한 조사를 보면, '일본이라고 했을 때 생각나는 것'에 대해 가장 많은 응답자들이 '독도 문제'를 들었으며 그 다음으로 '식민 지배'를 들었다. 한·일 양국 간의 영토, 역사 문제가 한국 고등학생들의 일본 인식에 큰 요인으로 작용하고 있음을 보여 준다. '일본은 우리에게 어떤 나라인가'라는 질문에 대해서는 '지속적인 경쟁관계의 나라'(32%)를 가장 많이 꼽았다. 박은희·성해준(2008)이 일본어를 배우는 한국 대학생들을 대상으로 한 연구에서는, 일본에 대해 '매우 좋다' 또는 '좋다'로 응답한 비율은 60.3%, 일본인에 대해 그렇게 응답한 비율은 42.6%로 나타났다.

한편 동아시아연구원(2013)이 일본 비정부기구인 언론엔피오(NPO)와 공동으로 실시한 설문조사에서는 한국인의 76.6%가 일본에 대해 '좋지 않은 인상'을 갖고 있다고 응답해, '좋은 인상'을 갖고 있다고 응답한 비율(12.2%)보다 압도적으로 많았다. 일본에 대해 좋지 않은 인상을 갖는 이유로는 '독도 문제'(84.5%)와 '침탈 역사를 반성하지 않고 있어서'(77.0%) 등 역사 문제와 영토 문제가 압도적으로 많았다.

기존 연구들은 한국인의 중국, 일본 인식에 대해 많은 통찰을 제공하고 있지만, 이들 국가에 대한 이미지와 정체성의 형성이 어떤 해석적 틀 또는 담론의 틀에서 이뤄지는지에 대한 충분한 고려가 이뤄지지는 않았다. 그러다 보니, 한국인들의 국가 인식을 지배하는 보다 구조적인 담론 해석 틀 또는 세계관에 대한 분석이 없어 설명이 다소 피상적인 수준에 머물러 있다. 이런 점에서, 이 장에서는 현재 한국인들이 세계를 보는 가장 지배적인 해석 틀인 선진국 담론의 틀 속에서 또는 이와의 관계 속에서 이 나라들이 어떻게 표상화하는지, 그 정체성이 어떻게 규정되는지, 이들 사이의 위계관계는 어떤 식으로 가정되는지 살펴보고자 한다.

2) 연구 방법

한 담론이 어떤 사회에서 지배적인 지위에 있다면, 이는 그 사회의 대중 담론에 잘 나타난다. 이런 점에서 이 연구는 현재 한국 사회의 대중 담론에서 나타나는 선진국 담론 속에서의 국가 정체성 및 표상에 초점을 맞춘다. 한 사회의 대중 담론 형성에 있어 대중매체는 "의미, 상징, 메시지의 생산자이자 전달자"로서 큰 구실을 한다(Schudson 2003, 24). 대중매체는 "여러 경쟁적 담론들이 가시성과 정당성을 위해 싸우는" 대중적 장을 마련한다(Golding & Murdock 2000, 85).

대중매체 중에서 신문은 전통적으로 중요한 비중을 차지하며 한 사회의 대중 담론을 주도하는 데 큰 구실을 해 왔다. 담론 연구에서, 신문 자료는 인터넷 등 다른 형태의 대중매체와 비교할 때 (행위자 지향적인 것보다는) 구조 지향적인 담론 분석에 상대적으로 더욱 적합하다(Baumgarten and Gruel 2009). 신문의 담론이 모든 매체에 나타나는 담론을 대표한다고 할 수는 없지만 선진국 담론이 현재 여러 텍스트들에서 동시에 발견되는 지배적인 수준의 담론임을 감안하면, 신문 분석은 대중 담론에서 어느 정도 대표성을 띠는 국가 정체성과 표상을 보여 줄 수 있을 것으로 판단된다.

이런 점에서 이 연구는 지배적인 여론의 한 단면을 보여 주는 전국 종합 일간지의 최근 10년간 사설들을 분석 대상으로 삼았다. 이를 위해 한국언론재단 기사검색 시스템(카인즈;www.kinds.or.kr)의 '뉴스검색'에서 검색 가능한 전체 전국 종합 일간지(모두 10개)의 지난 2003년 6월 30일부터 2013년 6월 29일까지 사설들을 대상으로 검색을 진행했다.[5] 우선 내용에 '한국', '중국', '일본'을 모두 포함한 사설들을 얻은 뒤, 이 중에서 선진국 담론의 기본 개념인 '선진국' 또는 '후진국'을 포함한 사설 201건을 1차 분석 대상으로 삼았다(이하 '3국 국제사안 자료'). 3국 국제사안 자료 분석 결과, 이들 사설은 주로 국제적 맥락에서 비교적으로 해당 국가들을 언급하고 있지만, 각 나라들의 개별적 특징에 대해서는 상세한 내용이 나타나지 않는 단점이 있었다. 이를 보완하기 위해 2010년 6월 30일부터 2013년 6월 29일치 사설 가운데 '일본'을 내용에 포함하고 있고 '선진국' 또는 '후진국'을 포함한 사설 192건과, '중국'을 내용에 포함하고 있고 '선진국' 또는 '후진국'을 포함한 사설 141건을 골라 추가 분석 대상으로 삼았다(이하 '1국 국내사안 자료').[6]

각 자료에 대한 분석은 첫째 각 사설에서 해당 국가들이 어떻게 직접 지칭되는가(정체성 규정), 둘째 각 사설의 서술에서 해당 국가들의 특징이 어떻게 나타나는가(표상화) 등 두 단계로 진행했다. 첫 번째 분석에서는 해당 국가의 가장 두드러진 정체성을 알아보기 위해 문장 안에서 해당 나라를 직접 지칭하는 단어를 찾아 빈도를 확인했다. 예컨대 "중산층의 몰락은 미국 일본 유럽 같은 선진국에서도 공통적으로 나타난다."(『동아일보』 2010/8/13)의 문장에서 일본은 '선진국'으로 직접 지칭되고 있다. 두 번째 분석과정에서는 각 나라가 담론에 의해 어떤 식으로 표상화되는지 알아보기 위해 문장 속에서 가장 두드러지는 각 나라의 특징을 파악했다. 예컨대

5_카인즈는 『조선일보』, 『중앙일보』 등 발행부수가 많고 영향력이 큰 신문의 기사를 제공하지 않는 약점이 있다. 하지만, 선진국 담론은 이들 신문에서도 공통적으로 나타나는 지배적인 담론이며, 이들 신문에 나타나는 선진국 담론이 다른 신문의 그것과 크게 다르다는 증거가 없기 때문에 카인즈의 일부 기사 누락이 자료의 심각한 왜곡을 초래한다고 보기는 어려울 것이다.

6_한 나라를 대상으로 한 검색은 3국 동시 검색보다 검색결과가 훨씬 많아 검색기간을 3년으로 한정했다.

"앞서가는 일본과 뒤쫓고 있는 중국 사이에서 얼마든지 활로를 모색할 수 있을 것이다."(『경향신문』 2003/8/7)의 문장에서 일본과 중국은 특정한 단어로 지칭되지는 않지만, 일본은 '앞서가고' 중국은 '뒤쫓는' 특징이 명확히 나타나고 있다. 이 경우 일본의 특징을 (산업기술에서) '앞서가는'으로, 중국의 특징을 (산업기술에서) '뒤쫓는'으로 분류했다. 분류과정에서 연구자의 주관을 최대한 배제하기 위해 직접 지칭 단어나 특징이 명확히 드러나지 않는 사례는 분석에서 제외했다. 또 중복분류 과정을 통해 분석의 신뢰도를 높였다.

이 장의 첫째 절에서는 일본의 정체성과 표상에 대해, 둘째 절에서는 중국의 정체성과 표상에 대해, 셋째 절에서는 이들 국가와의 관계성 속에서의 한국의 정체성과 표상에 대해, 넷째 절에서는 이들 국가에 대한 정체성과 표상이 동북아 정체성 논의에 주는 함의에 대해 논의하고자 한다.

2. 일본의 정체성과 표상

주지하듯이, 20세기 중반 이후 미국의 주도 아래 지구적 패권 담론으로 부상한 발전 담론은 세계의 여러 나라들을 '발전국'과 '저발전국'으로 구분한다. '발전국'은 자본주의적 산업화가 진전된 국가로서 '(일인당) 국민소득' 등 경제 지표의 지수가 상대적으로 높은 나라를 지칭하게 된다. 이는 대체로 서유럽 제국과 북미, 그리고 일본을 아우르게 되는데, 식민주의의 해석틀로 보면 식민주의 가해자에 있던 나라들이고, 문명 담론의 틀에서 보면 서구 중심적 문명 담론의 틀 안에서 대체로 '문명국'으로 지칭되던 나라들이다. 이렇게 볼 때, 문명 담론에서 발전 담론으로의 지구적 차원의 패권 변화는 결과적으로 같은 대상을 다른 담론의 틀로 해석하게 되는 효과를 낳는다.

근현대 시기 한국의 일본 인식은 대체로 서구의 나라들에 대한 인식과 맥을 같이 한다.[7] 즉 근대 이전 '야만'으로 인식되던 일본은 근대 개화기에 '문명국'의 지위를 점하지만, 1차 대전 이후 이는 '침략 문명' 또는 '물질문명'의 문명국으로서 한국의 '도덕 문명'보다 낮은 지위로 자리매김 하게 된다(Kim 2012). 일본의 지위는 박정희 정부 시기 발전 담론과 선진국 담론의 부상과 함께 다시 크게 변화하는데, '침략 문명'의 문명국 일본은 점차 자본주의적 산업화와 경제발전이 앞선 '선진국'으로 여겨지게 된다. 박정희 정부 시기 부상한 선진국 담론적 세계관은 현재까지 한국인들이 세계를 보는 지배적인 세계관으로 유지되고 있다. 이에 따라 일본은 현재 한국사회에서 미국 다음으로 자주 선진국으로 지칭되는 나라이며, 한국보다 대체로 경제·사회 발전 수준이 앞서 있고 성숙한 나라로 표상화하는 경향이 나타난다(Kim 출판 예정).

1) 3국 국제사안 자료

기존의 연구를 바탕으로 한 이러한 일본 인식은 이 연구에서도 확인되고 있다. 우선 3국 국제사안 자료에서 일본을 직접적으로 지칭하는 단어들

7_근현대 시기 일본은 스스로의 정체성을 아시아 국가라기보다는 '서구의 일원'으로 규정하는 경향이 있었다(Ashizawa 2008; Miyaoka 2011).

을 살펴본 결과, '선진국'이 압도적인 횟수(30회)로 가장 많았다. 선진국과 후진국을 구분하는 한국사회 담론의 틀에서 일본은 대체로 선진국으로 분류되고 있음을 보여 준다. 이는 일본이 같은 범주로 분류되는 북미, 서유럽 국가들과 정치·경제, 사회·문화적으로 비슷한 특징들을 공유하고 있는 것으로 인식되는 경향이 있음을 시사한다.

그 다음으로 많이 사용된 것은 '경제대국'(경제 강국; 세계경제 2위)(5회)이었으며, '주변 강국'(주변 4강)과 '경쟁국'이 같은 횟수(4회)로 그 다음 빈도를 차지했다. 이를 보면, 일본은 대체로 선진국이며 경제력이 크고, 한반도 주변에서 영향을 끼치는 강국임과 동시에 한국과 경쟁하는 나라로 인식되고 있음을 알 수 있다. 이 밖에 'G7 회원국', '주변국', '주요국' 등이 각각 두 번씩 언급됐으며, 한 차례 나타난 사례 가운데는 '강대국'이라는 지칭이 있었다.

일본을 직접 지칭하는 단어와 별개로 각 사설들의 서술에서 묘사되고 있는 일본에 대한 핵심적인 특징을 분석했다. 그 결과, 가장 많은 사설(14회)이 일본을 '앞서가는 기술'(핵심 일류기술; 첨단제품; 원천기술)을 소유하고 있는 나라로 언급했다. 즉 일본은 앞서가는 기술, 핵심 일류기술, 원천기술의 소유자로서 첨단제품을 세계시장에 많이 내놓는 것으로 인식하고 있다. 다음으로 많이 언급된 것은 '역사 왜곡'(정치인 망언, 교과서 왜곡, 과거사 미화, 침략전쟁 미화 등)이다(9회).

사설의 서술에 나타난 위의 두 표상은 매우 대조적이어서 흥미롭다. 일본은 대체로 앞서가는 기술 및 첨단기술, 일류상품 등의 소유자로서 '선진국'의 면모를 보이지만, 과거사 미화 등을 통한 역사 왜곡의 이미지도 함께 갖고 있는 것으로 나타나고 있다. 전자의 경우 한국인들에게 일본은 '따라잡기'(catch up)의 대상으로서 열등감과 함께 경쟁심을 불러일으키는 요인이지만, 후자의 경우는 역사 서술의 준거를 한국에 놓고 일본의 역사 서술은 거기에서 벗어난 왜곡으로 본다는 점에서 한국인들에게 피해의식과 함께 우월감을 야기하는 요인이다.

일본의 전반적 표상과 관련해 볼 때, '역사 왜곡'의 표상은 '선진국'적 일본의 표상을 크게 견제하고 있다. 일부 사설들은 일본의 역사 왜곡과 관련해 일본이 '아직 진정한 선진국의 반열에 오르지 못했다'거나 '상임이사국 자격 있나'며 비판하고 있다(『동아일보』 2003/11/3.; 『서울신문』 2004/9/23). 일본이 역사를 왜곡한다는 한국인의 인식은 일본의 '선진국'적 지위를 불완전하게 만드는 중요한 원천이다. 이에 따라 일본은 한국인들에게 '선진국'으로 인식되면서도 한국인들에게 크게 존경 받지 못하는 나라다. 서구 국가들과 비교해 보면, 일본은 미국, 영국, 프랑스, 독일 등 한국인들이 흔히 '선진국'으로 이상화하는 국가들과 같은 반열에 올라 있지만(Kim 출판 예정), 실제로는 이들 서구 국가들보다 다소 불완전하게 표상화하고 있다.

서술에서는 일본 경제의 부정적인 측면도 부각됐다. 특히 일본 경제가 '저성장' 또는 '장기불황'에 빠졌거나 과거 90년대에 거품경제의 붕괴로 '잃어버린 10년'을 경험했다는 내용이 자주 나타났다(6회).

위의 서술들에 나타난 일본의 표상을 분야별로 분석해 보면, 일본은 과학기술적으로 '앞서가는 나라'라는 표상이 가장 강하게 나타난다. 하지만 정치·역사적으로는 역사왜곡과 정치 우경화의 경향으로 이웃나라를 자극하는 나라, 다시 말해 '뻔뻔하고 위협적인' 국가라는 표상도 강하다. 경제적으로는 세계 2~3위권의 경제대국이면서 국민소득이 높은 '크고 잘사는 나라'라는 표상과 함께 지난 90년대 장기불황 이후 저성장과 신용경색에 시달리는 '침체' 또는 '불안'의 표상이 함께 나타나고 있다.

일본에 대한 인식을 한국과의 관계 측면에서 보면 크게 세 가지 경향이 발견된다. 가장 두드러지게 나타나는 경향은 경쟁관계이다. '선진국' 일본은 한국에 앞서가는 존재로서 한국이 따라잡아야 할, 일부 분야에서는 이미 따라잡은 경쟁의 국가로 인식되는 것이다. 예컨대 한 사설은 한국 경제가 "앞서가는 일본과 뒤쫓고 있는 중국 사이에서 얼마든지 활로를 모색할 수 있을 것"이라고 주장한다(『경향신문』 2003/8/7). 둘째 협력관계다. 일부 사설에서 주로 환경 문제 등의 분야에서 한·일 관계를 공동의 목표 아래 힘을 합치는 관계로 묘사하고 있다. 하지만 그 빈도수는 경쟁관계에 비해 크게 적다. 셋째는 피해자, 가해자 관계다. 주로 역사 관련 분야에서 일본은 한국에 대한 가해자로, 한국은 피해자로 인식되는 경향이 두드러진다.

2) 1국 국내사안 자료

1국 국내사안 자료 분석 결과, 일본 국내 문제와 관련해 대체로 일본을 한국보다 앞서 있고 성숙한 국가로 보는 경향이 나타났다. 이 자료에서 역시 일본을 지칭하는 단어로 가장 많은 것은 '선진국'(18회)으로 다른 용어에 비해 그 횟수가 압도적으로 많았다. 그 뒤를 이어 'OECD 회원국'(3회), '장수국가(노인국가)'(2회), '고속철 선진국'(2회) 등으로 일본에 주로 긍정적인 정체성을 부여하는 용어들이 사용됐다. 한 사설의 경우 일본을 '역사 후진국'으로 명명한 점이 흥미롭다.

일본에 대한 긍정적인 정체성은 서술에 나타난 표상에도 잘 반영됐다. 서술 분석 결과, 가장 많이 나타난 것은 일본의 '성숙한 정치문화'(8회)이다. 이와 관련해 사설들은 일본의 국회의원 숫자 및 세비 삭감, 선거구 줄이기, 동료의원 비리에 대한 단호한 대응, 국회정상 작동 등 일본 국회의 자정 노력을 한국과 대비해 소개하고 있다. 예컨대 한 사설은 다음과 같이 언급했다.

표 1-1 | 신문 사설에 나타난 일본의 정체성과 표상

3국 국제사안 자료		1국 국내사안 자료	
직접 지칭 단어(사례수)	서술의 대표 표상(사례수)	직접 지칭 단어(사례수)	서술의 대표 표상(사례수)
선진국(30) 경제대국; 경제 강국; 세계경제 2위(5) 주변 강국; 주변 4강(4) 경쟁국(4) G7 회원국(2) 주변국(2) 주요국(2) FTA 후진국(2) 자원부국(1) 우군(1) 20-50 클럽(1) 주요 산업국(1) 환경선진국(1) 제국주의(1) 강대국(1) 우주 선진국(1) 선진기술(1) 스페이스클럽(1) 아시아권(1)	앞서가는 기술; 핵심 일류기술; 첨단제품; 원천기술(14) 역사왜곡; 과거사 미화(9) 우주개발 경쟁 앞서(8) 경기호전(7) 통화 약세정책; 환율정책(7) 친기업 정책(6) 고품질 상품; 높은 상품브랜드 가치(6) 잃어버린 10년; 장기불황 경험(6) 자유무역협정 체결 확대(5) 온실가스 감축 노력(5) 과거 식민지배(4) 군사대국화; 우익발호(4) 수학, 기초과학, 이공계 교육 앞서(4) 외환보유국(3) 아프리카 진출(3) 한국과 경쟁; 한국을 견제(3) G8 회원국(3) 자원외교 전쟁(3) 신용경색; 신용하락(3) 한반도에 영향력(3) (이하 생략)	선진국(18) OECD 회원국(3) 장수국가; 노인국가(2) 고속철 선진국(2) 경쟁 상대국(1) 내각책임제 국가(1) 특허 선진국(1) 자동차 선진국(1) 아시아 선진국(1) 원전강국(1) 관광대국(1) 안전대국(1) 역사 후진국(1)	성숙한 정치문화(8) 잃어버린 10년; 장기불황 경험(5) 소매점 의약품 판매(4) 노인복지(4) 최고 노인취업률; 노인가구 고소득(3) 기술무역지수 높아(2) (이하 생략)

"일본 의회도 마찬가지다. 지난해 세금을 올리기에 앞서 세비를 14% 자진 삭감했다. 선진국 의회는 고통을 나누려는 제스처라도 취하는 것이다. 대한민국 국회는 너무 대조적이다."(『세계일보』 2003/1/5).

이렇듯, 일본의 정치가 대외적으로는 우경화를 띠며 이웃나라에 위협이 되지만 내부적으로는 의원들이 '제 살 깎기' 노력을 하는 등 '선진국형' 성숙한 문화를 가진 것으로 인식되고 있다.[8]

다음으로 많은 인식은 '잃어버린 10년'이다(5회). 일본 경제가 90년대 불황을 거치며 성장 동력을 잃어버렸다는 부정적인 인식이다. 선진국의 경제가 대체로 앞서 있고, 첨단적이며, 합리적인 것으로 인식되는 경향에 비춰보면, 일본 경제에 대한 이런 인식은 일본의 선진국적 지위를 다소 불완전하게 만드는 요소다. 하지만 여기에는 일본이 '앞선 존재'라는 인식이 여전히 반영돼 있다. 즉 일본이 선진경제 진입 후 저성장이라는 경로를 갔으며, 한국도 앞으로 그런 경로를 밟을 수 있다는 인식이 내포돼 있는 것이다. 이런 점에서 일본의 '잃어버린 10년'은 한국의 부정적 미래의 가능성을 예고하면서도 한국이 부단한 노력을 통해 피해야 할 경로라는 맥락에서 언급되고 있다.

다음으로 많은 언급은 일본에는 '소매점 의약품 판매'가 가능하다는 것(4회)과 장수국가로서 노인복지가 잘 운영되고 있다는 점(4회)이었다. 한국과의 비교적 관점에서 이들 사실은 일본을 소매점의 의약품 판매를 허용하는 '합리적' 사회, 또는 고령화를 겪고 있다고 인식되는 한국이 본받아야 할 모범사례로 묘사하고 있다. 이렇게 볼 때, 일본은 국내적 차원에서 대체로 한국보다 합리적이고 성숙하며, 한국이 본받을 점이 많은 '선진국'적인 면모를 갖추고 있는 것으로 인식되고 있다.

8_성숙한 정치문화는 경제적 풍요, 합리성 등과 함께 '선진국'의 대표적인 특징으로 인식된다 (Kim 출판 예정).

3. 중국의 정체성과 표상

근현대 시기 한국의 중국 인식 역시 국내외 담론 패권의 변화에 따라 크게 변화한다. 전통적인 문명 담론의 틀에서 대체로 '문명국'으로 인식되던 중국은 근대 개화기 이후 서구 중심적 문명 담론의 틀 속에서는 서구 문명국에 대비되는 '반문명국' 또는 '반개화국'으로서 한국과 비슷한 지위로 분류되다가, 1차 대전 이후 한국과 함께 '도덕 문명'의 문명국의 위치를 회복한다. 20세기 중반 이전까지 한국인들의 중국에 대한 인식은 서구 중심적, 식민주의적 국제질서의 피해자의 처지에서 한국의 자아정체성과 대체로 비슷하게 변동했다고 할 수 있다.

그러나 한국의 해방과 함께 나타난 좌우 이념대립과 한국전쟁, 그리고 이후 나타난 냉전의 시대적 상황에서 한국인들의 중국 인식은 주로 반공주의 이념과 선진국 담론의 틀 속에서 부정적으로 표출되게 된다. 반공주의 이념 틀에서 중국은 '자유민주주의' 국가와 대비되는 일탈자로서의 공산주의 국가로 규정되는 한편, 선진국 담론의 틀에서는 경제적 궁핍에 시달리는 '후진국'으로 표상화하게 된다. 1992년 한·중 수교 이후 한국인들의 중국에 대한 인식이 크게 변화해 기존의 부정 일변도의 이미지는 어느 정도 개선되었다고 볼 수 있다. 하지만 현재 한국사회에서 선진국 담론의 지배적인 위치와 반공적 이념의 잔재를 감안하면, 중국에 대해서 여전히 부정적인 인식이 널리 퍼져 있다고 가정할 수 있다. 특히 선진국 담론에서 중국은 대체로 낮은 국민소득을 가진 국가로서 선진국과는 구별되는 지위로 규정되는 경향이 나타난다. 한국인들이 중국에 대해 "두려우면서, 매력적이면서, 야만스러운" 복합적인 이미지를 갖고 있다면(장세길 2011), "두렵거나 야만스러운" 이미지의 중요한 담론적 근원은 반공적 이념과 선진국 담론을 포함한다고 할 수 있을 것이다.

1) 3국 국제사안 자료

이 연구의 분석 결과, 선진국 담론과 연관된 중국의 현재 표상은 단순한 '후진국'을 넘어 다소 복합적인 것으로 나타났다. 우선 3국 국제사안 자료의 신문 사설을 분석한 결과, 중국을 직접적으로 지칭하는 단어로는 '신흥경제국(신흥국, 신흥공업국)'과 '주요국(주요 2개국, 주요 산업국)'이 각각 6회로 가장 빈도가 높았다. 다음으로는 '개도국(개발도상국)'(5회), '신흥 경제대국(신흥 강국, 거대 신흥국)'(5회), '경제대국(경제 강국, 경제규모 2위, 경제 양대축)'(4회), '주변 4강(주변 강국)', '아시아국가'(4회), '후발 주자(후발국)'(3회) 등의 순이었다. 이렇게 보면, 중국을 직접 지칭하는 단어에서는 '신흥국', '대국(강국)', '주요국', '개도국' 등의 정체성이 두드러지게 나타난다. 즉 중국을 직접 지칭하는 단어들은 대체로 '크고, 강하고, 새롭게 또는 뒤늦게 부상하는 국가'라는 표상을 내포하고 있다.[9]

3국 국제사안 자료에서는 중국을 선진국 또는 후진국으로 직접적으로 언급한 사례는 없었다. 이는 국제적 사안에서 중국을 선진국 또는 후진국보다는 그 중간단계에 있는 '신흥국' 또는 '개도국'으로 규정하는 경향이 두드러지기 때문인 것으로 해석된다. 개도국, 신흥국 등의 개념은 선진국을 뒤

9_이 결과를 '신흥'과 '경제대국'의 정체성을 중심으로 다시 살펴보면, 중국을 '신흥'으로 지칭한 사례(신흥경제국, 신흥 경제대국)가 모두 11건으로 가장 많았으며, '경제대국'으로 본 사례(신흥 경제대국, 경제대국)는 모두 9건이었다.

따라가는 존재로서 여전히 선진국 담론의 인식을 반영한다고 할 수 있다. 다시 말해 이런 개념으로 규정되는 중국은 선진국 담론의 위계구조에서 최하위에 있는 '후진국'의 지위는 탈피했지만, 여전히 앞서 있고 성숙한 '선진국'의 정체성과는 대조적이거나 다른 모습으로 표상화하고 있는 것이다.

다음으로, 3국 국제사안 자료의 각 신문사설에서 중국이 어떤 식으로 서술되는지에 대한 분석을 통해 중국에 대한 대표적인 표상을 살펴봤다. 그 결과, (한국을) '뒤쫓고 있는(맹추격하는)' 국가라는 서술이 모두 15회로 가장 많았다. 그 다음으로 '새로운 경제 강자로 부상했다', '기술격차 좁혀졌다(연구개발 투자확대, 특허출원)', '국제질서 영향력 확대(지2, 지20, 급부상)' 등의 서술이 각각 11차례였다.

위의 서술 가운데 '기술격차가 좁혀지고 있다'는 표상을 비슷한 의미를 내포한 '뒤쫓고 있다'는 서술과 같이 묶어 보면, 모두 26개의 사례가 중국을 한국과의 기술격차를 좁히며 뒤쫓고 있는 나라로 묘사하고 있다. 또 다른 2개 유형의 서술은 '부상하는 중국'의 표상을 내포하고 있다. 이렇게 보면, 중국에 대한 서술에 나타난 대표적인 표상은 '추격'과 '부상'으로, 중국이 상당히 역동적이고 가능성이 큰 모습으로 언급되고 있음을 알 수 있다.

이렇게 볼 때, 중국은 주로 한국을 경제, 기술적인 면에서 급격히 추격하고 있는 나라로 인지되고 있음을 알 수 있다. 또 국제무대에서는 정치경제적으로 급부상하고 있는 신흥국, 강국 또는 경제대국 등의 정체성이 강했다. 한국과의 관계에서 중국은 일본과 비슷하게 협력의 대상이라기보다 경쟁하는 나라로 인식되고 있었다. 중국이 한국을 추격하고 있다는 인식은 아직은 한국이 앞서 있다는 인식의 반영으로, 한국인에게 중국에 대한 우월감의 근원으로 작용한다. 하지만, 쫓기는 처지에 있다고 인식하는 한국인들에게 중국은 언젠가 한국을 따라잡을 수도 있는 위협감을 주는 존재이기도 하다. 다시 말해, 선진국 담론적 차원에서 볼 때 중국은 '개발도상국'으로서 한국보다 한 수 아래에 있지만 한국을 급추격하는 신흥 경제대국, G2의 주요국이라는 점에서, 한국인들이 무시할 대상이라기보다는 정치, 경제 등의 분야에서 위협적 대상으로 인식하는 경향이 크다고 할 수 있다.

2) 1국 국내사안 자료

중국 국내 문제에 초점을 맞춘 1국 국내사안 자료를 분석한 결과, 위의 국제적인 사안에서의 표상과는 달리 '후진국'의 정체성이 가장 두드러졌다. 국내 문제와 관련해 중국을 직접적으로 지칭하는 단어로는 '인권 후진국'이 6회로 가장 많았다. 예컨대 한 사설은 '중국, 인권 후진국 벗어나야 대국이다'라는 제목 아래 "공산당 일당독재 종식, 표현과 결사의 자유를 요구했다고 감옥에 가야 하는 나라는 인권 후진국의 오명을 벗을 수 없다."고 비판하고 있다(『경향신문』 2010/10/12). 이렇게 볼 때, 중국은 국제적 사안보다 국내적 상황에서 더 부정적으로 인식되는 경향이 있다고 할 수 있다. 다음으로 'G2(주요 2개국)'(4회), '사회주의 국가'(3회) 등이 자주 사용됐다.

1국 국내사안 자료의 사설들이 중국을 어떻게 서술하는지를 분석한 결과, 가장 많은 사례가 '뒤떨어진 인권, 민주화 수준'(11회)을 꼽았다. 중국이 국내적 측면에서는 강국 또는 신흥국의 정체성보다는 인권과 민주화가 뒤떨어진 '인권 후진국'으로서의 정체성이 압도적으로 강하다는 점을 잘 보여준다. 정치사회적으로 아직 민주화가 덜돼 있는 나라라는 점에서 중국은 한국의 1980년대 민주화 이전의 사회로서 한국의 뒤를 달리고 있는 '후진국'으로 정체성이 규정되고 있다.

표 1-2 | 신문 사설에 나타난 중국의 정체성과 표상

3국 국제사안 자료		1국 국내사안 자료	
직접 지칭 단어(사례수)	서술의 대표 표상(사례수)	직접 지칭 단어(사례수)	서술의 대표 표상(사례수)
신흥경제국; 신흥국; 신흥공업국(6) 주요국(6) 개도국(5) 신흥 경제대국; 신흥강국; 거대 신흥국(5) 경제대국; 경제 강국; 경제규모 2위; 경제 양대 축(4) 주변4강; 주변강국(4회) 아시아국가(4) 후발 주자; 후발국(3) 온실가스 배출국(2) 경쟁국(2) 주변국(2) 최대 외환보유국(2) G20 회원국(1) 친디아(1) 1위 수출대상국(1) 스페이스 클럽(1) 우방(1) 인력대국(1) 방위산업 대국(1) 초강대국(1)	한국 맹추격(15) 새로운 경제 강자로 부상(11) 한국과 기술격차 좁혀져; 연구개발 투자 확대(11) 국제질서 영향력 확대(11) 고도성장(9) 스페이스 클럽; 우주개발(9) 온실가스 배출(6) FTA 체결확대(6) 한반도 영향력; 주변 강국(6) 환율전쟁(5) 동북공정; 역사교육 강화(5) 외국기업 진출; 외자유치 정책(5) 외환보유국(4) 일류상품 증가(4) 한국 최대 수출상대; 한국이 무역 의존(4) 성장 주춤(3) 과학교육 노력; 이공계 학력 한국에 앞서(3) 원가경쟁력(3) 일본과 영토 분쟁; 패권 경쟁(3) 아프리카 진출 지원(3) (이하 생략)	인권 후진국(6) G2; 주요 2개국(4) 사회주의 국가(3) 세계 2위 경제대국(1) 인력대국(1) 환경후진국(1) 세계의 공장(1)	뒤떨어진 인권, 민주화 수준(11) 환경오염(2) 연고주의 만연(1) 한국저작물 불법 침해(1) 막무가내 식 외교 행태(1) 저질 발암제품 수출(1) 정책의 신뢰성 부족(1) 짝퉁제품 제조(1) 개혁개방(1) 소득수준 향상(1) 법인세 인하(1) 마오쩌둥 큰 아들 한국전쟁 보내(1) 경제 센서스 시행(1) 우주 개발(1)

중국의 국내 상황에 대한 이러한 인식은 선진국 담론과 반공적 이념의 잔재를 반영하고 있는 것으로 해석된다. 즉 선진국 담론에서 정치적으로 미성숙한 것으로 표상화하는 '후진국'의 정체성과, 반공적 이념의 틀에서 '독재'로 표상화하는 공산주의 국가의 정체성이 복합적으로 나타나고 있는

것이다. 이런 부정적인 인식은 한국인들에게 중국에 대한 무시와 우월감의 근원이다. 그러나 한편으로 인권을 무시하는 미성숙한 나라가 큰 힘을 갖고 있다고 인식되는 것은 한국인이 중국의 부상과 팽창에 대해 위협감을 더 크게 느끼게 하는 요소가 될 수 있다.

중국의 국내 상황에 대한 분석 결과를 보면, 앞서 일본에 대한 인식과는 달리 부정적인 서술이 훨씬 많이 나타났다. 중국이 대외적으로는 크고 강한 나라이고 경제·기술적으로 한국을 바짝 추격하고 있기는 하지만, 국내적으로는 대체로 인권의식이 낮고, 저질 제품을 생산하고, 환경을 오염시키는 등 아직 한국에 비해 미성숙하고 뒤떨어진 '후진국'으로 규정되고 있음을 알 수 있다. 이와 관련해 중국은 인권활동 탄압, 환경오염, 저질 공산품 생산 등을 통해 한국에 피해를 주는 국가로 인식되는 경향도 나타났다.

4. 한국의 정체성과 표상

근현대 시기 서구 중심적 국제질서 속에서 한국의 두드러진 국가 정체성은 서구와의 관계 속에서 주로 표현돼 왔다. 전통적 문명 담론에서 '야만'이었던 서구가 근대 개화기에 급격한 담론적 변화를 거치며 '문명국'으로 지칭되면서 서구 제국은 한국이 '부강'을 위해 본받아야 할 나라로 여겨진다(Kim 2012). 이에 따라 한국은 서구보다 못한 '반문명국' 또는 '반개화국'의 지위에 머무르게 된다. 그런데 1차 대전 이후 서구 중심적 문명 담론의 패권이 크게 흔들리면서 한국은 '도덕 문명'의 문명국으로서 '침략 문명'의 서구와는 대비되는 문명국의 지위를 되찾았다. 한국의 문명성을 강조하는 인식의 틀에서 '문명국'으로서 한국의 자아정체성은 이승만 정부 시기까지 유지되다가, 박정희 정부 시기 선진국 담론의 부상과 함께 '후진국'으로 떨어지는 큰 변화를 겪게 된다(김종태 2012; 2013). 그러다가 1970년대 후반 경제성장의 성과에 대한 자신감에 힘입어 한국의 자아정체성은 선진국 담론의 틀에서 대체로 '선진국 진입을 눈앞에 둔 앞서가는 중진국' 정도로 표현되는 경향이 두드러진다(Kim 출판 예정).

1) 3국 국제사안 자료

이 연구의 분석 결과, 한국의 현재 자아정체성은 내용적으로 대체로 위에서 언급한 선진국 담론적 인식을 반영하면서도, 개념적으로는 선진국, 중진국, 후진국 등 기존의 틀 이외의 다양한 표현들이 발견됐다. 3국 국제사안 자료에서 한국에 대해 직접 지칭하는 단어들을 조사한 결과, '세계 10위권 경제대국(무역대국)'과 'G20 의장국'이 각각 6회로 가장 많은 횟수를 차지했다.[10] 그 다음으로 많이 발견된 용어는 '신흥국가(신흥경제국)'(5회)이었다.

이렇게 보면, 한국은 대체로 세계 10위권 정도의 경제대국이고 G20 의장국으로서 국제무대에 영향력은 있지만, 이른바 '선진국'과는 대비되는 '신흥국'적 정체성을 갖고 있는 것으로 규정되고 있다. 중국이 G2 또는

10_'G20 의장국'의 정체성이 많이 나타난 것은 2010년 서울에서 개최된 G20 정상회의와 관련한 사설들이 당시 많이 쏟아져 나왔기 때문으로, 이는 특수한 상황을 반영한 정체성이라 할 수 있다.

G20의 경제대국으로서 '신흥경제국' 또는 '신흥 경제대국'으로 자주 언급되는 것과 비교하면, 한국 역시 세계 10위권 정도의 '신흥 경제대국'으로 여겨지고 있다고 할 수 있다. 국제적 사안에서 한국은 '선진국' 일본보다는 '신흥국' 중국에 더 가까운 정체성을 갖고 있는 것이다.

한국은 특정한 맥락에서 선진국 또는 후진국으로 명명됐다. 예컨대 일부 사설들은 한국을 '기록문화 선진국'(이하 1회), '자유무역협정(FTA) 선진국', '원자력 활용 선진국', 또는 '위성 선진국' 등으로 지칭했으나, 다른 사설들은 '자유무역협정 후진국', '관광 후진국', '해양쓰레기 후진국', 또는 '로켓 후진국' 등으로 부르기도 했다. 긍정적으로 인식되는 한국의 상황을 '선진국'이라는 개념에, 부정적으로 인식되는 상황을 '후진국'이라는 개념에 연결해 표현하고 있다. 한국의 '선진국', '후진국' 개념은 어떤 사회나 국가의 발전 수준을 중립적으로 지칭한다기보다는, 그 자체로 긍정적, 부정적 함의를 내포하고 있음을 잘 보여 준다. 이런 담론적 상황은 선진국으로 지칭되는 나라에 대한 '이상화'와 후진국으로 지칭되는 나라에 대한 '주변화'를 야기하게 된다.

3국 국제사안 자료에서 한국이 어떻게 서술되는지를 조사한 결과, '일본과 중국 사이(샌드위치, 넛크래커 호두)'라는 표상이 15차례로 가장 많았다.[11] 예컨대 한 사설은 한국 경제에 대해 "'수출 챔피언 한국이 길을 잃었다'는 해외 언론의 보도처럼 선진국과 개도국, 중국과 일본 사이에 낀 '샌드

11_한국을 중국과 일본 사이에 끼어있다는 의미로 '넛크래커'(nut cracker; 호두까기) 신세로 비유한 사례가 몇 개 있는데, 이는 한국이 '넛크래커 사이에 있는 호두' 신세에 있다고 한 외국 언론을 잘못 인용한 것이다. 이 글에서는 표현의 정확성을 위해 '넛크래커 사이 호두'로 표현하겠다.

위치' 상태"라고 언급하고 있다(『동아일보』 2007/3/21). 그 다음으로는 '저성장 시대(낮은 경제성장률, 수출 감소, 중진국 함정)'(14회), '지20 개최(국제기구 영향력 확대)'(13회), '세계 10위권 경제 강국(지디피 15위, 수출 7위)'(12회), '자유무역협정 체결 확대'(11회) 등의 순이었다.

이렇게 보면, 한국은 세계무대에서 높은 기술력을 바탕으로 한 '선진국' 일본과, 가격경쟁력을 내세운 '신흥국' 중국의 사이에 끼어 있는 '샌드위치' 또는 '호두까기의 호두' 신세로 여겨지는 경우가 많았다. 이와 관련해 많은 사설들이 '선진국' 일본과의 기술격차는 좁혀지지 않고 '신흥국' 중국의 추격속도는 갈수록 빨라지고 있다는 위기의식을 전파하고 있다. 이를 바탕으로 이른바 '샌드위치' 신세에 있는 한국이 살아남기 위해서는 경제적·기술적으로 부단히 노력해 중국의 추격을 따돌리고 일본을 따라잡아야 한다고 강조하고 있다. 이와 관련해 한국은 현재 (일본을 따라잡아) 선진국에 진입하느냐, 아니면 (중국에 따라 잡혀) 후진국으로 떨어지느냐의 '갈림길에 있다'는 인식이 상당히 많이 나타났다.

위의 분석 결과를 종합해 보면, 3국 국제사안 자료에 나타난 한국의 정체성과 표상은 선진국 담론의 틀이 강하게 작용하고 있음을 알 수 있다. 단선적이며 보편적인 것으로 가정되는 '선진국에 이르는 길'에서 앞서가는 일본과 뒤처진 중국, 그리고 그 사이에 있는 한국 사이의 위계관계가 명확히 나타나고 있는 것이다. '선진국과 개도국의 가교역할'이라는 서술 역시 한국이 아직 선진국은 아니지만, 개도국 중에서는 선진국에 가까운 지위를 갖고 있다는 인식을 반영하고 있다고 할 수 있다. 이는 선진국 담론에서 '선진국 문턱'에 있는 것으로 한국의 정체성을 규정하는 경향의 연장선상에 있는 것으로 이해할 수 있다. 이런 맥락에서 일부 사설들은 한국이 '선진국을 향한 새로운 출발선'에 서있다거나, '한국 경제가 선진국도 개도국도 아니다'고 말하고 있다. 일부 사설들은 한국이 아직 선진국에 미치지 못한다는 점을 강조하며, '국민의식이 선진국에 이르지 못한다', '선진국 진입은 허장성세' 등을 언급하고 있다.

1) 1국 국내사안 자료

다음으로는 중국, 일본의 국내 상황 인식에 반영된 한국의 표상을 알아보기 위해 1국 국내사안 자료를 분석했다. 1국 국내사안 자료에서 한국에 대한 서술을 분석한 결과, 한국 사회는 일본에 비해 부족한 점이 많은 반면, 중국에 대해서는 바람직한 요소를 많이 갖고 있는 것으로 인식되는 경향이 나타났다. 일본의 경우 '선진국'으로서 각 분야에서 한국이 '준거기준', '모범사례', 또는 '참고사례'로 삼아야 할 대상으로 인식되는 경우가 많았다. 반면, 중국의 경우 한국에 아직 못 미치는 발전단계에 있다는 인식 위에서 (부정적) '참고사례'로 여겨지는 경향이 있었다.

우선 일본의 인식에 반영된 한국에 대한 인식을 보면, 두 나라는 대조적으로 비교되는 경우가 많았다. 예컨대 '선진국' 일본의 경우 방재시설을 의무화하고, 보험범죄가 적고, 정치권 스스로 개혁 의지를 보여 준다면, '선진국'에 못 미치는 한국은 '방재대책이 후진국 수준'(『동아일보』 2010/10/4)이고, '보험범죄가 기승을 부리며'(『국민일보』 2011/1/27), '정치권이 고비용 저효율의 전형을 보여 주고 있다'(『동아일보』 2012/1/30; 『세계일보』 2012/5/23)는 식이다. 한국인들이 일본인들의 역사왜곡을 비판하고 이를 우월감의 근원으로 삼고 있지만, 일본 사회는 '선진국'으로서의 면모를 갖춘 모범적인 사회로 인식하고 있음을 보여 준다. 반면 한국 사회는 아직 이 수준에 미치

표 1-3 | 신문 사설에 나타난 한국의 정체성과 표상

3국 국제사안 자료	
직접 지칭 단어(사례수)	서술의 대표 표상(사례수)
세계 10위권 경제대국(6)	일본과 중국 사이; 샌드위치; 넛크래커 호두(15)
G20 의장국(6)	저성장 시대; 수출 감소; 중진국 함정(14)
신흥국; 신흥경제국(5)	G20 개최; 국제기구 영향력 확대(13)
20-50클럽(3)	세계 10위권 경제 강국; GDP 15위, 수출 7위(12)
스페이스 클럽; 우주인 배출국(2)	자유무역협정 체결확대(11)
공산품 수출국; 수출챔피언(2)	무역의존도 높아; 외부 환경변화에 취약(10)
농산물수입국(1)	기술력 약해; 선진국과 격차(9)
FTA 허브국(1)	우주 개발 시작(9)
선진 강국(1)	정쟁, 내부 파탄; 국론분열(8)
샌드위치(1)	역사왜곡 피해(6)
거대 신흥국(1)	민주화(5)
해양쓰레기 후진국(1)	온실가스 배출(5)
아시아 나라(1)	갈림길에 있다(5)
생물다양성 협상 주요협상국(1)	선진국과 개도국 가교역할(5)
일류국가(1)	이공계 학력 중·일에 뒤져(4)
세계5위 무기수출국(1)	경제 양적규모 못 따라가는 질적 측면(4)
원자력 활용선진국(1)	농수산물 안이한 관리(4)
강소국(1)	선진국을 향한 새로운 출발선(3)
OECD 회원국(1)	아프리카 진출 느려(3)
중진국(1)	해외 성매매(3)
위성 선진국(1)	(이하 생략)
기록문화 선진국(1)	
FTA 선진국(1)	
로켓 후진국(1)	
관광후진국(1)	
FTA 후진국(1)	

지 못하는 것으로 인식함으로써 열등감의 요인을 만들어 내고 있다.

반대로, 중국과의 비교에서 한국 사회는 더 바람직한 사회로 인식되는 경향이 나타난다. 특히 인권, 민주화 차원에서 한국은 중국보다 앞서 민주화를 달성한 사회로 여겨지고 있다. 정책의 신뢰성과 투명성, 예측 가능성에서 한국은 중국보다 '선진화'해 있다는 표상도 나타났다. 하지만, 한국 사회를 비판할 때는 한국 사회가 중국과 비슷하게 부정적인 면을 갖고 있는 것으로

인식되기도 한다. 한 사설은 "미국과 함께 G2(주요 2개국)로 떠오른 중국에서도 연고주의가 만연하다."면서 한국도 후진국형 연고주의에서 탈피해야만 선진국으로 나아갈 수 있다"고 주장하고 있다(『동아일보』 2010/9/4).

5. 동북아 공동체 논의에의 함의

최근 무역 규모 증가, 한류 열풍, 관광객 증가 등 한국, 중국, 일본 사이의 역내 경제, 문화 교류가 급증하는 현상을 보면 동북아 지역 안에서 '현실적 공동체'적 경향이 크게 높아졌다고 할 수 있다. 비정부적 차원의 개인, 단체들 사이에 경제적, 사회문화적 차원에서 초국가적 역내 교류가 예전에 비해 급증해 현재 활발히 이뤄지고 있다. 하지만 그에 걸맞은 동북아의 인접국으로서의 '공동체' 의식이 있는지에 대해서는 회의적인 면이 적지 않다.

한 지역의 공동체 형성은 초국가적 차원에서 '우리'라는 집단을 만들어 내는 과정이며, 이런 점에서 정체성은 이를 구성하는 중요한 요소라 할 수 있다. 정체성이 남과 나의 구분을 바탕으로 한다는 점에서, 집단 정체성은 외부에 대한 집단 내부의 동질성에 대한 인식을 바탕으로 한다. 특히 언어, 전통, 관습 등 어떤 집단만의 독특한 '문화적 상징물'은 구성원들의 내집단 정체성을 강화하는 구실을 한다(Lamont and Fournier 1992).

이렇게 보면, 지역 공동체의 정체성 역시 내부 성원들의 동질성에 대한 인식을 기반으로 한다. 구성원 상호간에 공유할 수 있는 요소가 많을수록 지역 공동체 형성에 유리한 조건이라 할 수 있다. 서구의 경우 역사적으로 비서구와의 관계 속에서 기독교적, 근대 문명적 우월의식 등을 토대로 '유럽인'이라는 공동체적 정체성을 은연중에 발전시켜 왔으며, 이는 '유럽연합'(European Union)의 형성에 중요한 밑거름이 됐다. 서로를 동등한 상대로 인식하는지 여부는 역내 동질감의 형성에 매우 중요한 요소라 할 수 있다.

이와 관련해 헤머와 카젠스타인(Hemmer and Katzenstein 2002)과 아시자와(Ashizawa 2008)의 연구는 참고할 만하다. 우선 헤머와 카젠스타인은 '(동남)아시아에는 왜 북대서양 조약기구와 같은 '다자간'(multilateral) 기구가 없는가'라는 질문에 대해, 그 답을 미국의 유럽과 아시아에 대한 차별적 인식에서 찾고 있다. 즉 미국이 유럽의 국가들에 대해서는 서구 문명을 공유한 과거 식민주의 세력으로서 동등한 자격을 가진 대상으로 인정한 데 비해, 동남아 국가들은 이제 막 식민주의에서 독립한 비서구 국가로서 동등한 대상으로 보지 않았다는 것이다. 미국 정치인과 당국자들은 유럽에 대해서는 '서구 문명의 미덕과 가치를 공유한', '공통의 정신', '우리와 같은 민족들' 등의 표현을 쓰며 북대서양 조약기구를 통한 협력의 타당성을 주창한 반면, 동남아 국가들에 대해서는 오히려 인종주의적 편견을 보이며 비하하는 태도를 보였다는 것이다. 헤머와 카젠스타인(2002)은 미국의 유럽 국가들과의 동일시 경향, 아시아 국가와의 차별화 경향이 하나는 '다자간', 다른 하나는 '양자간'이라는 다른 형태의 지역 안보기구를 탄생하게 했다고 주장했다.

비슷한 맥락에서 아시자와(2008)는 아시아 지역기구 구성에서 일본이 왜 서구 국가들의 참여를 주장하는지를 국가 정체성과 관련해 논의하고 있다. 일본은 '아시아태평양경제협력체(APEC)', '아세안지역포럼(ARF)' 등 아시아의 지역기구를 구성하는 데 있어 미국, 호주, 뉴질랜드 등 서구권 국가들을 회원국으로 참여시킬 것을 주장했는데, 이는 '아시아 유일의 서구권 국가'라는 정체성을 반영한 외교적 행위라고 그는 주장했다. 이를 통해 일본은 온전한 아시아 국가이기를 거부하면서 아시아 속의 서구라는 이중의 국가 정체성을 유지하려 했다는 것이다.

이런 논의들을 선진국 담론 속의 한국, 중국, 일본 정체성 및 상호인식과 관련해 살펴보면 의미하는 바가 크다. 우선 국가 정체성의 차원에서 한국의 선진국 담론에 반영된 한국, 중국, 일본의 정체성은 동질성보다는 이질성이 더 크게 드러나고 있다. 선진국과 후진국의 이분법을 바탕으로 한 담론 구조 속에서 일본은 기술과 경제수준 등이 앞선 선진국으로, 중국은 기술과 경제수준 면에서는 개발도상국으로, 인권 등의 측면에서는 후진국으로 인식되고 있다. 한국은 기술과 경제수준, 국민의식 등의 면에서 대체로 일본과 중국 사이의 중간적 지위로 그 정체성이 규정되고 있다. 즉 한국인의 세계관을 지배하는 담론의 틀 속에서 한국과 중국, 일본 등 동북아의 주요 3국은 서로 동등한 지위에 놓여 있지 않다.

더욱이 한국과 일본의 경우 자신들이 닮고 싶어 하는 '긍정적 준거집단'이 아시아가 아닌 서구로 설정돼 있다. 한국은 선진국 담론의 틀 속에서 서구 국가들을 '선진국'으로 규정하고, 이들과 같은 반열에 서는 '선진국 진입'을 국가적 목표로 설정하고 있다. 현재 일본이 자신을 '아시아 유일의 서구권 국가'로 인식하고 있다면(Ashizawa 2008), 한국은 일본의 뒤를 이은 '아시아 제2의 서구권 국가'를 열망하고 있는 셈이다.

한국의 선진국 담론의 정체성은 아시아의 역사적 경험, 중국의 국가적 독특성 등 다양한 요소들과 결합해 한층 복잡한 양상을 띠고 있다. 즉 일본은 선진국이지만 과거 식민주의적 침략의 역사를 반성하지 않고 오히려 왜곡하는 '역사 후진국'의 면모를 보이고 있고, 중국은 개발도상국이지만 국제무대에서 정치경제적 영향력은 'G2'로 대변되는 '강국' 또는 '대국'의 정체성을 갖고 있는 것이다. 한국은 일본의 선진국 지위에 미치지 못하지만 역사의식에서는 우월감을 갖고 있고, 중국에 대해서는 경제발전 수준에서 '앞서가는' 지위지만 경제 규모와 정치적 영향력 면에서 중국의 '강국' 또는 '대국'의 수준에 미치지 못하는 존재로 인식되고 있다. 상대국에 대한 우월의식 및 열등의식과 관련해서 보면, 한국의 처지에서 일본은 경제적으로 선망의 대상이지만 역사적, 정치적으로는 멸시의 대상이며, 중국은 경제발전 수준에서 무시의 대상이지만 경제 규모와 국제정치 영향력 면에서는 결코 무시할 수 없는 대상이다. 한편 역사적으로, 한국은 일제의 피해자라는 측면에서는 중국과 정체성을 공유하고 있는 한편, 한국전쟁 이후 중국과 오랜 이념적 대립을 한 경험도 갖고 있다.

이렇게 볼 때 한국, 중국, 일본 등 동북아 3국은 지리적으로 인접해 있음에도 불구하고, 정체성 및 상호인식 측면에서는 동질성보다는 이질성이 더 크게 나타나고 있다. 특히 한국인들의 지배적인 세계관인 선진국 담론은 선진국과 후진국(또는 개발도상국) 간의 위계관계를 가정함으로써 이들 3국간 지위가 동등하지 않다는 인식을 지속적으로 생산하고 있다. 이런 선진국 담론의 인식은 역사 문제, 국제무대의 영향력 등과 관련한 인식들과 결합해 이들 국가에 대해 더욱 복잡한 정체성과 표상을 낳고 있다. 이런 면에서 한국, 중국, 일본의 정체성과 표상을 구성하는 현재 선진국 담론의 세계관은 동북아의 공동체적 정체성 측면에서는 부정적인 영향을 끼치고 있다고 할 수 있다.

6. 나오며

이 글에서는 한국 언론이 선진국 담론의 틀 속에서 또는 그와의 관계 속에서 한국, 중국, 일본의 정체성을 어떻게 규정짓고 그 표상을 어떻게 구성하는지를 살펴보았다. 분석 자료의 신문 사설들은 이들 동북아 3국을 선진국과 후진국의 개념적 틀에서 정체성을 규정하고 표상을 구성하고 있어 선진국 담론이 한국 사회의 지배적인 지위에 있는 담론의 하나임을 잘 보여줬다.

분석 결과, 한국사회의 이들 3국에 대한 정체성과 표상은 유사성보다는 차이가 큰 것으로 나타났다. 우선 국제적 사안과 관련해 각 국을 직접 지칭하는 단어를 살펴본 결과, 일본의 경우 '선진국'이 압도적으로 많이 나온 반면, 중국은 '신흥국(신흥경제국)' 또는 '주요국(주요 2개국)' 등으로 지칭하는 사례가 가장 많았다. 사설들의 서술에 나타난 각 국의 표상을 살펴본 결과, 일본은 '앞서가는 기술(핵심 일류기술)'을 갖고 있다고 언급한 사례가 가장 많았으며, '역사 왜곡(과거사 미화)'도 그 다음으로 높은 빈도를 나타냈다. 중국은 (한국을) '뒤쫓고 있는(맹추격하는)' 국가라는 서술이 가장 많았으며, 다음으로 '새로운 경제 강자로 부상', '기술격차 좁혀져', '국제질서 영향력 확대' 등의 서술도 많이 나타났다.

이렇게 보면, 국제적 사안에서 일본은 앞서가는 기술, 핵심 일류기술을 소유한 선진국으로서의 정체성을 갖고 있는 반면, 중국은 요즘 새롭게 부상하는 경제 강자로서 국제사회 영향력이 확대되고 한국 등과의 기술격차를 좁혀가는 신흥국 또는 주요국으로서의 정체성이 주로 나타나고 있다고 할 수 있다. 한국의 경우 직접 지칭 단어로는 '세계 10위권 경제대국'과 'G20 의장국'이 가장 많이 나왔으며, 그 다음으로는 '신흥국(신흥경제국)'이었다. 사설들의 서술에 나타난 한국은 '일본과 중국 사이에 있는 샌드위치 또는 넛크래커 호두 신세'라는 표상이 가장 많이 나타났으며, '저성장 시대(중진국 함정)'라는 표상도 그 다음으로 자주 나왔다.

각 국의 국내 사안에 초점을 맞춘 분석에서는, 일본의 경우 역시 '선진국'이라는 지칭이 압도적으로 많았다. 일본에 대한 서술로는 '성숙한 정치문화'를 갖고 있다는 인식이 가장 많았고 그 다음으로 '잃어버린 10년'을 겪었다는 인식이 자주 나왔다. '선진국'으로 지칭되는 일본은 국내 문제에 있어 대체로 한국이 본받아야 할 '모범사례', '비교 준거' 등으로 언급되는 경향이 나타났다. 중국의 경우 직접 지칭 단어로는 '인권 후진국'이 가장 많았으며, 그 다음으로 'G2(주요 2개국)'이었다. 서술에 나타난 중국 표상은 '뒤떨어진 인권, 민주화 수준'이 가장 두드러지게 나타났다. 이렇게 보면 국내적으로 일본은 '선진국'으로서 '성숙한 정치문화'를 갖고 있어 한국이 본받아야 할 '모범사례'적인 면모를 갖추고 있는 것으로 인식되는 반면, 중국은 인권과 민주화 수준이 뒤떨어진 '인권 후진국'으로서 부정적으로 여겨지는 경향이 큰 것으로 나타났다.

위에서 살펴본 결과를 종합해 보면, 한국 언론에 나타난 각 국의 정체성과 표상은 중층적이라고 할 수 있다. 일본의 경우 '선진국'의 정체성이 뚜렷하지만 '역사 왜곡'을 하는 국가라는 표상이 이를 견제하고 있다. 반면, 중국은 선진국에 못 미치는 '신흥국' 또는 '인권 후진국'이라는 정체성이 강하지만, 요즘 급부상하고 있는 '주요국'이라는 정체성을 함께 갖고 있다. 각 국의 이런 중첩적 정체성과 표상은 한국인들에게 복잡한 감정을 불러일으킨다. 예컨대 일본은 선진국으로서 열등감의 요소를 제공하지만 역사 왜곡과 관련해 우월감을 느끼게 하는 반면, 중국은 신흥국으로서 우월감을 주지만 주요국이라는 정체성은 결코 무시할 수 없는 대상이라는 감정을 불러

오는 요인이다.

최근 관심을 끌고 있는 동북아 공동체 논의와 관련해, 이 글에서는 이들 3국의 지리적 인접성에도 불구하고 한국 언론에 나타난 이들의 표상과 정체성은 동질성보다는 이질성이 더 크다고 지적했다. 공동체가 구성원들 사이에 같은 집단의식을 바탕으로 한다는 점을 고려하면, 이런 이질적 정체성은 공동체 형성을 방해하는 측면이 크다고 할 수 있다. 이런 점에서 앞으로 공동체적 정체성 형성의 한 방안으로서 각국의 정체성과 표상의 이질성에 대한 더 깊은 연구가 진행될 필요가 있다.

이 연구는 분석대상을 '선진국'과 '후진국'을 포함한 사설로 한정지었다는 점에서 약점이 있다. 이 때문에 선진국 담론의 틀 속에서 또는 이와의 연관성 속에서의 한·중·일 3국에 대한 인식분석에 대해 타당성이 있지만, 선진국 담론적 인식이 다른 담론적 인식들과 비교할 때 얼마나 두드러지게 나타나는지에 대해서는 파악하기 어려운 한계가 있다. 또 한·중·일 3국의 상호인식이 아닌, 한국 쪽의 인식에 대한 분석으로 한정한 것도 약점이다. 이는 여러 여건의 미비에서 비롯된 것으로, 향후 연구에서 미흡한 점들을 보완한 보다 다각적인 분석이 이뤄져야 할 것이다.

참고문헌

김종태. 2012. "이승만 정부 시기 문명 담론과 선진국 담론에 나타난 국가 정체성과 서구관: '대통령 연설문'과 '조선일보'를 중심으로." 『한국사회학』 46(2): 150-175.

김종태. 2013. "박정희 정부 시기 선진국 담론의 부상과 발전주의적 국가 정체성의 형성: '대통령 연설문'과 '조선일보'를 중심으로." 『한국사회학』 47(1): 71-106.

김종태·한기덕. 2013. "한국 대학생의 외국인 차별 의식의 근원: 민족, 문명, 선진국 담론의 비판적 검증." 『담론 201』 16(3): 35-66.

김진호. 2006. "근현대 한국인의 중국 인식과 중국인의 한국 인식 변화." 『중국문화연구』 8: 373-398.

동아시아연구원. 2013. "제1회 한·일 국민상호인식조사 한·일 비교분석결과 보고서."

박은희·성해준. 2008. "한국 대학생의 일본어 학습동기와 일본인식에 관한 연구." 『동북아 문화연구』 17: 517-534.

박정화·김도희. 1997. "한·일 양국인의 상호인식에 관한 연구: 2002년 월드컵 공동개최에 따른 양국 학생의 인식을 중심으로." 『동일어문연구』 12: 93-133.

박중현. 2008. "'무지와 무관심'에서 '서로 보기'로." 『역사와 역사교육』 15: 61-80.

박태균. 2004. "로스토우 제3세계 근대화론과 한국." 『역사비평』 66: 136~166.

유승무·이태정. 2006. "한국인의 사회적 인정 척도와 외국인에 대한 이중적 태도." 『담론201』 9(2): 275-311

이욱연. 2004. "두 개의 한류와 한·중 문화 교류." 『철학과 현실』 62: 58-68.

임춘성. 2009. "한국 대학의 미국화와 중국 인식." 『현대중국연구』 11(1): 290-320.

장세길. 2011. "두려우면서, 매력적이면서, 야만스러운 중국: 중국 내 노동집약적 제조업 분야 한국 기업인의 중국 인식." 『비교문화연구』 17(1): 81-117.

정문상. 2007. "냉전시기 한국인의 중국 인식." 『아시아문화연구』 13: 47-70.

정문상. 2012. "근현대 한국인의 중국 인식의 궤적." 『한국근대문학연구』 25: 203-231.

Ashizawa, Kuniko. 2008. "When Identity Matters: State Identity, Regional Institution-Building, and Japanese Foreign Policy." *International Studies Review* 10: 571–598.

Baumgarten, Britta and Jonas Grauel. 2009. "The Theoretical Potential of Website and Newspaper Data for Analysing Political Communication Processes." *Historical*

Social Research 34(1): 94-121.

Brohman, John. 1995. "Universalism, Eurocentrism, and Ideological Bias in Development Studies: From Modernisation to Neoliberalism." *Third World Quarterly* 16(1): 121-140.

Doty, Roxanne Lynn. 1993. "Foreign Policy as Social Construction: A Post-Positivist Analysis of U.S. Counterinsurgency Policy in the Philippines." *International Studies Quarterly* 37(3): 297-320.

Escobar, Arturo. 1995. *Encountering Development: The Making and Unmaking of the Third World.* Princeton, NJ: Princeton University Press.

Fischer-Tiné, Harald and Michael Mann (eds.). 2004. Colonialism as Civilizing Mission: *Cultural Ideology in British India.* London: Anthem Press.

Foucault, Michel. 1977. *Discipline and Punish: The Birth of the Prison.* New York: Vintage Books.

Foucault, Michel. 1980. *Power / Knowledge: Selected Interviews and Other Writings 1972-1977.* New York: Pantheon Books.

Golding, Peter and Graham Murdock. 2000. "Culture, Communications and Political Economy," pp. 70-92 in *Mass Media and Society,* edited by James Curran and Michael Gurevitch, 3rdedn. London: Arnold.

Hemmer, Christopher and Peter J. Katzenstein. 2002. "Why Is There No NATO in Asia? Collective Identity, Regionalism, and the Origins of Multilateralism." *International Organization* 56(3): 575-607.

Hunt, Michael. 1987. *Ideology and U.S. Foreign Policy.* New Haven, CT: Yale University Press.

Jepperson, Ronald L., Alexander E. Wendt, and Peter J. Katzenstein, 1996. "Norms, Identity, and Culture in National Security," pp. 33-75 in *The Culture of National Security: Norms and Identity in World Politics,* edited by Peter. J. Katzenstein. New York: Columbia University Press.

Kim, Jongtae. 2012. "The Origins of Korea's Eurocentrism: A Study of Discourses on Gaehwa and Munmyeong." *Seoul Journal of Korean Studies* 25(1): 31-54.

Kim, Jongtae. 출판 예정. "South Korea's Developmentalist Worldview: Representations and Identities in the Discourse of Seonjinguk." *Asian Journal of Social Science.*

Lamont, Michèle and Marcel Fournier. 1992. *Cultivating Differences: Symbolic Boundaries and the Making of Inequality.* Chicago, IL: University of Chicago Press.

Latham, Michael E. 2000. *Modernization as Ideology: American Social Science and*

'Nation Building' in the Kennedy Era. Chapel Hill, NC: The University of North Carolina Press.

Miyaoka, Isao. 2011 "Japan's Dual Security Identity: A Non-combat Military Role as an Enabler of Coexistence." *International Studies* 48: 237-255.

Nederveen Pieterse, Jan. 2009. *Development Theory: Deconstructions / Reconstructions,* 2nd edn. London: Sage.

Sachs, Wolfgang. 1992. "Introduction", pp. 1-5 in *The Development Dictionary: A Guide to Knowledge and Power,* edited by Wolfgang Sachs. London: Zed Books.

Schudson, Michael. 2003. *The Sociology of News*. New York: W.W. Norton & Company.

Tripathy, Jyotirmaya and Dharmabrata Mohapatra. 2011. "Does Development Exist outside Representation?" *Journal of Developing Societies* 27(2): 93-118.

Watt, Carey A. and Michael Mann (eds.). 2011. *Civilizing Missions in Colonial and Postcolonial South Asia: from Improvement to Development*. London: Anthem Press.

신문자료

경향신문. 2003. "경제특구, 선진국 디딤돌로." 8월 7일, 7면.

경향신문. 2010. "중국, 인권 후진국 벗어나야 대국이다." 10월 12일, 35면.

국민일보. 2011. "보험범죄 근절, 이번엔 기대해도 되겠나." 1월 27일, 22면

동아일보. 2003. "일본의 양식은 어디로 갔나." 11월 3일. 2면

동아일보. 2007. "기업하기 나쁜데 살기 좋은 나라도 있나." 3월 21일, 35면.

동아일보. 2010. "유명환 장관 딸 특채 부적절했다." 9월 4일. 27면.

동아일보. 2010. "'소방 무방비' 호화 고층건물, 이런 게 후진국이다." 10월 4일, 35면

동아일보. 2010. "중산층 붕괴 막을 정책조합 필요하다." 8월 13일, 31면.

동아일보. 2012. "일은 선거구 줄이는데 우리는 늘리겠다는 건가." 1월 30일, 27면.

서울신문. 2004. "일 안보리 상임이사국 자격 있나." 9월 23일. 31면.

세계일보. 2012. "새 의원회관, 특권의식 전시장 되지 않기를." 5월 23일, 31면.

세계일보. 2013. "세비 인상 거부한 미 의회, 연금 챙긴 한 국회." 1월 5일, 23면.

2장

세력 전환기 중국의 동아시아 질서 인식

부상하는 자국의 지위와 역할에 대한 인식을 중심으로

이정남

1. 서론

중국의 부상과 함께 동아시아 권력 질서의 전환이 본격화되면서 동아시아 지역의 불안정성은 가중되고 있다. 중국의 부상에 대응하기 위해 미국은 동아시아 재균형 정책을 통해 중국을 본격적으로 견제하고 있으며, 일본 역시 중국의 부상에 대응하기 위해 집단적 자위권 보장을 추진하는 등 보통국가화를 시도하고 있다. 그리고 중국도 주변부 외교를 최우선 순

* 저자는 이 논문을 작성하는 과정에서 이정남·김병국, "중국의 동아시아 문화공동체 구상에 대한 비판적 고찰,"『일민국제관계연구』 2010년 봄호(제15권, 제1호)의 3장과 "Outlook on Chinese Foreign Policy in the Coming Era of Xi Jinping from China's Perspective." *Korean Journal of Defense Analysis*, Vol. 24, No. 3(September, 2012)의 일부 내용을 그대로 활용하였다. 그러나 이 논문의 문제의식과 기본 주장은 이들 논문과는 다른 새로운 것임을 밝혀둔다.

위에 놓고 동아시아 지역에서 자국에 대한 미국과 일본의 견제에 맞대응하면서 본격적인 힘겨루기를 주저하지 않는 모습이다. 또한 중·미 간의 치열한 경쟁 속에서 지역 국가들 역시 각자 자국에 유리한 전략적인 계산에 기초하여 재빠르게 움직임에 따라 지역의 상황은 더욱 복잡한 양상을 띠고 있다. 그리하여 지역 국가들에 의해서 일반적으로 수용 가능한 지역질서가 어떻게 제도화될 것인가가 초미의 관심사가 되고 있다.

이런 상황에서 안정적인 지역질서를 제도화하는 데 결정적인 변수는 동아시아 지역의 강대국으로 부상한 중국이 이 지역에서 자국의 정체성을 어떻게 설정하고 있는가와 미국이 지역 강대국으로 부상한 중국에 어떻게 대응하는가이다. 중국의 한 학자에 따르면, 현재 중국이 지역 강대국으로서 자국의 정체성을 선택한다면, 아시아태평양 지역에서 일정정도 미국의 존재를 받아들이고 용납할 수 있어야 한다고 주장한다. 그 이유는 아시아태평양 지역에서 미국의 존재가 각국에 광범위한 안보 및 경제 영역에서 공공재를 제공하고 있으며, 아시아태평양 지역의 중요한 구성원인 중국도 이런 공공재의 수익자가 될 수 있기 때문이다. 그러나 만약 중국이 세계적인 강대국으로서의 정체성을 선택한다면, 동아시아 지역은 중국이 세계를 향해 투사할 수 있는 역량의 기점이고, 국가 능력과 국가 책임의 중요한 무대이며, 중국의 경제성장을 유지하고 지키는 생명선이기 때문에 중국에 지극히 중요한 지역이므로 이 지역에 대한 주도권을 장악해야 한다(戴長征 2012, 85-91). 이처럼 중국이 동아시아 지역에서 자국의 정체성을 어떻게 설정하는가는 이 지역에서 중·미 관계의 발전방향에도 결정적인 영향을 미칠 수 있다.

따라서 이 글은 동아시아 지역의 신흥 강대국인 중국이 동아시아 권력질서에서 자국의 지위와 역할을 어떻게 인식하고 있는가를 분석함으로써,

중국의 동아시아 정책 및 동아시아 질서의 발전 방향을 전망해 보고자 한다. 이러한 분석은 "특정 국가의 태도와 행위는 그 국가의 정체성과 밀접한 관련성이 있으며, 정체성을 달리 규정하는 국가들은 또 서로 다른 관념과 정책을 취한다. 그러므로 한 국가의 정체성 규정의 변화는 국제사회에 대한 관념과 정책의 변화를 초래한다."고 주장하는 구성주의자의 관점에 기초하고 있다(Jepperson, Wendt and Katzenstein 1996, 52). 웬트에 따르면 정체성은 행위자가 누구인지, 어떠한 지위에 있는지를 알려 주고, 존재의 상태와 사회적 유형을 지정하며, 행위자가 무엇을 원하는지 가르치고, 행위를 설명하는 동기를 설명하는 데 도움을 준다. 또한 이익은 정체성을 전제로 하며, 이익이 없다면 정체성은 동기를 부여하는 힘을 얻지 못하고, 정체성이 없다면 이익은 방향 감각을 잃게 된다(Alexander Wendt 지음, 박건영 외 3인 번역 2009, 325-326). 이런 논리에 기초해 보면, 중국이 동아시아의 권력질서 속에서 자신의 지위를 어떻게 설정하는가는 동아시아의 정책 방향과 밀접한 관련이 있다.

중국의 동아시아 지역에서의 정체성에 대한 인식을 조사하기 위해, 이 글은 중국의 일반대중과 지식인에 대한 여론조사 결과 및 주요 정치학자들이 발표한 논문에 대한 분석을 시도하고 있다. 중국 정부가 직접 동아시아에 대한 전략을 수립하여 대외적으로 공표한 사례가 없는 상황에서,[1] 동아시아 정책 관련 논의에서 담론 형성을 주도하고 있는 학자들의 주장과 대

1_2013년 10월에 중국 공산당은 주변부 공작회의를 열어 주변부를 중국 전체외교의 최우선 순위에 놓으면서 주변외교 원칙을 친밀, 성실, 호혜, 포용을 주요 내용으로 한 주변부 외교 이념을 제출한 바 있다. 이 원칙은 동아시아가 중국의 중요한 주변부라는 점에서 주목할 외교의 원칙이지만, 동아시아 지역의 전략적인 목표나 대응책 등에 대한 구체적인 언급은 여전히 없었다.

중여론을 살펴보는 것은 중국의 동아시아 인식을 이해할 수 있는 주요한 수단이 될 수 있기 때문이다. 실제로 중국이 점차 개방적이고 다원화된 외교정책 결정 체계를 형성하면서, 일반대중이나 지식인들의 여론이 대외정책 결정 과정에서 무시할 수 없는 중요한 변수가 되고 있다. 중국의 대외정책 전문가들은 자신들의 영향력을 행사하기 위해 다양한 통로를 이용할 수 있게 되었고, 그 결과 전문가들의 역할은 갈수록 증가하고 있다(Liao 2006, 73). 그리하여 전문가들이 대외정책과 관련된 공적인 담론 형성에 참여하는 것은 외교정책 결정 과정의 일부분이 되었다(Fewsmith and Rosen 2001, 153-154). 또한 중국의 부상과 함께 중국인들의 자신감이 상승하면서 대외정책에 대한 대중들의 관심이 증가되고 있으며, 이러한 자신감은 언론매체나 인터넷을 통해 외교정책을 둘러싼 대중들의 다양한 주장과 인식의 표출로 나타나고 있다. 중국의 지도부는 외교정책을 제정할 때 이러한 변화에 귀 기울이기 시작했다. 그리하여 비록 중국의 지식인이나 대중 여론이 중국의 대외정책 결정 과정에 직접적인 영향을 미치는 데에는 한계가 있으나, 정부의 대외정책 결정에 이미 중요한 영향을 미치는 변수가 되고 있다.

따라서 이 논문은 중국의 지식인과 대중의 동아시아 권력 질서 속에서의 중국의 지위와 역할에 대한 인식을 살펴보고, 이를 통해 중국의 동아시아 정책 방향 및 그것이 동아시아 질서의 발전방향에 지닌 함의를 살펴보고자 한다. 이를 위해 우선 중국의 부상과 동아시아 질서에 대한 인식을 살펴보고, 다음으로 변화되고 있는 권력 질서 속에서 중국의 역할에 대한 인식을 살펴본다. 그리고 이러한 분석에 기초해 중국의 동아시아 정책 방향 및 동아시아 질서의 변화에 대해 전망한다.

이 글에서 사용되고 있는 여론조사 자료는 2011년 8월과 9월 사이에 고려대 아세아문제연구소(ARI: Asiatic Research Institute)와 동아시아연구원

(EAI: East Asian Institute)이 공동으로 진행한 중국의 일반 국민 및 지식인에 대한 여론조사 결과이다. 이 조사는 중국 주요도시인 베이징(北京), 상하이(上海), 청두(成都), 선양(沈陽), 시안(西安), 광저우(广州), 무한(武漢), 충칭(重慶), 톈진(天津), 난징(南京) 등 10개 도시에서, 도시별 인구비례 할당 후 무작위 추출을 한 1,029명에 대해 진행됐다. 조사 방법은 유무선 전화조사를 사용했으며, 조사기간은 2011년 8월 26부터 9월 9일까지이고, 표본오차는 95% 신뢰수준에서 ±3.1%이다. 또한 이 조사는 지식인과 대중에 대한 Two Track 조사로 진행됐으며, 2011년 9월 8일 ~ 10월 25일 중국의 국제정치, 정치경제, 지역학 연구자에 대한 온라인조사를 진행하여, 총 25명의 유효한 조사 결과를 확보했다.

2. 중국의 부상과 동아시아 전략의 등장

중국에서 동아시아라는 개념은 어떻게 인식되고 있는가? 비록 중국 정부가 동아시아라는 지역적인 인식에 대해 해당 범위를 공식적으로 규정하고 있지는 않지만, 중국의 지도부는 각종 연설에서 중국이 "지리적으로 아시아 중부에 위치해 있고"(江澤民 2006, 314), "동아시아의 일원으로서 동아시아와의 협력을 중시한다."고 언급하고 있다(胡錦濤 1998). 이에 비추어 볼 때, 중국은 자신을 지리적으로 아시아의 중심에 위치해 있으며 동아시아의 구성원으로 간주하고 있음을 알 수 있다. 한편 1990년대 이후 동아시아에 대한 논의가 활발하게 전개되면서, 중국 학계에서 동아시아에 대한 다양한 정의가 나타나고 있다. 그러나 학자들이 공통적으로 지적하고 있는 동아시아의 범위는 아세안 10개국과 동북아 국가들 중에서 한·중·일 3개국을 포함시키는 수준에서 설정하고 있다(張蘊領 2008;方長平 2008). 이러한 사실을 종합해 볼 때, 중국에 있어 동아시아라는 개념은 지리적인 개념으로 인식되고 있음을 알 수 있다.

그러나 전통적으로 중국은 동아시아 질서를 화이사상(華夷思想)에 기초한 중화질서(中華秩序)로 인식했다. 사실 유학이 주창하는 예(禮)와 질서의 관념에 기초하여 형성된 화이질서론은 근대 이전 동아시아 국가들에 의해서 보편적으로 인정된 일종의 세계질서에 대한 구상이었다. 화이질서에서 중국은 세계의 중앙에 위치하고 고귀한 문화를 보유하고 있으며 천하(天下)를 주재한다. 반면에 중국 주변의 족군(族群)이나 국가는 주변에 위치하고, 문화적으로 저급하고 비속하며 중국의 번속(蕃俗)으로 간주됐다. 그리고 번속국의 통치자는 중국의 책봉(册封)을 받아들이고, 정해진 약속에 기초하여 중국과 조공무역을 전개하는 것이 허락되었다. 바로 이러한 화이질서가 근대 이전의 동아시아 공동체의 형식이었다(李文 2009).

화이질서 속에서 중국은 천하(세계)로 인식됐고, 중국과 천하의 구별이 모호했으며 하나의 국가로서 간주된 것이 아니었다. 그리고 천하는 중국을 둘러싸고 확산된 광활한 지방을 일컫는 개념이었으며 지역 개념이 아니었다. 근대화와 함께 서방의 침입이 시작되면서 지역 개념이 받아들여졌고, 중국이 바로 동방이라는 시각으로부터 중국은 동방의 일부분이라는 시각으로 전환되면서 중국 역사관의 근본적인 변화를 겪게 됐다(兪新天 2008, 21-35). 이 과정은 중화질서가 해체되고 동아시아가 서구 중심적 근대 국제질서로 편입되는 과정이기도 했다.

근대적인 국제질서로 편입된 후 동아시아 지역은 식민지 질서와 냉전질서가 장기간 형성됐고, 이 기간에 중국은 동아시아의 중심국가로 등장할 수 있는 대외적이고 대내적인 여력이 부재하였다. 그 결과 중국은 이 기간에 사실상 동아시아에 대한 어떠한 전략적인 구상과 비전도 없었다. 이에 대해 중국의 한 학자는 중국 정부는 20세기 들어 1999년 전까지는 동아시아 지역의 외교안보 및 경제에 대한 어떠한 체계적인 시각도 없었다고 주장한다(龐中英 2001, 30-35). 그리하여 1990년대 이전까지 동아시아에서는 지역수준에서의 공식적인 정부 간 협력 논의가 사실상 부재하였고, 시장만이 동아시아 일체화를 추동하는 유일한 요소였다(門洪華 2009, 60-61).

1990년대 중반 이후 중국은 다시 동아시아를 자신들의 핵심 지역으로 간주하고 동아시아의 핵심 국가로 부상하려 하고 있다. 중국은 동아시아를 중국의 정치, 안보, 경제적 이익이 집중된 지역으로 보고 자국이 지속적인 발전을 하는 데 가장 중요한 지역으로 간주하고 있다. 그리하여 동아시아를 현 단계 중국의 대외전략에서 고려해야 할 중점지역으로 간주하고 있다(門洪華 2009, 54). 특히 1997년 동아시아 금융위기는 중국이 스스로를 동아시아 국가로 인식하고 정체성을 발전시키는 중요한 계기가 됐다. 중국은 동아시아 금융위기의 파급영향을 보면서 동아시아 국가들 사이의 상호의존성 및 이로 인한 운명공동체적 성격, 중국이 받게 될 영향 등을 분명하게 인식하게 됐다. 이런 과정에서 동아시아 지역 국가로서의 정체성을 지켜나가면서 역내 국가로서의 책임의식을 한층 강화하게 됐다(Shambaugh 2004, 68).

그리하여 동아시아 지역에 대한 중국의 정책은 과거 소극적이고 피동적인 정책에서 점차 적극적이고 능동적인 정책으로 변화 과정을 밟아 왔다. 개혁·개방 이전만 하더라도 중국은 국제사회에서 상대적으로 고립된 상태로 국제체제의 규범에 익숙하지 않았다. 개혁·개방 초기 중국은 덩샤오핑이 제시한 "평화와 발전이 세계의 추세"라는 세계관에 기초하여 평화공존 5원칙을 제기하면서 국제무대로 본격적으로 나오기 시작했다. 그러나 중국과 동아시아 국가들과의 관계는 개별적인 쌍무관계에 집중되었고, 다자적인 지역 협력 무대에서 본격적인 관계로 나아가지는 못했다. 다만 성공적인 개혁·개방 정책과 함께 급속한 경제발전이 이루어지고, 이에 기초하여 중국이 동아시아 지역의 핵심 국가로 부상하면서 동아시아의 지역주의에 본격적인 관심을 가지게 된 것이다(서정경·원동욱 2009, 274).

중국이 이처럼 동아시아 지역주의를 적극적으로 추진하게 된 것은 우선 동아시아 지역주의가 중국의 경제발전 및 세계경제로의 효과적인 진입에 주요한 의미를 지니고 있다고 판단했기 때문이다. 둘째, 지역주의를 통해 중국 위협론과 같은 중국에 대한 주변 국가의 의구심을 줄이고 동아시아 안보 딜레마를 제거할 수 있으며, 중국 경제의 순조로운 발전을 위한 외부적인 환경을 조성한다고 판단했기 때문이다. 셋째, 중국이 동아시아의 일원이라는 정체성 확보를 통해 지역적인 리더십과 국제적 위상을 높이는 데 도움이 된다고 판단했기 때문이다(한석희·강택구 2009, 287-289).

특히 2008년 글로벌 금융위기 이후 중국이 예상보다 빠른 속도로 지역 강대국으로 부상하여 동아시아 지역에서 주도적인 지위를 확보해 가자, 이에 대응하기 위해 미국이 동아시아 회귀 및 재균형 정책을 통해 이 지역의 주도권을 놓고 중국과의 경쟁을 본격화해 가면서, 동아시아 지역은 중국에 더 중요한 전략적인 지역이 되었다(韋宗友 2012, 60-66). 따라서 최근 중국의 지식인들은 동아시아는 중국의 정치, 안보, 경제적인 이익이 집중되는 지역으로, 중국이 세계 강대국으로 부상하기 위해서는 먼저 동아시아 지역 강대국으로 부상해야 한다는 전략적인 인식에 공감대가 형성되고 있다(李向陽 2013, 37; 門洪華 2009, 70-86;).

이러한 인식은 중국의 정치지도자들 사이에서도 공감대를 형성하고 있는 것으로 보인다. 이는 2012년 2월 시진핑(習近平)이 미국 방문길에 워싱턴 타임스와의 회견에서 "아태 지역은 중국과 미국의 이익이 가장 집중된 지역이고, 중국과 미국은 아태 지역의 핫이슈에서 소통과 협력을 강화해 아태지역의 평화와 번영을 추진해야 한다."고 언급한 데에서 확인할 수 있다(戴長征 2012, 85-91). 또한 중국 정부가 2013년 10월 주변외교공작회의를 개최하고 2014년 외교 방향에서 강대국 외교보다 주변외교, 특히 센카쿠 열도(중국명 댜오위다오·釣魚島) 문제로 중국과 미·일 동맹이 긴장관계를 유지하고 있는 동아시아 외교를 최우선 방향으로 설정한 점을 통해서도 알 수 있다. 그리고 2014년 3월 개최된 전국인대의 정부보고에서 리커창(李克强) 총리도 주변외교의 중요성을 강조하면서, 일본의 센카쿠(중국명: 댜오위다오) 국유화 행위와 아베 수상의 신사 참배 행위를 제2차 세계대전 승리의 성과와 전후 질서에 대한 도전으로 간주하고, 일본에 대한 단호한 대응이 주변외교의 우선 방향이 될 것임을 암시했다("2014年李克强政府工作報告", 多維新聞 2014/3/5).

이처럼 중국의 지식인이나 정치지도자들은 동아시아 지역에서 지역 강대국으로서의 지위와 역할 수행에 대해 의지를 표출해 가고 있다. 그러므로 중국이 현재 동아시아 권력 질서 속에서 중국의 지위와 역할을 어떻게 설정하는가를 분석하는 것은 중국의 동아시아 정책과 동아시아 질서의 발전 방향을 전망하는 데 있어 매우 중요하다.

3. 중국의 부상과 동아시아 권력 질서에 대한 인식

글로벌 금융위기를 거치면서, 중국학계에서는 금융위기 이후 국제질서의 전환과 중국의 지위에 대한 논쟁이 격렬하게 전개되고 있다. 우선, 글로벌 금융위기에도 불구하고 여전히 미국의 단극적 패권질서가 유지될 것으로 보는 시각이 존재한다. 이 시각은 금융위기가 미국에 패권의 쇠퇴를 가져온 것은 사실이지만, 근본적인 쇠퇴는 아니고 미국의 패권적 지위는 변함이 없다는 점을 강조한다(尙鴻 2009, 32-33; 朱鋒 2009, 24-26; 林利民 2009, 36-37). 그러나 대다수의 학자들은 1초 다강이라는 현 구조의 근본적인 전환은 아니지만, 국제질서가 다극화를 향해 구조적 전환을 시작했다는 점을 강조한다(崔立如 2009, 1-3; 門洪華 2009, 35-36; 彭光謙 2009, 26-27; 秦亞青 2009, 35-37; 劉江永 2009, 23; 金燦榮 2009, 15-17). 심지어 혹자는 이러한 국제질서의 전환을 보다 강조하기 위해 미국 1초가 약세 추세를 보이고, 다강이 1초보다 상대적으로 강한 추세를 보인다는 점에서, 현재의 국제질서를 '1초 다강'이 아닌 '다강 1초' 구조로 성격 지워야 한다는 점을 강조하기도 한다(袁鵬, 2009, 39-40; 李興 2009, 29-30). 그리고 1초인 미국이 다강들, 특히 다강 중에 1위를 점하고 있는 중국과 협력을 하지 않고서는 전지구적인 차원의 문제를 해결할 수 없다는 점을 강조한다(袁鵬 2009, 41; 蔡拓 2009, 30-32; 林宏宇 2009, 27-28).

여론조사 결과를 보면, 현재의 국제질서에 대해 중국의 학자들은 상술한 학계의 논쟁 흐름과 큰 차이가 없이 미국의 1초로서의 지위에 근본적인 변화가 없지만 다극화를 향한 구조적 전환이 시작됐다고 인식하는 반면, 대중들은 미국 주도의 국제질서에 근본적인 전환이 나타난 것으로 인식하고 있어 큰 대조를 보인다. 대다수의 학자들은 현재의 국제질서가 미국 주도의

표 2-1 | 현재의 국제질서를 어떠하다고 생각하십니까?

		미국이 주도하고 있다	중국이 주도하고 있다	한두 나라보다는 세계 여러 나라들이 함께 주도하고 있다	미국과 중국이 함께 주도하고 있다	모름/무응답
일반인	2011	29.4	4.4	49.9	13.7	2.6
학자	2011	68.4	5.3	21.1	5.3	0.0

표 2-2 | 가까운 장래에 중국이 미국을 능가하는 세계 리더 국가가 될 것이라고 생각하십니까?

		매우 그렇다	다소 그렇다	다소 아니다	전혀 아니다	모름/무응답
일반인	2011	24.4	36.3	28.2	9.9	1.2
	2010*	32.2	39.6	18.3	8.8	1.1
학자	2011	5.3	0.0	57.9	31.6	5.3

출처 : 2010. 7. 경제인문사회연구회·EAI "대 중국 공공외교 강화방안" 조사 결과임.
* 2010년 조사에서의 질문은 "미국에 버금가는"이었다.

국제질서(68.4%)라고 응답하고 있고, 21.1%가 다극체제라고 응답하고 있어, 미국주도의 국제질서 속에서 다극화 추세로 나아가고 있는 것으로 인식하고 있음을 알 수 있다. 반면, 일반인의 경우 다양한 나라가 함께 세계질서를 주도하고 있다는 대답이 49.9%, 미국과 중국이 주도하고 있다가 13.7%, 심지어 중국이 주도하고 있다는 응답이 4.4%를 나타내 68%가 국제질서가 미국 주도의 질서가 아니라 이미 다극체제나 G2구조로 전환됐거나 심지어 중국이 주도하는 구조가 됐다고 인식하고 있다(〈표 2-1〉 참조).

이처럼 미국 주도의 국제질서의 쇠퇴에 대한 인식에서 중국의 학자와 대중들은 비교적 큰 차이를 나타낼 뿐만 아니라, 가까운 장래에 중국이 미국을 능가하는 세계의 리더가 될 가능성에 대해서도 비교적 큰 의견 차를 보이고 있다. 〈표 2-2〉에서 볼 수 있듯 일반인의 60.7%(2011년), 71.8%(2010년)가 가까운 장래에 중국이 미국을 능가해 세계의 리더가 될 가능성이 있다고 답변했다. 이에 반해 학자들의 경우 단지 5.3%에 불과해 지식인과 일반대중 사이에 커다란 인식 차를 보이고 있다.

이처럼 국제질서 속에서 중국의 지위 및 가까운 장래에 세계적인 강대

표 2-3 | 지난 10년간 아시아에서 다음 국가들의 영향력이 증가했다고 생각하십니까, 아니면 감소했다고 생각하십니까?

			증가했다	거의 변화가 없었다	감소했다	모름/무응답
미국	일반인	2011	58.5	13.6	25.9	1.9
		2008*	44.6	23.9	28.3	3.1
	학자	2011	42.1	52.6	0.0	5.3
일본	일반인	2011	39.1	25.9	32.9	2.1
	학자	2011	10.5	42.1	42.1	5.3
중국	일반인	2011	91.0	6.0	2.1	0.9
	학자	2011	68.4	21.1	5.3	5.3

출처 : 2008 CCGA(Chicago Councils on Global Affairs, 前 Chicago外交協會(CCFR))·EAI 공동 "동아시아 소프트 파워" 조사 결과임.

국으로서의 성장 가능성에 대해 비교적 큰 이견을 나타내고 있지만, 지식인들과 대중들 모두 아시아 지역에서 미국의 영향력 쇠퇴와 중국의 영향력 상승에 대해서는 공통적으로 동의하는 것으로 나타났다. 〈표 2-3〉에서 볼 수 있듯이, 아시아에서 미국의 영향력이 증가했다고 응답한 일반인은 58.5%(2011년), 44.6%(2008년)이고, 감소했다는 응답은 25.9%(2011)와 28.35(2008)이다. 그리고 학자들 역시 42.1%가 증가했다고 보았으며, 감소했다고 응답한 사람은 한 명도 없다. 다른 한편, 중국의 영향력이 증가했다는 응답은 일반인이 91%, 학자가 68.4%로, 비록 대중과 지식인 사이에 20% 이상의 큰 차이를 나타내고 있지만, 아시아 지역에서 중국의 영향력이 증가했다는 데에는 모두 동의하는 것으로 나타났다. 일본에 대해서는 일반인 39.1%, 학자 10.5%가 영향력이 증가했다고 대답한 반면, 감소했다는 응답은 일반인이 32.9%, 학자가 42.1%를 나타내 아시아에서 일본의 영향력이 쇠퇴한다는 것에 대해 일반인보다 학자들이 더 실감하고 있음을 알 수 있다.

여론조사뿐만 아니라 최근에 발표된 중국 지식인들의 다양한 논문을 분석해도 아시아 혹은 동아시아 권력 질서 속에서의 중국의 지위에 대해 지식인들은 비교적 높은 평가를 나타냈다. 중국의 한 학자는 글로벌 차원에서 중·미 간의 세력 전이는 아직 현실적으로 직면해 있지 않지만, 동아시아 지역에서 권력 전이는 더 빨리 발생하고 있다고 지적하고 있다(周方銀 2012, 10). 이런 인식들은 다른 학자들에 의해서도 공감되고 있는 것으로 보이며, 혹자는 중국이 현재 지역 강대국에서 세계 강대국으로 성장하고 있다고 인식하고 있거나(李志業 2013, 1-2), 혹은 아직 세계 강대국은 아니지만 영향력 있는 아시아 강대국(京華時報 2013/11/8) 혹은 부상 중인 지역 강대국으로서 경제지역주의를 추구함으로써 협력적인 참여전략을 펼쳐 전체 지역을 이끌어야 한다는 인식을 나타냈다(范斯聰 2013, 90-94). 이러한 인식은 세계적인 강대국으로서 중국의 지위에 대해서는 부정적인 평가를 하고 있지만, 동아시아 강대국 지위에 대해서는 긍정적으로 평가함을 의미한다.

동아시아 지역에서 중국의 지위에 대한 인식은 중·미 관계와 권력 질서에 대한 학자들의 다양한 시각을 통해서도 확인할 수 있다. 우선, 동아시아 질서를 중국이 주창하는 다자협력체계와 미국이 주도하는 쌍무적 동맹체계의 집합으로 보는 시각이다. 이는 중국과 미국이 동아시아에서 제도적인 균형전략을 채택한 결과 형성된 것으로 중국이 주창하는 다자협력체계와 미국이 주도하는 쌍무적 동맹체계 중 한쪽이 다른 한쪽을 대체할 수 없는 기초 위에서 만들어졌다고 주장한다(祁怀高 2011). 또한 동아시아 질서를 중국과 미국 및 그 동맹체계 간의 전략적인 상호작용 관계로 간주하는 시각도 있다. 이 시각에 따르면, 2010년 중국 경제가 일본을 추월하면서, 중국의 경제적 능력의 부상이 미국의 주도적 지위에 도전할 정도는 아니지만, 동아시아 지역 경제에서 영향력을 뚜렷하게 상승시킨 것만은 분명하다. 비록 경제력, 군사력, 소프트 파워 능력에서 미국의 지역 동맹체계가 여전히 동아시아 질서의 핵심 역량이지만, 중국의 지역 영향력이 점차 확대되면서 동아시아 지역질서 구성에서 중국은 무시할 수 없는 중요한 역량이 되었다. 그리하여 미국이 동맹체계에 의존하여 갈수록 부상하는 중국과 협조해서 공동으로 지역의 규칙을 만들고, 지역 안보를 안정적으로 유지해야 하는 상황이 되었다는 것이다(孫學峰 2011, 148-162).

한편 다수의 중국학자들은 중국이 아시아태평양 지역에서 경제적으로는 핵심적인 영향력을 발휘하고 있지만, 군사안보적으로는 미국이 결정적인 영향력을 발휘하는 이중 리더십 구조(dual leadership)를 형성해가고 있다는 시각을 견지하고 있다(Zhao 2014;范斯聰 2013, 90-94;陳向陽 2013, 24-28;陳世清 2013, 88-89:張蘊岭 2013, 118-119; 周方銀 2012, 4-32). 이 시각에 따르면, 중국의 국력이 상승하고 중·미 간의 세력 전이가 일어나면서 안보 영역에서는 미국과 동아시아 동맹국들이 여전히 주도적 지위를 차지하고 있지만, 경제 영역에서는 중국의 중심적 지위가 강화되면서 상호 의존관계를 형성하고 있다. 이처럼 안보와 경제 영역의 이중 리더십 혹은 이원 구조의 출현은 동아시아 질서가 이미 비교적 중요한 전환점에 들어섰음을 인정하는 것이다. 즉 미국 단일 역량 중심의 질서에서 경제와 안보라는 2개의 중심 구조로 전환된 것으로 간주, 중국이 미국과 나란히 지역 강대국으로서의 지위를 차지하고 있음을 인정하고 있다.

그러나 동시에 여전히 미국과의 관계에서 중국이 지닌 취약성도 강조하고 있다. 즉 군사안보 영역에서 미국의 우세가 크게 안정화되어 있어 군대와 국방의 현대화 작업에도 불구하고 중국이 동아시아 지역에서 장기간 내에 미국의 주도적인 지위를 무너뜨리기는 어렵다는 것이다. 다시 말해, 동아시아 지역에서 중국의 경제적 중심 지위는 미국의 군사안보적인 지위와 비교할 때 아직 초보단계라는 것이다. 그리고 이 지역의 국가들은 중국의 경제적인 중심 지위를 받아들일 준비가 되어 있지 않아, 현재 지역의 제도나 규칙의 제정에서 중국의 영향력은 중국의 경제적 중심 지위만큼 증가하지 않고 있다고 지적한다. 현재까지 중국의 경제적인 중심 지위는 주로 무역관계에서 나타나고 있으며, 시장의 의존 정도, 경제 규칙 제정권 면에서 볼 때 이 지역에서 중국의 경제적 중심 지위는 아직 실질적으로 완성된 것으로 볼 수 없다. 특히 경제 중심을 둘러싸고 형성된 구조화된 생산 네트워크, 효과적으로 작동하는 지역경제제도 설립, 보편적으로 받아들일 수 있는 규칙체계 등을 통해 지역경제 중심지위가 효과적으로 구조화·제도화하지 못했다고 인식한다. 따라서 미래 일정기간 중·미 간 동아시아 경쟁의 중심은 지역경제의 주도권을 누가 쥐느냐에 집중될 것으로 전망된다. 그리고 중국이 앞으로 동아시아 지역 제도, 지역 국가의 관념, 지역 국가 간 관계 등에서 더더욱 질서 전환의 성과를 구현할 수 있도록 해야 함을 강조한다(陳世清 2013, 88-89;周方銀 2012, 21-28).

상술한 내용을 볼 때, 비록 글로벌 차원에서 중국의 세계적 강대국으로서의 지위에 대해서는 학자와 대중 사이에 인식의 차이를 보이고 있지만, 동아시아 권력 질서 속에서 중국이 이미 강대국으로 부상했다는 점에선 이견이 없어 보인다. 그러나 지식인들은 동아시아 강대국으로서의 중국의 지위는 경제력에 기초하고 있으며, 안보나 소프트 파워 능력에서는 여전히 미국이 우위를 점하고 있는 것으로 인식하고 있다. 이는 중국이 동아시아 지역에서 지역 강대국으로 부상했지만, 미국과 비교할 때 종합국력에서 압도적인 우위를 형성하는 것은 아닌 것으로 인식함을 의미한다. 그렇다면 이러한 평가가 동아시아 지역에서 중국의 역할에 대한 인식에는 어떠한 영향을 미칠까?

4. 동아시아 권력 질서의 변화와 중국의 역할에 대한 인식

상술한 바대로 중국의 지식인이나 대중들은 중국이 세계적인 강대국이 되었다는 데에는 이견을 나타내지만, 동아시아 지역의 강대국이라는 데에는 전반적으로 동의하고 있다. 그러나 지식인들은 지역 강대국으로서 중국의 지위는 경제력에 기초한 것으로, 안보나 소프트 파워 영역 등 종합국력에서는 여전히 미국에 뒤처지는 취약성을 지닌 것으로 인식하고 있다. 이러한 동아시아에서의 지역 강대국으로서의 정체성에 대한 인식은 이 지역에서의 중국의 역할에 대한 인식에 어떠한 영향을 미치고 있을까? 국제사회에서 중국의 역할과 동아시아 지역에서의 중국의 역할에 대해 서로 다른 인식을 나타내고 있을까?

여론조사에 따르면 중국의 대중이나 학자들은 국제사회에서 중국의 역할로 중국이 주도하는 새로운 대안적 세계질서와 제도를 만드는 창조자 역할보다는, 이견이나 갈등의 조정자 혹은 세계질서의 개혁자 역할을 해야 한다는 인식이 압도적인 것으로 나타났다. 〈표 2-4〉를 통해서 보면, 중국의 대중들은 중국이 선진국과 개도국, 서구와 비서구 국가들 간의 이견이나 갈등을 조정하는 조정자 역할을 해야 한다는 대답이 52.4%, 현 세계질서를 고치는 역할을 해야 한다는 인식이 26.6%를 나타낸 반면, 15.3%만이 중국이 주도하는 새로운 대안적 질서와 제도를 만드는 창조자 역할을 해야 한다고 답하고 있다. 학자들 역시 개혁자 역할이 47.4%, 조정자 역할이 42.1%를 나타내고 있다. 이러한 점은 중국이 현존하는 질서에 참여하여 개혁과 조정자 역할을 통해 평화적으로 부상하겠다는 의지의 표현으로 볼 수 있다.

중국이 주도하는 새로운 대안적 국제질서를 창조하기보다는 조정자와

표 2-4 | 현재 국제사회에서 중국에 가장 적합한 역할은 무엇이라고 생각하십니까?

보기			
중국이 주도하는 새로운 대안적 세계질서와 제도를 만드는 창조자 역할	일반인	2011	15.3
	학자	2011	0.0
선진국과 개발도상국 또는 서구와 비서구 국가들 간의 이견이나 갈등을 조정하는 조정자 역할	일반인	2011	52.4
	학자	2011	42.1
서구 선진국들이 주도해 온 현재의 세계질서와 제도를 고치는 개혁자 역할	일반인	2011	26.6
	학자	2011	47.4
모름/무응답	일반인	2011	5.7
	학자	2011	10.5

개혁자로서 현 체제 내에 참여하면서 부상하고자 하는 중국인들의 의지는 국제 문제에 대한 참여 의지를 통해서도 확인할 수 있다. 우선, 〈표 2-5〉는 중국이 국제 문제에 적극적으로 참여해야 한다는 대중들과 학자들의 인식을 확인시켜 준다. 비록 대중과 학자 사이에 20% 이상 높은 편차가 존재하기는 하지만, 일반 대중 89.9%, 학자 68.4%가 중국이 국제 문제에 적극적으로 개입해야 하며, 이는 중국의 장래에 긍정적인 영향을 미칠 것으로 인식하고 있다. 이러한 점은 중국이 국제무대에서 제고된 지위에 부응하여 국제사회의 각종 문제 해결에 적극적으로 개입하고 참여함으로써 현 국제체제의 개혁을 통해 세계적 강대국으로 부상해야 한다는 여론이 힘을 발휘하고 있음을 의미한다.

이처럼 중국의 지식인과 대중들은 현재의 중국이 아직 세계적인 강대국으로 부상하지 못한 상황에서 국제사회에 적극적으로 참여하면서 이 체제로부터 이익을 공유하고, 동시에 이 체제에 도전하기보다 개혁을 통해 강대국으로 성장해야 한다고 인식하고 있다. 그렇다면 동아시아에서 중국의 역할에 대해 중국인들은 어떠한 생각을 하고 있을까? 글로벌 차원과는 다른 형태의 역할을 상정하고 있을까?

중국의 지식인들은 아직 동아시아 지역에서도 미국을 대체하는 중국

표 2-5 | 국제 문제에 적극적으로 개입하는 것이 중국 장래에 긍정적으로 작용할 것이라고 생각하십니까?

		예	아니오	모름/무응답
일반인	2011	89.9	8.6	1.6
학자	2011	68.4	26.3	5.3

중심의 새로운 질서를 만들기보다는 평화롭게 공존해야 한다고 생각한다. 이는 다수의 중국 지식인들이 미국과의 신형 강대국 관계의 건설이 동아시아 지역에서부터 시작해야 한다고 인식하는 데에서 확인할 수 있다(金燦榮 2013, 16-17; 李向陽 2013, 37; 韋宗友 2012, 60-66:袁鵬 2013, 30-32). 그리고 왕이(王毅) 외교부장이 미국 방문기간 중에 아시아태평양 지역을 중·미 간 신형 강대국 관계를 만드는 시금석이라고 말한 것에서 볼 수 있듯이, 이러한 인식은 중국 정부도 공유하고 있는 것으로 보인다(袁鵬 2013, 30-32).

주지하다시피 중국의 경제적인 부상으로 동아시아 지역에서 중국 중심의 경제질서와 미국 중심의 안보질서라는 이중구조가 형성되고, 이를 견제하기 위한 미국의 재균형 정책이 본격화하면서, 동아시아 지역에서 중·미 간 팽팽한 경쟁이 이루어지고 있다(李向陽 2013, 37-38). 이런 상황에서 중국의 지도자는 미국과 신형 강대국 관계를 제시했고, 쌍방 간 평등, 존중, 협력, 윈윈, 핵심 이익의 존중에 기초한 관계를 정립함으로써 부상하는 강대국과 수성 강대국 간에 충돌이 수반되지 않는 새로운 강대국 관계를 주장하고 있다(이정남 2013, 54-58; 季志業 2013, 1-2). 이처럼 신형 강대국 관계의 설립을 동아시아 지역에서부터 출발할 것을 요구하는 것은 동아시아 지역에서 중국 주도의 배타적인 질서를 확립하기보다는 중·미 간 공존하는 질서를 형성함으로써 미국이 아시아태평양 지역에서 건설적인 작용을 하도록 하는 동시에 중국의 이익에 손해를 끼치는 것을 방지하고자 하는 인식이 반영된 것으로 보인다(戴長征 2012, 85-91).

중국이 동아시아 지역에서 지역 강대국으로서의 정체성을 가지고 있음에도 불구하고, 이 지역에서 미국과 공존하는 질서를 형성하고자 하는 데에는 지역 강대국으로서 중국의 위상이 여전히 취약하다는 인식에 기초하고 있다. 중국의 국력이 상승하고 중·미 간 세력 전이가 일어나면서 중국의 중심적 지위가 강화됐지만, 미국과의 경쟁에서는 미국의 국력이 우위인 상황이며, 이 지역의 국가들은 관념적으로 여전히 중국의 경제적 중심 지위를 받아들일 준비가 안 되어 있다고 인식한다(陳世清 2013, 88-89). 다수의 중국학자들은 향후 10년을 전후로 한 시점을 동아시아 지역에서 중국이 미국을 능가하는 지역 강대국이 될 것으로 전망하고 있다(戴長征 2012, 85-91; 周方銀 2013, 32-33;張蘊岭 2013, 118-119). 따라서 중국의 지식인들은 미국과 윈윈하는 동아시아를 강조하고 있지만, 동시에 중국이 주도하는 동아시아를 건설하기 위한 중국의 노력도 강조하고 있다.

미국과의 관계에서 상대적으로 취약성을 지닌 지역 강대국인 중국이 현 단계에서 세계적 강대국으로 부상하기 위해서는 지역질서와 규칙 형성에 참여해 규칙의 제정자가 되도록 해야 한다고 주장한다. 중국의 지식인들은 중국이 평화적 부상을 통해 세계적인 강대국이 되기 위해서는 국제적 규칙의 방관자나 준수자로부터 규칙의 제정자가 되어야 한다고 인식하고 있다. 이런 관점에서 중국의 주변전략의 목표는 반드시 지역의 질서와 규칙에 대한 영향력에서 시작해서 전 세계의 질서와 규칙에 대한 영향력으로 상승토록 해야 한다고 주장한다(李向陽 2013, 37-38; 陳世清 2013, 88-89). 그러나 예측 가능한 미래에 중국이 국제 업무와 지역 업무에 참여하는 데 있어 비교우위는 이데올로기나 사회제도 등 비경제적인 영역이 아니라 경제적인 영역이기 때문에, 현재 중국은 경제적으로 중심적인 지위에 걸맞게 지역의 제도나 규칙 제정에서 영향력을 확보해야 한다는 점을 강조한다.

즉 지역제도, 지역 국가의 관념, 지역 국가 간 관계 등에서 진일보한 세력 전환의 성과가 나타나도록 해야 한다는 것이다(李向陽 2013, 37-38).

이처럼 지역 강대국의 지위를 공고화하고 세계적인 강대국으로 부상하기 위해 중국은 우선 부상한 국력에 기초하여 지역 협력에 적극적으로 참여하고 지역 협력의 제도화를 주도하고자 한다. 1990년대 이래 동아시아 각국이 동아시아 공동체를 강조해 왔고, 중국도 이를 적극적으로 지지해 왔다. 그러나 중국은 동아시아 공동체의 건설을 지역전략으로 제기하지는 않았다. 다시 말하면 동아시아 공동체 목표 속에서 중국은 자신의 지위와 역할을 명확하게 설정하지 못한 상황이었다(兪新天 2008, 24). 그리고 현재 동아시아 지역에서 중·미 간 세력경쟁이 본격화되면서 동아시아 공동체 논의는 현실적으로 학자들의 관심에서 멀어졌다(張蘊岭 2013, 118-119). 그럼에도 불구하고 중국은 이 지역에서 우세를 점하고 있는 경제적인 지위를 이용해 경제 협력을 주도하고 제도화하여 지역 경제의 규칙 제정권을 확보하고자 한다. 또한 종합 안보, 공동 안보, 협력 안보를 내용으로 한 신안보관을 기초로 신지역 안보질서를 구상하고 이를 통해 안보 영역에서의 어젠다 설정과 규칙 제정권 확보에도 의지를 나타내고 있다.

경제 영역에서 중국 주도의 지역 협력의 제도화는 2013년 10월 시진핑의 아펙 정상회의 연설에서 잘 나타났다. 시진핑은 중국은 아시아태평양 지역 많은 국가들의 최대 무역 대상국이고, 최대 수출시장이며, 주요 투자국으로 2012년 아시아 경제성장에 대한 공헌율이 50% 이상이었음을 지적하면서, 중국이 아시아태평양 지역의 발전과 번영을 위해 최선을 다할 것임을 강조했다. 또한 중국의 국내 내수, 특히 소비와 투자 수요가 확대됨에 따라 국외 투자자에게 기회를 제공할 것임을 분명히 했다. 그리고 아태 경제 일체화 원칙과 목표에 입각하여, 중국은 아세안과 기반시설, 금융 협력을 연결시켜 아시아 기반시설 투자은행의 건설과 지원 방안을 제시했다. 이러한 아시아 기반시설 투자은행의 건립은 금융 영역에서 중국과 동아시아 주변 국가의 협력을 이끌어 내고, 이를 통해 아태 경제 일체화 및 아태 운명공동체 건설을 이끌어 낼 수 있음을 지적했다(習近平 2013). 이러한 언급에 대해 중국의 지식인들은 이 지역에서 중국의 우세한 경제력을 기반으로 중국이 지역의 경제 협력을 주도하고 경제 협력 질서의 제도화를 주도하겠다는 의지의 표현으로 해석했다. 또한 환태평양 경제 동반자 협정(TPP)을 통해 동아시아 지역에서 중국 경제의 영향력을 견제하고, 이 지역의 경제적 규칙 제정권을 획득하려는 미국의 시도에 대응해(朱鋒 201, 1-7), 중국 주도의 동아시아 경제 협력과 제도화를 이끌어내고자 하는 취지로 해석하고 있다.

또한 중국은 안보 영역에서도 이 지역에서 어젠다 설정능력 제고에 관심을 기울이고 있다. 2013년 9월 리커창이 동아시아정상회의에서 지역의 실제에 부합하고, 각국의 수요를 만족시키는 지역안보구조를 건립하는 것은 피할 수 없는 추세라고 언급하면서 아시아태평양 지역에 완전히 새로운 안보 틀을 건립할 것을 제의했다. 창완취안(常萬全) 국방부장도 2013년 8월 29일 제2회 아세안 국방장관 확대회의에서 아세안을 초월한 범아태지역안보구조의 건립 노력을 주창했다. 10+8 아세안 국방부장 확대회의의 건립을 주장하고, 이것에 기초하여 냉전 색채가 강렬하고 제3국을 대상으로 한 쌍무적인 군사동맹 체계를 초월해야 한다고 주장했다(蘇浩 2013, 15). 이처럼 중국 정부 수뇌가 아시아태평양 지역에서 처음으로 안보구조를 건립하자고 제의한 것에 대해 중국학자들은 중국이 지역 안보 문제에서 어젠다 설정 능력을 강화하고자 하는 것일 뿐만 아니라(陳世清 2013, 88-89), 지역 안보에 적극적으로 책임을 지려는 의지의 표현으로 해석하고 있다(馬箭

妍 2014, 37-39). 그리고 미국처럼 지역 안보를 주도할 수 없는 상황에서, 다양한 지역 국가들과 공동으로 아시아태평양 지역 안보구조의 건설을 추진하고 참여하려는 중국의 지역안보구상이 뿌리를 내린다면, 미국 주도의 아태 안보구조에 대한 도전일 수 있다고 주장한다(蘇浩 2013, 15).

다음으로 주변국 외교의 강화를 통해 주변 국가에 대한 중국의 소프트 파워를 제고하려는 노력을 확대하고 있다. 중국 정부는 주변국 외교를 강조하면서 주변 국가의 지지에 기초하여 지역 강대국에서 세계 강대국으로 성장하고자 하며, 주변의 지지가 없다면 중국이 진정한 세계 강대국이 되기 어려울 것으로 인식하고 있다. 이런 맥락에서 중국 정부는 2013년 10월 24일 주변외교공작회의를 열고, 주변국 외교를 중국 외교의 최우선 순위에 놓으면서 주변 국가에 운명공동체 의식이 뿌리내리도록 할 것을 제기했다. 그리고 2013년 11월에 거행된 21세기 이사회에서 양제츠(楊潔篪)는 주변국이 중국 외교의 가장 우선 방향이 될 것이라고 선언했다(多維新聞 2014/2/2). 이처럼 중국이 주변국 외교를 최우선 순위로 설정하는 것은, 주변 국가로 하여금 중국에 더 우호적이고, 친밀하고, 일체감과 친화력을 느끼도록 하고, 호소력과 영향력을 강화함으로써 중국의 부상 과정에서 불가피한 미국과의 경쟁에서 주변 국가의 지지를 얻기 위함이다(閻學通 2013, 15-16).

이처럼 중국은 지역 강대국으로서 동아시아에서 미국과의 공존을 인정하지만, 동시에 이 지역에서 미국을 능가하는 지역 강대국으로 부상하고, 이것에 기초해 세계 강대국으로 가고자 한다. 그러나 이러한 중국의 부상은 동아시아 지역에서 미국이 주권, 국가 안전, 체제 유지, 경제발전이라는 핵심 이익을 침해하지 않을 때 가능한 것이다. 만약 미국이 이 지역에서 중국의 핵심 이익에 도전할 경우, 미국과의 도전도 불사한다는 입장을 취하고 있다. 2013년 1월 28일 중앙정치국 1차 집단회의에서 시진핑은 외교

업무에 관한 연설에서 "중국이 현재 평화와 발전을 추구하고 있지만, 이것은 국가 이익을 희생하는 대가로 얻어서는 안 되며, 어떠한 외국도 중국이 핵심 이익을 가지고 거래할 것이라고 기대해서는 안 된다. 즉 중국이 주권, 안보, 발전이라는 이익에 손해를 보는 약과를 삼키는 것을 갈망해서는 안 된다."고 언급했다(多維新聞 2014/3/11). 또한 지난 3월 전인국대 정부보고에서 리커창도 댜오위다오에 대해 분쟁 중인 일본을 대상으로, 제2차 세계대전에서의 성과와 전후질서를 지키고 역사의 수레바퀴를 되돌리는 것을 허용하지 않겠다고 언급하는 등 동아시아 지역에서 핵심 이익 수호와 지역질서 형성에 제 목소리를 낼 것임을 분명히 했다(多維新聞 2014/3/11).

이것은 미래 일정기간 동아시아 지역에서 미국과 공존하는 데 있어 중국이 양보할 수 없는 마지노선이 핵심 이익이라는 점을 분명히 하고 있음을 의미한다. 따라서 미국이 중국의 핵심이익을 침해하지 않는다면, 중국은 미래 일정기간 동안 미국과의 갈등을 관리하고 평화적인 관계를 유지하는 데 주력하면서 이 지역의 경제, 안보, 소프트 파워 영역을 포괄하는 실질적인 최강대국이 되기 위해 미래 상당기간 치열한 경쟁을 전개해 나갈 것으로 보인다. 그리고 이 지역에서 최강대국이 된다는 것은 곧 전지구적 차원의 최강대국으로 가는 출발점을 의미한다.

5. 평가와 전망

다수의 중국의 대중들은 중국의 부상으로 국제질서가 더 이상 미국주도의 국제질서가 아니라 다극체제 혹은 미·중이 주도하는 질서로 변화됐다고 인식하고 있지만, 중국이 국제질서를 주도하고 있다고 보지는 않는다. 더구나 지식인들은 국제질서가 여전히 미국 주도의 국제질서이며, 다만 다극화로의 변화가 보이는 것으로 인식하고 있을 뿐이다. 이처럼 전지구적인 중국의 지위에 대해서는 중국의 대중이나 지식인들에게 여전히 최강대국으로 비치지는 않고 있는 것으로 보인다. 그러나 동아시아 지역 차원에서는 정도의 차이가 있을 뿐 지식인이나 대중 모두 중국이 지역 강대국으로 부상했다는 데 이의가 없어 보인다.

그러나 동아시아 지역에서 강대국으로서의 중국의 지위가 경제적인 능력에 기초하고 있으며, 안보나 소프트 파워 능력 부분에서는 여전히 미국이 우위를 점하고 있는 것으로 인식한다. 즉 정치, 경제, 안보, 소프트 파워를 아우르는 종합력인 능력에 기초한 최강대국이 아니라 안보와 경제 분야에서 미국과 각각 우세를 점하고 있는 이원화된 구조로 파악하고 있는 것이다. 중국의 대중과 지식인들은 이런 이원화된 구조에서 명실상부한 최강대국으로 부상하는 데에는 일정기간이 필요할 것으로 인식하고 있다.

이 같은 동아시아 지역에서의 중국의 지위에 대한 인식은 이 지역에서의 중국의 역할에 대한 인식에도 일정한 영향을 미치는 것으로 보인다. 중국의 지식인들은 미래 일정기간 동아시아 지역에서 중국이 미국을 대체하는 새로운 질서를 형성하기보다는, 미국과 평등, 윈윈, 협력, 핵심 이익의 보장을 내용으로 하는 신형 강대국의 관계를 형성해야 한다고 인식하고 있다. 그러나 동시에 경제, 안보 영역에서 적극적으로 지역 협력을 주도하고 이를 제도화함으로써 규칙 제정권을 확보하고, 주변 국가로부터 지지를 받아 장기적으로 이 지역의 최강대국이 되고자 하는 노력을 추구해야 한다고 인식하고 있다.

상술한 분석 결과를 통해 중국의 동아시아 정책은 다음과 같이 전망할 수 있다.

첫째, 동아시아 지역에서 중국은 향후 상당기간 미국과 이원적인 지도 체제에 기초해 갈등을 관리하면서 미국과 평화적인 관계를 유지하는 데 주력할 것으로 보인다. 그러나 동시에 중국은 동아시아에서 최강대국으로서의 지위를 확보하기 위해 미국과 치열한 경쟁을 전개할 것으로 보인다. 따라서 동아시아 질서는 향후 일정기간 진행될 중·미 간 치열한 경쟁에 의한 불안정한 상태가 지속되는 과도적인 상황에 놓일 것이며, 중·미 간 경쟁결과에 따라 장기적으로 제도화된 형태가 결정될 것이다.

둘째, 중국의 미국과의 경쟁은 동아시아 지역의 경제와 안보 영역에서 주요 어젠다 설정과 규칙제정 등을 통한 지역질서 제도화 및 주변외교를 통한 주변 국가에의 소프트 파워 제고에 초점이 맞추어질 것이다. 이를 통해 중국은 향후 상당기간 중국 주도의 동아시아 질서의 구조화에 주력할 것이다.

셋째, 미국과의 경쟁에서 주변 국가들의 지지를 얻기 위해 주변외교가 강조될 것이며, 따라서 안보나 경제 현안에서 보다 포용적인 태도를 취할 것으로 전망된다. 그러나 중국의 핵심 이익과 관련해선 주변 국가와 갈등도 불사하는 태도를 취할 것으로 보인다. 이런 점에서 일본이나 베트남, 필리핀 등 영토와 해상 경계 분쟁을 겪고 있는 주변 국가들과의 갈등관계는 상당기간 지속될 것으로 예상된다.

넷째, 중국의 지식인이나 학자들은 모두 중국을 동아시아 지역의 강대국으로 인식하고 있다. 따라서 중국은 동아시아 지역에서 도광양회(韜光養晦) 정책을 통해 자신의 실리를 챙기는 정책을 취하기보다 강대국으로서 책임을 지는 모습을 보이면서 동시에 지역의 각종 현안에 적극 개입하는 등 영향력을 확대할 것으로 보인다. 따라서 이 지역에서 중국의 영향력은 경제적인 영역뿐만 아니라 안보 영역으로까지 점차 확대될 것으로 보인다. 이에 따라 동아시아 주변 국가들이 중국의 영향력 확대를 상쇄하기 위해 미국과의 관계에서 힘의 균형을 어떻게 추구할 것인가는 향후 동아시아 질서 형성에 중요한 변수가 될 것이다.

다섯째, 동아시아 지역에서 중·미 간 경쟁이 가속화되고 있으며, 중국은 중국 주도의 동아시아를 추진하고 있고, 이를 견제하려는 미국의 각종 시도, 그리고 두 강대국 사이에 있는 동아시아 각국의 전략적 이해관계가 복합적으로 얽히면서 동아시아 지역에서 공동체 논의는 상당기간 힘을 발휘하기 어려울 것으로 예상된다. 따라서 동아시아를 아우르는 통합된 공동체 모색이라는 공허한 구호보다 각 분야에서 보다 구체적인 협력 사안에 기초한 실현 가능한 다자협력체 모색에 주력해야 할 것으로 보인다.

참고문헌

서정경·원동욱. 2009. "동아시아 지역주의와 중국의 대응전략." 『한국정치학회보』(한국정치학회) 제42집 제2호.

알렉산더 웬트(Alexander Wendt) 지음, 박건영 외 3인 번역. 2009. 『국제정치의 사회적 이론: 구성주의』. 서울: 사회평론.

이정남. 2013. "중·미 관계에 대한 중국의 인식; '이익 상관자', 'g2'와 '신형 강대국 관계'를 중심으로." 『현대중국연구』 제15집 1호(2013년 8월).

한석희·강택구. 2009. "동아시아 공동체 형성과 중국의 인식: EAS에 대한 정책과 함의." 『한국정치학회보』(한국정치학회) 제43집 제1호.

Shambaugh, David . 2004. "China Engages Asia: Reshaping the Regional Order." International Security, Vol. 29, No. 3(Winter 2004/5).

Jepperson, Ronald L., Alexander Wendt, and Peter J. Katzenstein. 1996. "Norms, Identity and Culture in National Security." in Peter J. Katzenstein(ed), The Culture of National Security. New York: Columbia University Press, 1996.

Fewsmith, Joseph and Stanly Rosen. 2001. "The Domestic Context of Chinese Foreign Policy: Does 'Public Opinion' Matter?" David M.Lampton(ed), The Making of Chinese Foreign annd Security Policy in the Era of Reform, 1978~2000, Standford Univ. Press, 2001.

Liao, XuanLi. 2006. Chinese Foreign Policy Think Tanks and China's Policy Towards Japan, Hongkong: The Chinese University of Hongkong.

Zhao, Quansheng. 2014. "US-China Relations and a New Dual Leadership Structure in the Asia Pacific."

江澤民. 2006. 『江澤民文選』(第3卷). 北京: 人民出版社.

胡錦濤. 1998. "在東盟－中日韓領導人非正式會晤上發表講話." 1998年 12月 16日. http://news.xinhuanet.com/ziliao/2001-01/05/content_502401.htm (검색일: 2009년 11월 9일).

張蘊領. 2008. "東亞合作和共同体建設:路徑及方式." 『東南亞縱橫』(廣西社會科學院東南亞研究所) 2008年 11月.

方長平. 2009. "理解東亞地區主義." 『東亞合作論壇 2009: 東亞地區主義的現狀与展望』, 中國人民大學國際關系學院東亞研究中心 主辦, 2009年 12日 19日, 發表文.

李文. 2009. "東亞共同体的邏輯与形態."『東亞合作論壇 2009: 東亞地區主義的現狀与展望』(中國人民大學國際關系學院東亞硏究中心 主辦, 2009年 12日 19日, 發表文.
兪新天. 2008. "中國培育東亞認同的思考."『当代亞太』 第3期.
龐中英. 2001. "中國的亞洲戰略:灵活的多邊主義."『世界經濟与政治』(中國社會科學院世界経濟与政治硏究所), 第10期 .
門洪華. 2009. "中國東亞戰略的展開."『当代亞太』(中國社會科學院亞太所) 第1期.
韋宗友. 2012. "美國戰略重心東移及其對東亞秩序的影響."『國際觀察』 第6期.
李向陽. 2013. "中國周邊戰略目標与面臨的挑戰."『現代國際關系』 第10期.
戴長征. 2012. "美國重返亞洲与中國的周邊戰略選擇."『國際關系學院學報』 第6期.
尙鴻. 2009. "金融危机對美國霸權地位的冲擊."『現代國際關系』第4期.
朱鋒. 2009. "金融危机与当前國際秩序的演變."『現代國際關系』第4期.
林利民. 2009. "G20崛起是國際体系轉型的起点-僅僅是起点."『現代國際關系』 第11期.
崔立如. 2009. "G20崛起与國際大變局."『現代國際關系』 第11期.
胡錦濤. 1998. "在東盟－中日韓領導人非正式會晤上發表講話." 1998/12/16, http://news.xinhuanet.com/ziliao/2001-01/05/content_502401.htm (검색일: 2009년 11월 9일).
彭光謙. 2009. "全球金融危机對國際格局的影響."『現代國際關系』 第4期.
秦亞青. 2009. "國際体系轉型以及中國戰略机遇i期的延續."『現代國際關系』 第4期.
劉江永. 2009. "發展中國家興起改變了時代与世界格局."『現代國際關系』 第11期.
金燦榮. 2009. "國際金融危机的全球地緣政治影響."『現代國際關系』 第4期.
袁鵬. 2009. "國際体系轉型与中國的戰略選擇."『現代國際關系』 第4期.
李興. 2009. "國際秩序新變局与中國對策的思考."『現代國際關系』 第11期.
蔡拓. 2009. "中國在國際秩序轉型中要有所作爲."『現代國際關系』 第11期.
林宏宇. 2009. "國際金融危机, G20的崛起与中國."『現代國際關系』 第11期.
季志業. 2013. "中國經營大周邊亟需"頂層設計."『現代國際關系』 第10期.
范斯聰. 2013. "中國的東亞地區政策:變与不變."『社科縱橫』 第5期(總第28期).
周方銀. 2012. "中國崛起, 東亞格局變遷与東亞秩序的發展方向."『当代亞太』 第5期.
祁怀高. 2011. "中美制度均勢与東亞兩种体系的兼容并存."『当代亞太』 第6期.
孫學峰. 2011.『中國崛起困境:理論思考与戰略選擇』. 北京: 中國社會科學文獻出版社.
陳向陽. 2013. "中國周邊环境新態勢与周邊戰略新思考."『亞非縱橫』 第1期.
陳世清. 2013. "東亞秩序轉型与新型大國關系."『新産經』 第12期.
張蘊岭. 2013. "從〈中國周邊安全形勢評估〉說起构建中國的周邊戰略依托."『國家人文歷史』 第3期(總第75期).
金燦榮. 2013. "周邊處理好, 大的矛盾就控制住了."『world affairs』 2013/24.
李向陽. 2013. "中國周邊戰略目標与面臨的挑戰."『現代國際關系』 第10期.
袁鵬. 2013. "關于新時期中國大周邊戰略的思考."『現代國際關系』 第10期.

戴長征. 2012. "美國重返亞洲与中國的周邊戰略選擇."『國際關系學院學報』 第6期.
張蘊岭. 2013. "從〈中國周邊安全形勢評估〉說起构建中國的周邊戰略依托."『國家人文歷史』 第3期(總第75期).
習近平. 2013. "深化改革開放 共創造美好亞太-在亞太經合組織工商領導人峰會上的演講."『多維新聞』 2013年 10月 7日.
朱鋒. 2012. "奥巴馬政府"轉身亞洲"戰略与中美關系."『現代國際關系』 第4期.
馬箭妍. 2014. "新安全觀:亞太安全共同体建設的行動指南."『党政論壇』 2014年 1月.
蘇浩. 2013. "李克强總理的安全外交."『國是論』2013年 10月.
"2014年李克强政府工作報告."『多維新聞』 2014/3/5
"依托命運共同体 習進平超越霸主做盟主."『多維新聞』 2014/2/2.
閻學通. 2013. "中國外交全面改革的開始."『world affairs』 2013, 24.
"習式外交"的策略与能量."『多維新聞』 2014/3/11.
"中國周邊外交打造命運共同体 勇气智慧下量力而爲."『京華時報』 2013年 11月 8日.

3장

수정주의적 내셔널리즘과 보통군사국가화

일본 아베 정부의 외교안보정책 변화를 중심으로

박영준

1. 들어가는 글

2012년 12월 출범한 아베 제2기 정부는 집권 초기에는 소위 '아베노믹스'라고 불리는 일련의 경제정책에 노력을 경주하였다. '잃어버린 20년'이라고 불리는 장기 침체에 더해 후쿠시마 대지진 사태로 더욱 악화된 일본의 경제 침체에 대응하는 것이 아베 정부의 정책 우선순위였다. 아베 수상 자신이 미국의 격월간 시사잡지 포린 어페어스(Foreign Affairs)와의 인터뷰에서 제2기 아베 정부의 정책적 우선순위를 "디플레이션을 제거하고, 일본 경제를 회복하는 것"에 둘 것이라고 밝힌 바 있다(Tepperman 2013, 2). 그러

* 본 연구는 『국방정책연구』 제30권 제1호(한국국방연구원, 2014년 봄)에 게재된 졸고 "일본 아베 정부의 외교안보정책 변화와 한국의 대응방안"을 기획취지에 맞게 수정한 것이다. 원고의 전재를 허가해 준 한국국방연구원 『국방정책연구』 편집진에 감사드린다.

나 점차 일본 경제가 침체 국면에서 벗어나는 양상이 전개되고, 2013년 7월에 치러진 참원 선거에서 자민당이 승리를 거두어 중참원(衆參院) 양원에서 과반수의 의석을 점하는 상황이 나타나는 것과 시기를 같이 하여, 아베 수상을 필두로 하는 일본 정부는 역사나 영토 문제와 같은 내셔널리즘적 이슈와 외교안보정책 분야에서 자신들이 애초에 구상했던 정책을 전면에 내세워 추진하기 시작했다. 예컨대 7월에는 아베 정부가 위촉한 전문가들에 의해 센카쿠(尖角諸島, 중국명 댜오위다오 釣魚島) 및 독도 등 일본이 주장하는 영토 및 해양 주권을 강화하기 위한 정책 보고서가 공표되었고, 12월 26일에는 아베 수상 자신이 야스쿠니신사 참배를 강행하였다. 국가안전보장회의가 새롭게 설치되었고, 그 운용을 뒷받침하기 위한 관련 법률로서 비밀정보보호법이 성립되었다. 그리고 12월에는 최초의 국가안전보장전략서가 공표되었고, '통합 기동방위력'으로의 전환을 표방한 새로운 방위계획대강이 개정되기에 이르렀다. 집단적 자위권 용인을 검토하기 위해 설치되었던 전문가 간담회도 참원 선거 이후 재가동되고 있다. 아베 정부가 표방했던 소위 "전후 레짐의 탈각(脫却)" 정책 방향이 다방면에서 가시화되고 있는 것이다.

이러한 아베 정부의 내셔널리즘 정책과 외교안보정책의 본격화는 일본 국내외에서 다양한 논란의 대상이 되고 있다. 이웃 국가인 한국과 중국에서는 아베 정부의 정책 방향에 대한 우려와 반발이 강력하게 표명되고 있다. 한국 정부는 아베 수상의 야스쿠니 참배나 독도 문제에 대한 정책에 대해 누차에 걸쳐 다양한 방식으로 항의를 표시해 왔다. 박근혜 대통령이 역대 대통령 취임 이후의 관례를 벗어나 일본 수상과 정상회담을 갖지 않았던 것도, 아베 정부의 역사인식에 대한 불만이 주된 이유였다. 중국도 마찬가지이다. 중국 외교부장 왕이(Wang 2014)는 일본 지도자들이 역사의 수레

바퀴를 거꾸로 돌리면서, 일본을 위험한 길로 유도하고 있다고 비판하였다. 중국 외교학원의 주용성(Zhou Yongsheng) 교수는 환구시보(環球時報) 영자지인 글로벌 타임스와 가진 인터뷰에서 아베 정부가 추진한 비밀정보 보호법과 국가안보회의 설치 구상을 비판하며, 일본의 정치 및 군사정책이 파시스트적 열망을 가진 것이며, 군국주의 시대의 정책 방향과 유사하다고 지적하였다(*Global Times*, December 11, 2013).

한편 일본의 전통적 동맹국가인 미국의 조야에서도 아베 정부의 내셔널리즘적 정책 성향에 대해 비판이 제기되고 있다. 뉴욕타임스는 사설을 통해 아베 수상의 야스쿠니 참배를 "위험한 내셔널리즘(risky nationalism)"의 표명이라고 지적했으며, 무기 수출 3원칙의 완화 등 아베 정부가 추진하는 방위정책이 군사 능력 강화를 통해 문제를 해결하려는 성격을 가진 것이라고 분석하면서, 이러한 정책 방향이 문제를 해결하기보다는 오히려 지역 내 상황을 악화시키게 될 것이라고 비판하였다(*International New York Times*, December 27, 2013). 일본 국민의 환대를 받으며 부임한 캐롤라인 케네디 주일 미 대사도 아베 수상의 야스쿠니신사 참배에 대해 실망하였다는 언급을 거듭 표명한 바 있다(『朝日新聞』 2014/1/23).

한편 아베 정부의 내셔널리즘 이슈에 대한 정책이나 외교안보정책에 대한 우려가 과장된 것이라고 지적하며, 일본의 정책 방향을 옹호하는 의견도 존재한다. 미국 부시 정부 하에서 NSC의 국장을 역임했던 빅터 차(Cha 2013)는 아베 수상이 역사 문제에 대해 한국이나 중국 등의 반발을 사지 않도록 신중한 태도를 취할 것이라고 전망하고, 아베 정부가 추진하는 미사일 방어체제 강화나 해상자위대 전력 증강 등도 미일 동맹뿐 아니라, 한국의 안전보장에도 유익한 것이라고 평가하였다. 영국 국제전략문제연구소(IISS)의 선임연구원인 윌리엄 충(Choong 2013)은 아베 정부의 정책이 군국주의적 극우 성향을 가진 것이 아니라 중도 우파적인 것이며, 역내 안보에 위협을 가할 것이라는 전망도 과장된 것이라고 주장한다. 그는 궁극적으로는 아베 정부 외교안보정책이 세계 열강들과 동등한 위상을 추구하려는 보통국가화의 성격을 갖고 있다고 진단하고 있다.

국내 연구자들 가운데에서도, 여론의 일반적 흐름과 다르게 아베 정부의 외교안보정책을 객관적으로 조명하려는 시도가 있다. 이승주(2014)는 아베 내각의 외교정책이 궁극적으로 보통국가를 추구하면서, 그 목표를 위해 국내적으로는 외교안보 역량을 강화하고, 대외적으로는 중국의 부상에 대응하여 미일 동맹을 강화하고 여타 동아시아 국가들과의 전략적 협력을 강화하는 "보통국가의 다차원화"를 지향하고 있다고 분석한다. 조양현(2014)은 아베 정부가 공표한 국가안보전략서와 방위계획대강을 분석하면서, 일본이 집단적 자위권 용인을 추진하면서, 기존 전수방위 체제의 변화를 모색하고 있지만, 그 궁극적 목표는 중국 견제를 핵심으로 하는 미일 동맹의 강화에 있다고 보면서, 이를 "군사적 보통국가화"로 명명한다. 필자는 아베 정부 출범 직후에 아베 정부가 역사 문제에 관해서는 종전 일본 정부의 입장을 수정하는 경향을 취할 것이고, 외교안보정책에 관해서는 보통국가화의 경향을 보일 것이라고 전망한 바 있다(박영준 2013).

이상에서 살핀 바와 같이 아베 정부가 추진하는 내셔널리즘 및 외교안보정책의 성격에 대해서는 국내외적으로 논란의 대상이 되고 있는 실정이다. 이 글에서는 이러한 논의의 흐름에 유의하면서, 취임 이후 1년간 아베 정부가 추진해 온 정책 방향을 역사 및 영토 문제와 관련된 내셔널리즘 정책과 외교안보정책의 두 가지 분야로 나누어 그 전개와 성격을 각각 검토하기로 하겠다. 그리고 아베 정부의 이 두 가지 분야의 정책이 동아시아 지역질서에 미치는 영향을 전망하도록 하겠다.

2. 아베 정부의 수정주의적 내셔널리즘 정책

1) 배경

종전의 일본 정부는 군국주의 시대 하에서 일본이 도발한 '중일전쟁' 및 '아시아태평양전쟁' 등의 성격과, 그 전쟁들이 아시아 여러 국가들에 가한 피해에 대하여 일정한 인식을 공유해 왔다. 예컨대 제국주의 시대 일본의 전쟁에 의하여 여러 아시아 민족들에게 피해를 가했다는 점을 공식 사과한 1995년의 무라야마(村山) 담화, 그리고 전쟁 기간 중 일본 제국군대가 강제적으로 '종군위안부'의 모집 및 관리에 관여했음을 인정한 1993년의 고노(河野) 담화 등이 그것이다. 또한 일본 정부는 각급 학교의 교육에 사용하는 교과서 집필 과정에서 역사 문제나 영토 문제에 관해 근린 국가들의 입장을 배려한 기술을 해야 한다는 소위 '근린제국(近隣諸國)' 조항을 1980년대부터 견지해 왔다. 이러한 기준과 관례 하에서 일본의 주요 정치가들은 근린 아시아 국가들을 자극할 수 있는 행위들, 예컨대 야스쿠니신사 참배나 센카쿠 및 독도 등 영유권 문제에 관한 자신들의 주장 표명 등을 자제해 왔던 것이다.

그러나 역사 및 영토 문제에 관해 신중한 입장을 견지해 온 일본 사회의 기류는 90년대 후반 이후 변화의 조짐이 나타나기 시작했다. '자유주의 사관연구회'에 속한 일부 지식인들을 중심으로 제국주의하 일본이 주도했던 전쟁들이 침략전쟁이 아니었다는 주장이 대두하기 시작했고, 이들은 새로운 역사교과서 집필을 통해 그러한 사관을 대중에게 확산시켜야 한다는 운동을 전개하기에 이르렀다(정진성 1998 및 최은봉 2001). 이러한 '자유주의 사관' 운동은 90년대 당시에는 교과서 채택률 등에서 저조한 결과를 보인 것이 사실이다. 그러나 장기적 경제 침체가 계속되면서 2010년에 중국에게 GDP 세계 2위의 자리를 내어 주었고, 그에 더해 2011년 후쿠시마 대지진 사태가 발생하면서, 일본 내에는 일본이 이대로 국제사회에서 지위가 하강하게 될지 모른다는 국가적 위기감이 만연하게 되면서 상황은 변화되었다(五木寛之 2011 및 脇阪紀行 2013). 이러한 국가적 위기감 속에서 청장년층을 중심으로 일본의 역사에 대한 재평가와 주변국에 대한 배외주의적 경향이 나타나기 시작했다.

2013년 6월, 아사히신문이 일본의 20대와 30대 청년층을 대상으로 실시한 여론조사는 역사나 영토 문제 등 내셔널리즘적 이슈에 대해 일본 사회에 확산되어 가는 수정주의적 경향(revisionism)을 잘 보여 주고 있다.[1] 〈표 3-1〉에서 나타나는 것처럼 1945년 패전으로 끝난 일본의 전쟁의 성격에 대한 설문에서 응답자의 45~47%는 침략전쟁이라고 답했지만, 30% 정도는 침략전쟁이 아니었다고 답변하고 있다. 수상이 야스쿠니를 참배하는 것에 대해서는 응답자의 60% 정도가 지지한다고 답변하였다. 이를 볼 때, 일본의 대외적 위기감 속에서 자유주의사관연구회 등이 표방한 극우적 사관이 일본 사회 내에 적지 않게 수용되고 있다고 보인다. 또한 센카쿠와 다케시마 등 영토 문제에 대해 중국과 한국의 대응에 대해서는 응답자들의

1_여기에서 말하는 수정주의(revisionims)란 종전의 학계나 사회가 역사 문제에 대해 일반적으로 합의해 오던 인식을 벗어나 다른 인식체계를 갖게 되는 경우를 말한다. 예컨대 냉전체제의 기원에 대해 소련의 팽창적 정책이 그 기원이라고 보았던 인식이 전통주의적 학설이었다고 한다면, 미국의 공세적 정책이 냉전의 기원이었다고 보는 새로운 설이 수정주의(revisionism)였다. 일본의 역사에 대해서는 전통주의적 인식은 일본의 팽창적, 군국주의적 정책이 태평양전쟁 등의 원인이었다고 보아 왔으나, 구미 열강의 아시아 진출이 전쟁의 기원이었고, 일본은 자위전쟁을 했었다고 보는 새로운 인식을 구미 학계에서는 '일본판 수정주의(Japanese revisionism)'라고 부르고 있다.

표 3-1 | 일본 청년층을 대상으로 한 역사 및 영토 문제에 관한 여론조사 결과(2013. 6)

질문	답변	
1. 1945년 종전의 전쟁은?	침략전쟁이었다	20대 45%, 30대 47%
	침략전쟁이 아니었다	20대 33%, 30대 28%
2. 수상이 야스쿠니를 참배하는 것에 대해?	지지한다	20대 60%, 30대 59%
	지지하지 않는다	20대 15%, 30대 22%
3. 센카쿠, 다케시마에 대한 중국과 한국의 자세에 대해?	크게 반발	20대 39%, 30대 50%
	어느 정도 반발	20대 44%, 30대 40%
	반발하지 않는다	20대 12%
4. 헌법 9조를 변경하여 국방군으로 하는 것에 대해	찬성	20대 33%
	반대	20대 47%

출처: 『朝日新聞』 2013/12/29

83~90%가 반발하고 있는 것으로 나타나고 있다. 영토 문제에 대해서도 강경한 내셔널리즘의 기류가 종전의 신중한 대외정책 기조를 대체하고 있다고 보인다. 즉 일본 사회 내에서는 이미 역사 문제나 영토 문제에 관해 종전의 신중한 입장을 변경하여, 새로운 해석과 정책을 취해야 한다는 '수정주의적 경향'이 강해지고 있는 것이다.

2012년 12월 선거에서 이미 수상을 역임했던 아베 신조가 이례적으로 다시 수상으로 재선출될 수 있었던 것은, 보수화되고 있는 일본 내의 청장년층 유권자에게 그가 표방한 "전후 레짐의 탈각" 슬로건이 어느 정도 받아들여졌음을 의미한다. 이러한 지지를 바탕으로 아베 수상은 역사나 영토 문제에 대해 역대 내각들이 견지해 온 신중한 입장에서 벗어나, 수정주의적 경향을 과감하게 보이기 시작했다.

2) 수정주의적 역사인식

취임 이후 아베 내각의 각료들은 종전의 내각들이 표방해 온 역사 문제에 관한 담화들을 재검토하겠다는 의향을 여러 차례 비추었다. 우선 제국 일본의 침략을 통해 아시아 민족들에게 다대한 피해를 끼쳤다고 인정한 1995년의 무라야마 담화에 대해서는 계승하겠다는 입장을 밝혔다. 2013년 2월 1일, 아베 수상은 참원 본회의 답변을 통해 "우리나라(일본)는 이전 많은 국가, 특히 아시아 여러 국가의 인민들에게 다대한 손해와 고통을 안겼다. 그 인식은 역대 내각의 입장과 같다."라고 하였다(『朝日新聞』 2013/2/2). 스가 요시히데 관방장관도 같은 해 1월 4일의 기자회견에서 1995년의 무라야마 담화는 계승한다고 밝힌 바 있다(『朝日新聞』 2013/1/5). 단 아베 수상은 일본이 주도한 태평양전쟁이나 중일전쟁에 의해 아시아 여러 민족들이 피해를 입었다는 점은 인정하면서도, 이들 전쟁들의 성격이 침략전쟁이었는가에 대해선 유보하는 입장을 보였다. 같은 해 4월 23일, 참원 예산위원회 답변에서 그는 "침략의 정의는 학계에서도, 국제적으로 정해져 있지 않다. 국가 간의 관계에서 어느 쪽으로부터 보는가에 따라 다르다."라고 발언하였다. 이후에도 그는 일본이 주도한 전쟁들이 아시아에 대한 '침략'이었다는 발언을 의도적으로 회피해 왔다. 이로 보아 아베 수상은 일본의 전쟁들이 침략전쟁이 아니라, 서양 열강의 동아시아 진출에 대한 방어전쟁이라고 주장해 온 '자유주의사관연구회'의 수정주의적 인식을 갖고 있다고 생각된다.

나아가 아베 수상은 제국 일본군이 '종군위안부'의 모집과 관련 시설 관리에 직접 관여했음을 인정한 1993년의 고노 담화에 대해서는 명백한 계승 의사를 밝히지 않을 뿐 아니라, 오히려 이를 수정하는 새로운 담화를 준비하겠다는 입장을 보이고 있다. 그는 2007년 제1기 수상 당시 '종군위안부' 모집에 제국일본 군대가 직접 관여했다는 증거가 없다는 일본 각의의 내부 결정을 주도한 바 있다. 이러한 인식에 따라, 아베 수상은 고노 담화를 계승하지 않고, 이를 대체하는 새로운 담화를 준비하려 하였다. 다만 이러한 움직임에 대해 한국과 중국은 물론이고, 미국, 영국, 호주 등 구미 각국에서도 비판적인 입장들이 표명되면서(『朝日新聞』 2013/1/14), 아베 정부는 새로운 담화 준비를 유보하고 있는 것으로 보인다.

아베 수상은 태평양전쟁 당시 A급 전범으로 분류된 14인의 위패가 다른 전사자들의 그것과 함께 안치된 야스쿠니신사의 참배에 대해서도, 종전 일본 정부가 견지해 온 신중한 입장을 넘어서는 행위를 보이고 있다. 일부의 예외가 있지만 대체로 역대 일본 수상들은 한국이나 중국의 반발을 우려하여 야스쿠니신사 참배를 자제해 왔다. 그러나 아베 수상은 야스쿠니신사의 성격 자체에 대해 종전의 금기를 깨뜨리는 발언까지 하고 있다. 2013년 7월에 발간된 미국의 외교평론지 Foreign Affairs와 가진 인터뷰에서 아베 수상은 미국인들이 알링턴 국립묘지를 참배하며 미국을 위해 자신을 희생한 전사자들을 추모하듯이, 국가를 위해 생명을 잃은 이들의 영혼을 위로하는 야스쿠니신사에 대한 참배는 문제가 안 된다고 밝혔다(Tepperman 2013, p.5). 이러한 수상의 인식에 따라 2013년 4월에는 아베 내각의 아소 부총리, 후루야 납치담당상 등 주요 각료들뿐만 아니라, 초당파 의원연맹인 '야스쿠니를 참배하는 국회의원의 모임'에 속한 168인의 정치가들도 야스쿠니신사를 참배하였다. 그리고 12월 26일에는 아베 수상 자신도 야스쿠니신사를 참배하였다. 일본 내에서는, 사회 전반의 보수우경화 경향 속에서 아베 수상의 야스쿠니신사 참배에 대한 옹호론이 적지 않다(Sato 2014). 그러나 한국과 중국은 물론, 구미 각국에서는 이 같은 신사 참배가 일본의 위험한 내셔널리즘을 고취하는 것이라는 우려와 비판이 제기되고 있는 실정이다.

이상에서 살펴본 바와 같이 아베 수상은 고노 담화, 무라야마 담화, 야스쿠니신사 참배 등의 이슈에 관해, 역대 내각들이 표명해 온 신중한 입장에서 벗어나, 경우에 따라서는 '자유주의사관연구회' 등 극우파들의 입장까지 반영한 역사인식을 표명하고, 그에 따른 정치적 행위를 하고 있다. 이 같은 역사 문제에 대한 수정주의적 입장은 영토 문제와 관련해서도 유사하게 나타나고 있다.

3) 영토 및 해양 주권 주장 강화

최근 일본 정부는 해양 및 영토 주권 문제에 대해 적극적인 태도를 보여 왔다. 1990년대에 유엔 해양법 협약이 발효되면서, 영해, 배타적 경제수역, 그리고 대륙붕 질서가 공식화되었고, 이 협약에 가입한 여타 국가들과 마찬가지로 일본도 영해 기선에서 200해리까지 인정되는 배타적 경제수역을 확대하고, 350해리까지 인정될 수 있는 대륙붕에 관해서도 최대한 관할 해역을 확장하려는 정책적 노력을 기울이고 있는 것이다. 그에 더해 배타적 경제수역의 경계가 중첩되는 중국과 2010년도를 전후하여 센카쿠 제도를 둘러싼 영유권 문제가 갈등 현안으로 부각되면서 더욱 해양 및 영토 주권 문제에 대해 민감한 반응을 보이고 있다.

2007년 7월, 일본은 해양 주권과 이익을 수호하기 위한 관련법으로서 해양기본법을 제정하였고, 다음해 3월에는 이를 구체화하기 위한 해양기본계획을 각의 결정한 바 있다. 그리고 2008년 11월에는 일본 열도 주변에서 연장된 7개 해역에서 74만 평방킬로미터에 달하는 대륙붕을 추가로 인정받기 위하여 유엔 대륙붕한계위원회에 신청서를 제출하였고, 2012년 4월에 이 위원회로부터 6개 해역 31만 평방킬로미터의 대륙붕에 대한 인정을 받아내는 성과를 거둔 바 있다.

그 연장선상에서 아베 정부 출범 이후에도 일본은 해양 및 영토 주권을 확대, 강화하려는 움직임을 계속 보이고 있다. 2013년 4월, 일본 정부는 제2차 해양기본계획을 발표하였다(日本閣議決定. 2013). 이를 2008년의 제1차 계획과 비교하면 다음과 같은 특징이 발견된다. 우선 유엔 대륙붕 한계위원회로부터 인정이 보류된 해역에 관해 조기에 재인정받을 수 있도록 대륙붕 한계 설정에 관해 적절한 대응을 추진한다는 점이 명기되었다. 또한 이미 일본이 관할하는 영해 및 배타적 경제수역의 안전 확보를 위해 해상보안청과 해상자위대의 체제를 강화하고, 능력을 향상시키며, 일본 주변 해역에 있어서의 광역적 상시 감시체제도 구축한다는 점이 포함되었다. 아울러 안전보장 및 해양질서 유지의 관점에서 일본 열도 주변의 낙도 및 주변 해역에 대한 감시 및 경계 태세를 강화하고, 특히 오키나와 등 남서제도의 방위 태세를 강화한다는 방침도 포함되었다. 이러한 방침에 따라 아베 정부는 향후 오키노도리시마 남쪽 해역에 대해 대륙붕 인정을 받기 위한 정책적 노력을 경주할 것으로 예상된다. 또한 해상자위대 및 해상보안청 전력을 지속적으로 증강하면서 도서 및 관할 해역에 대한 방어 태세를 강화하는 움직임을 가속화할 것으로 보인다.

아베 정부는 영토 주권에 관해서도 종전 내각보다 강경한 입장을 취하고 있다. 2013년 4월, 아베 내각의 영토담당대신 야마모토 이치타(山本一太)는 '영토 주권을 둘러싼 내외발신에 관한 전문가 간담회'를 조직하였다. 이 전문가 간담회는 이후 5차례의 회의를 가진 끝에 논의 결과를 모아 7월 2일, 정책보고서를 공표하였다(領土·主権をめぐる内外発信に関する有識者懇談会 2013). 주로 센카쿠와 다케시마(한국명 독도)에 관한 정책을 일본 정부에 건의하는 이 보고서는, 중국의 물리력 행사에 의한 센카쿠에의 현상 변

경을 용인할 수 없다는 기본 입장을 보였다. 그리고 다케시마(독도)에 대해서는 한국이 1952년 이승만 라인을 선포하였고, 1954년 연안경비대를 파견하여 이 도서를 힘에 의해 탈취하였고, 이후 한국이 국제법상 근거가 없는 불법 점거를 계속하고 있다고 주장하였다. 그러면서 이 보고서는 두 도서에 대해 일본 정부가 국제법에 기반한 해결을 추구하면서, 국제적 영향력이 있는 지역에서 영어로 된 자료를 통해 일본의 주장을 널리 알리고, 영유권에 관한 역사자료의 수집 등 일본 내의 연구체제를 정비할 필요가 있다고 제언하고 있다.

센카쿠에 대해서는 실효 지배를 강화하고, 독도에 대해서는 한국 측이 불법 점거를 하고 있다는 주장을 해외에 발신해야 한다는 이 보고서가 나온 이후 아베 정부는 『방위백서』나 『외교청서』 등을 통해 독도가 자신들의 고유 영토였다는 주장을 강화하고 있다. 이에 더해 2014년 1월 28일, 일본 문부과학성은 중학교 및 고등학교에서 사용하는 사회와 지리역사 분야 학습지도요령 해설서를 개정하면서, 자국의 영토 관련 주장을 강화하도록 하였다. 즉 종전에는 "일본과 한국 간에 다케시마를 둘러싸고 의견에 차이가 있다."는 정도에 머물렀던 표현을 수정하여, "일본이 국제법상 정당한 근거에 의해 다케시마 등을 정식으로 영토에 편입하였으나, 현재 국에 의해 불법 점거되어 있고, 일본 정부가 누차에 걸쳐 항의를 하였다."는 내용이 들어가도록 하였다. 이 같은 내용이 반영되는 중고교 교과서는 각각 2016, 2017년부터 사용될 예정이다. 이 같은 중고교 교과서 내용의 수정은, 종전의 일본 정부가 교과서 등의 기술에서 주변국들과의 역사 문제에 특히 배려해야 한다는 지침을 제시해 온 소위 '근린 조항'에서의 일탈을 의미한다. 이같이 중고교 학생들이 사용하는 교과서에서도 영토 주권에 대한 일방적 입장을 교육하도록 하는 정책 변화는 아베 수상 및 시모무라 하쿠

분(下村博文) 문부과학상의 역사 및 영토 문제에 대한 수정주의적 인식들이 강력하게 반영된 결과로 보인다(『朝日新聞』 2014/1/29). 이 같은 아베 정부의 영토 및 역사 문제에 대한 수정주의적 인식과 정책들은 후술할 일본의 외교안보정책 추진에도 큰 그림자를 드리우고 있다.

3. 아베 정부의 외교안보정책과 보통군사국가화

1946년 평화헌법이 제정된 이후 일본은 경무장 및 미일 동맹 강화를 기본으로 하는 소위 '요시다 독트린'에 따라 제약된 외교안보정책을 전개해 왔다. 그러나 1990년대 냉전체제가 종료되면서, 일본 내에서는 종전의 '진수방위' 체제 하에서 제약을 받아 온 자위대의 군사력도 증강시키고, 유엔이 관여하는 국제안보 활동에 보다 적극적으로 참가해야 한다는 '보통국가론'의 국가전략 구상이 대두하기 시작하였다. 이러한 국가 구상은 2000년대 초반 이후 자민당의 고이즈미 준이치로, 아베 신조, 아소 타로, 그리고 민주당의 노다 요시히코(野田佳彦) 수상을 거치면서, 일본 정부의 정책 방향으로 수용되기에 이르렀다(Samuels 2007a; Hughes 2009; 박영준 2008) 제2기 아베 정부도 기본적으로 이 같은 보통국가론의 연장선상에서 외교안보정책을 추진하고 있는 것으로 보인다. 이 같은 점을 아베 정부의 위협 인식과 안보 전략, 국내 안보체제 강화, 미일 동맹 및 대외 안보 협력의 측면으로 나누어 살펴보도록 한다.

1) 위협 인식과 안보 전략

역대 일본 정부는 외교안보 환경의 중요한 변화가 제기될 때마다 「방위계획대강」이라는 전략 문서를 공표하여, 일본이 추진해 가야 할 외교안보정책의 방향을 제시해 왔다. 이 문서는 미국의 경우 신 행정부가 등장할 때 마다 공표해 온 국가안보전략서(National Security Strategy) 및 국방전략서(National Defense Strategy)를 합한 것과 유사한 성격을 갖는 전략 문서였다고 볼 수 있다(박영준 2011). 아베 정부도 2013년 9월, 일본의 새로운 국가안보전략을 책정하고 방위계획대강을 개정하기 위한 전문가 회의를 조직하였고, 그 논의 결과를 집약하여 2013년 12월 17일, 종전의 방위계획대강을 개정한 가칭 「방위계획대강 2013」과 아울러 그 상위 문서에 해당하는 「국가안전보장전략서」를 공표하기에 이르렀다. 이 두 문서는 아베 정부가 앞으로 추진하려 하는 외교안보 전략의 방향성을 전망하는 데 가장 기본적이고 중요한 문서라고 하지 않을 수 없다.

최초로 공표된 「국가안전보장전략서」는 전반부에서 일본이 지향해야 할 국가적 정체성과 그에 상응하는 국가 이익 및 목표를 규정하고 있다(國家安全保障會議及び閣議決定 2013a). 이 문서는 일본이 "강한 경제력 및 높은 기술력을 가진 경제대국"이고, "사방이 바다로 둘러싸여 광대한 배타적 경제수역과 긴 해안선을 가지고 있고, 해상무역과 해양자원 개발을 통해 경제발전을 수행하고, 개방된 해양을 추구해 온 해양국가"이며, "전수방위를 철저히 준수하고, 타국에 위협을 가하는 군사대국이 되지 않고, 비핵 3원칙을 지켜 온" "일관된 평화국가"라고 규정하고 있다. 그리고 이러한 일본이 향후에도 "글로벌화가 추진되는 세계에 있어 국제사회의 중요한 플레이어"로서 적극적 역할을 해나가야 한다고 제안하고 있다. 이러한 국가적 정체성에 바탕하여, 「국가안전보장전략서」는 "국제협조주의에 기반한 적극적 평화주의"의 입장에서, 일본이 자신의 안전 및 아시아태평양 지역의 평화와 안정, 나아가 국제사회의 평화와 안정과 번영의 확보에 적극적 기여를 해나가는 것이 일본 국가 안보의 기본 이념이라고 밝히고 있다.

「국가안전보장전략서」에서 말하는 '국제협조주의'란 일본 정치외교학의 전통에서 보아 통상적으로 1920년대 다이쇼(大正) 데모크라시 시기 전개되었던 대외정책의 유형을 가리킨다. 1930년대 일본 외교가 국제연맹 및 일련의 군축 조약에서 이탈하면서, 소위 '무조약'의 시대를 맞으며 국제사회와 대립했던 것과 대비하여, 1920년대 일본 외교는 국제연맹의 회원국으로서, 미국, 영국, 프랑스 등 주요 국가들과 협력하면서, 중국의 주권도 존중한 특성을 갖고 있었다(北岡伸一 1999; 酒井哲哉 1989). 「국가안전보장전략서」에서 언급된 '적극적 평화주의'의 개념은 요한 갈퉁이 말한 '적극적 평화'를 가리키는 것으로 생각된다. 평화학에서 말하는'적극적 평화'란 그냥 전쟁이 없는 상태를 의미하는 '소극적 평화'와 달리, 기본적 인권의 존중, 공정한 법의 집행, 정치적 자유의 보장, 인간 안보의 구현, 나아가 적극적 국제협력을 통해 평화를 창출하려는 정책을 가리키는 개념이다(岡本三夫 2005). 그렇다면 '국제협조주의에 기반한 적극적 평화주의'란 유엔을 중심으로 한 국제사회의 주요 국가들과 협조하면서, 소극적 자세에서 벗어나 인권의 존중과 정치적 자유를 보장하는 국내 체제를 건설하고, 나아가 국제 제도나 국가 간 협력을 적극적으로 추진하면서, 역내 평화를 창출하자는 구상을 담고 있는 것으로 보인다.

이어 「국가안전보장전략서」는 일본을 둘러싼 안보 환경을 글로벌 차원과 아시아태평양 지역 차원으로 나누어 분석하고 있다. 글로벌 차원에서는 대국 간 세력 균형의 변화, 대량 살상 무기의 확산, 국제 테러, 인간 안보와 관련된 여러 문제들이 안전보장의 과제라고 지적한다. 아시아태평양 지역 차원에서는 북한의 핵무기 및 미사일 능력 증강 및 군사적 도발, 중국의 급속한 군사력 근대화와 동중국해 등에서의 현상 변경 시도 등이 '국제사회의 우려 사항'이라고 지적하고 있다.

이러한 불안정 요인에 대응하여 국가 안보를 확보하기 위해 「국가안전보장전략서」는 일본의 능력과 역할 강화, 미일 동맹 강화, 자신들과 보편적 가치와 전략적 이익을 공유하는 파트너 국가들과의 협력 강화, 평화와 안정을 위한 국제적 노력에의 적극 기여 등의 방책을 제시한다. 특히 파트너 국가들과의 협력과 관련하여 이 문서는 한국, 호주, 아세안 국가들, 인도 등을 구체적인 협력 대상 국가로 열거하면서, 한국과 미래지향적이며 중층적인 관계를 구축하고, 안보 협력 강화를 도모하는 것이 북한 핵미사일 문제에 대한 대응 및 지역의 안정에 큰 의의가 있다고 각별히 평가하고 있기도 하다.

최초로 공표된 「국가안전보장전략서」가 일본 외교안보정책의 전반적인 방향성을 보여 주고 있다면, 2010년 공표된 「방위계획대강」을 개정한 「방위계획대강 2013」은 주로 방위정책과 관련된 전략지침으로서의 성격을 지닌다. 「국가안전보장전략서」에서 표명된 인식과 마찬가지로 「방위계획대강 2013」도 일본의 안보 환경에 대해, 글로벌 차원에서는 주요 대국들 간의 세력 균형 변화, 대량 살상 무기와 미사일 확산 등이 우려 사항이라고 지적하고 있다(國家安全保障會議及び閣議決定 2013b). 그리고 아시아태평양 지역 차원에서는 북한의 대량 살상 무기와 탄도미사일 증강 등의 군사적 동향이 지역 및 국제사회 안전보장에 있어 '중대한 불안정 요인'일 뿐 아니라, 일본의 안전에 대한 '중대하면서 절박한 위협'이 되고 있다고 명언한다. 또한 중국의 국방비 증가와 군사력 강화, 그리고 동중국해에서의 방공식별구역 설정과 같은 군사 동향들이 일본뿐 아니라 '지역 및 국제사회의 안보 우려' 요인이 되고 있고, 일본의 안보 환경은 2010년 시점과 비교하여 보다 엄중해 졌다고 지적한다.

이러한 잠재적 위협 요인들에 대응하기 위해「방위계획대강 2013」도 일본 자신의 태세 및 능력 강화, 미일 동맹 강화, 아시아태평양 지역에서의 안보 협력 강화 등 3중의 방책을 제안한다. 이 가운데 일본 자신의 능력 및 태세 강화와 관련해서는 새롭게 '통합 기동방위력'이라는 개념을 제시하면서, 경계 감시 능력, 정보 기능, 수송 능력, 지휘 통제 정보통신 능력, 도서부에 대한 공격 대응 능력, 탄도미사일 공격에 대한 대응 능력, 우주 공간 및 사이버 공간에 대한 대응 능력 등을 강화할 것을 제안한다. 또한 아시아태평양 지역 내 안보 협력과 관련해서도,「국가안전보장전략서」와 마찬가지로 한국, 호주, 동남아 국가 및 인도 등과의 안보 협력 확대 필요성을 제기하면서, 특히 한국과는 2012년도에 무산된 바 있는 정보보호협정과 상호군수지원협정 체결 등이 향후의 과제라고 지적하고 있다.

이상에서 요약한「방위계획대강 2013」및「국가안전보장전략서」등을, <표 3-2>에 나타나듯 이전에 공표되었던 방위계획대강들과 비교하면 다음과 같은 특징들이 발견된다. 첫째, 안보 환경 평가에서는「방위계획대강 2004」이후 강조되던 북한 및 중국 발 안보 위협 인식이 기본적으로 유지되고 있다. 다만「방위계획대강 2013」에서는 그 표현이 보다 강화되어, 예컨대 북한에 대해서는 '중대하면서 절박한 위협'이라고 서술되어 있고, 중국에 대해서도 동중국해 해역에 대한 방공식별권 설정 등이 새로운 우려사항으로 추가되고 있다(北岡伸一 2013). 둘째, 이 같은 대외적 안보 위협 요인들에 대응하기 위한 일본 자신의 능력 및 태세 강화와 관련되어, 종전의 '기반적 방위력' 개념에 대신하여 2010년 대강에 제시되었던 '동적 방위력'

표 3-2 | 「방위계획대강 2013」과 이전 방위계획대강 주요 요점 비교

	1976 대강	1995 대강	2004 대강	2010 대강	2013 대강
안보 환경 평가	- 미소 양국 대립 - 조선반도 긴장 계속 - 주변 제국 군사력 증강	- 미소 냉전 소멸 - 지역분쟁, - 핵과 미사일 확산	- 북한 위협 - 중국주의	- 글로벌 위협 - 북한 불안정 요인 - 중국 동향주의	- 글로벌 위협 - 북한 중대하면서 절박한 위협 - 중국 안보 우려 요인
일본 능력	- 적절한 위력을 보유하여 효율적으로 운용하는 태세 구축	- 기반적 방위력 - 합리화 효율화 콤펙트화	- 기반적 방위력 - 다기능 탄력적 방위력	- 기반적 방위력 개념 폐기 - 동적 방위력 개념 제시	- 통합 기동방위력
미·일 동맹	- 국제관계 안정 유지 및 일본에 대한 본격적 침략 방지에 큰 역할 - 핵 억지력 의존	- 일본 안전 확보 불가결	- 일본안전확보 불가결, 아시아태평양 지역 평화와 안정 유지에 불가결	- 금후 필요 불가결 지역 내 불측 사태 대비 일미 협력 - 지역적 글로벌 협력 추진	- 억지력 및 대처력 강화 - 협력 분야 확대
아태 지역 역내 협력			- 국제 평화 협력 활동 - 유엔기구 개혁 - 아세안 지역포럼 등 다국간 노력	- 한국 및 오스트레일리아와 안보 협력 - 중국, 러시아와 안보 대화 - 유엔, ARF 등 협력	- 한국, 호주, 동남아 국가, 인도와의 협력 강화

개념이 다시 폐기되고, 새롭게 '통합 기동방위력' 개념이 제시되고 있다는 점이다. 개념의 변화는 실체의 변화와 연결된다고 보이는데, 새로운 '통합 기동방위력' 개념의 등장에 따라 후술하듯이 중국 및 북한의 군사적 위협에 대비한 육해공 자위대 전력의 변화가 예상된다. 셋째, 이전 방위계획대강들과 마찬가지로 새로운 대강에서도 미일 동맹 강화 및 아시아태평양 지역 국가들과의 협력 강화 필요성이 강조되고 있다. 특히 「방위계획대강 2013」은 종전보다 분명한 어조로 한국과의 안보 협력 필요성을 강조하면서, 정보보호협정(GSOMIA)이나 상호군수지원협정(ACSA)의 재체결 등을

협력 과제로 제기하고 있다. 이상의 검토를 통해 볼 때, 아베 정부가 새롭게 책정한 외교안보 전략은, 대체적으로 보아 이전의 내각들이 추진해 온 정책 방침과 유사하게, 북한과 중국에 대한 위협 인식을 기반으로 하여 군사적 능력과 활동 범위를 확대하고, 미일 동맹 강화 및 우방들과의 안보 협력 확대를 도모하면서, 자국의 국제적 위상을 높이려는 보통군사국가화 정책 방침의 연장선상에 있다고 볼 수 있다.

2) 국내 안보체제 강화

(1) 관련 제도 및 법률의 정비

보통국가론자들은 일본이 대외적으로 안보 활동을 확대하기 위해서는 관련 국내 법규 및 제도를 보완할 필요가 있다는 점을 강조해 왔고, 이에 따라 90년대 이후 역대 일본 정부는 PKO법, 유사 관련 법제, 테러대책특별조치법, 해적퇴치특별조치법 등 관련 법규 및 제도를 정비해 왔다. 아베 정부도 이 같은 흐름을 계승하고, 한편 국가안보전략서 및 방위계획대강에서 제시된 국가안보전략의 방향을 구현하기 위해, 지난 1년간 관련 제도를 보완하고, 법규를 정비해 왔다.

우선 안전보장 문제와 관련된 수상의 최종적 정책 결정을 보좌하기 위한 목적으로 국가안전보장회의(National Security Council)를 2013년 12월에 창설하였고, 2014년 1월에는 그 실무기능을 수행하기 위한 조직인 국가안전보장국을 내각관방에 설립하였다(『朝日新聞』 2013/12/5 및 2014/1/8). 사실 1947년 미국에서 국가안보 이슈에 관한 대통령의 정책 결정을 보좌하기 위한 국가안보회의(NSC)가 설치된 이후, 한국을 포함한 세계 각국은 유사한 기구들을 설치, 운영해 왔다. 일본에서도 90년대 이후 보통국가론이 대두된 이래, 국내외 안보정세에 관해 분석하여 최종 정책결정권자의 정책 결정을 적시에 뒷받침하는 조직의 설립 필요성이 논의되어 왔었다. 아베 수상은 이러한 논의를 이어 받아 2013년 6월에 국가안보회의 설치법안을 의회에 제출하였고, 야당 측의 의견도 수렴한 끝에 11월에 관련 법안을 성립시키기에 이르렀다. 일본판 국가안보회의는 수상, 부총리, 관방장관, 외상, 방위상 등 5명의 참석자로 구성되며, 매월 2회 정도 개최되면서, 국가안보 현안에 관한 주요 정책을 논의하고, 수상의 정책 결정을 보좌하게 된다. 국가안보회의의 실무기능을 지원하기 위해 후속적으로 설치된 국가안전보장국은 외무성, 방위성, 경찰청 등에서 파견된 총 60여 명의 요원으로 구성되며, 주로 세계 각 지역의 정세를 분석하고, 일본의 중장기 안보전략을 기획하는 역할을 담당하게 된다. 초대 국장에는 아베 수상의 외교 브레인이었던 야치 쇼타로(谷内正太郎) 전 외무차관이 기용되었으며, 이례적으로 현역 자위관원 10여 명이 실무 요원으로 참가하게 되었다.

국가안보회의가 설치되면서, 그 논의 과정에 참여하는 각료 및 관료들이 국가기밀에 해당하는 사항을 누설하지 않도록 하는 장치가 필요해 졌다. 이러한 필요에 따라 아베 정부는 국가공무원들이 국가안보에 관련되는 외교, 방위, 국제정보 등의 관련 정보를 누설하지 않도록 하고, 만약 누설될 경우에는 관련 각료 및 공무원에 벌칙을 가할 수 있도록 하는 특별비밀보호법을 각의 결정하였고, 2013년 말까지 국회 논의를 거쳐 성립시켰다(『朝日新聞』 2013/10/12 및 2013/10/26). 특별비밀보호법에 대해 일본 국내에서 자유주의를 침해할 가능성을 우려하면서 적지 않은 반발이 있었으나, 아베 정부는 국가안전보장회의의 논의를 보다 효과적으로 진행하기 위해 정보 보호에 관한 법률 체제가 정비될 필요가 있다는 판단에 따라 이를 강행하였다.

아베 정부는 그 동안 일본 내에서 행사가 터부시되어 온 집단적 자위권도 용인하는 방향으로 정책 변경을 시도하고 있다. 집단적 자위권이란 유엔 헌장 51조에 규정된 권리로서, 다른 회원국이 제3국에 의해 공격받았을 경우에 유엔 회원국으로서 이를 군사적으로 지원할 수 있는 권리를 말한다(김찬규 2013). 일본도 유엔 회원국이기 때문에 당연히 집단적 자위권을 행사할 수 있지만, 일본은 그 헌법 제9조 1항에서 국가정책 수단으로 전쟁을 포기한다는 선언을 하고 있기 때문에, 1981년 내각 법제국의 선언 이래 "집단적 자위권을 보유하지만, 행사는 하지 않는다."는 입장을 견지해 왔다. 그런데 아베 수상 및 자민당 실력자들은 일본이 집단적 자위권을 행사할 수 있어야, 미일 동맹 하에서 대등한 동맹국으로서 역할을 할 수 있게 되며, 이를 바탕으로 일본의 안보에 대한 억지 태세도 강화하고, 나아가 나토에 속한 여타 국가들과 동등한 국제적 위상을 갖게 될 수 있다고 생각한다(安倍晋三 2013; 石破茂 2012).

이러한 판단에 따라 아베 수상은 취임 직후인 2013년 2월에 '안전보장의 법적 기반 구축에 관한 전문가 간담회'를 조직하여, 집단적 자위권 용인에 관한 검토를 의뢰하였다.[2] 이 간담회는 2014년 2월까지 6차례 정도의 회의를 진행하면서, 집단적 자위권이 행사될 수 있는 요건과 유형, 그리고 행사 가능한 대상 국가 등에 대한 논의를 진행하여 왔다.[3] 2007년 아베 수

2_이 간담회의 멤버는 좌장 柳井俊二(전 주미대사, 현 국제해양법재판소장), 좌장대리 北岡伸一(국제대학장)를 포함하여 岩間陽子(정책연구대학원 교수), 岡崎久彦(전 타이대사), 葛西敬之(JR동해 사장), 坂元一哉(오사카대학 교수), 佐瀬昌盛(전 방위대 명예교수), 佐藤謙(전 방위사무차관), 田中明彦(국제협력기구 이사장), 中西寛(교토대 교수), 西修(구마자와대 명예교수), 西元徹也(전 통막 의장), 細谷雄一(게이오대 교수), 村瀬信也(상지대 교수) 등이다.

상 제1기 당시에도 같은 멤버들에 의해 집단적 자위권 용인 문제가 검토되었을 때, 당시 멤버들은 집단적 자위권이 행사될 수 있는 경우로서 ① 공해상에서 미 함선 공격에 대한 응전이 필요할 때, ② 미국으로 향하는 탄도미사일을 요격할 경우, ③ 국제 평화활동을 같이 하는 타국 부대에 대한 경호의 경우, ④ 국제 평화활동에 참가하는 타국에의 후방 지원 등 4가지 유형을 제시한 바 있었다. 이 같은 기존 논의를 바탕으로 2013년 조직된 간담회 멤버들은 현재까지는 다음과 같은 5가지 경우, 즉 ① 밀접한 관계에 있는 국가가 공격을 받은 경우, ② 방치하면 일본의 안전에 큰 영향이 생기는 경우, ③ 공격받은 국가로부터 명백한 행사 요청이 있을 경우, ④ 수상이 종합적으로 판단하고, 국회의 승인을 받을 경우, ⑤ 공격을 받은 국가와 별도 국가의 영토, 영해를 자위대가 통과할 때, 그 해당 국가의 허가를 받는 경우 등에 집단적 자위권이 행사될 수 있다고 논의를 정리하고 있는 것으로 보인다(『朝日新聞』 2014/2/25). 특히 5번째 경우와 관련하여 간담회 멤버들은 한반도 유사시, 미국 해공군 전력을 지원하기 위해 자위대가 파견될 경우, 한국의 영해 및 영공을 통과할 필요성이 생기는데, 그 경우 한국의 동의가 전제조건이라는 점을 인정하고 있는 것으로 보인다.

간담회 멤버 및 자민당 정책결정자들은 집단적 자위권이 행사될 수 있는 대상 국가에 관해서도 논의를 전개하고 있는 것으로 보인다. 종전에는 집단적 자위권이 동맹관계에 있는 미국만을 염두에 둔 것이었으나, 야나이 준지(柳井俊二) 좌장은 미국 이외 다른 국가도 집단적 자위권 행사의 협력 국가가 될 수 있다고 하였고, 이시바 시게루(石破茂) 자민당 간사장도 필리

3_이 회의록은 「安全保障の法的基盤の再構築に関する懇談会　會議錄」(www.kantei.go.jp/jp/singi/anzenhoshou2/kaisai.html)을 참조.

핀, 말레이시아, 인도네시아, 필리핀 등 동남아 국가들도 집단적 자위권 행사의 대상 국가에 포함될 수 있다고 밝힌 바 있다(『朝日新聞』 2013/2/16; 『동아일보』 2013/11/8). 이 같은 논의를 집약한 집단적 자위권 문제에 관한 간담회의 최종보고서는 2014년 4월에 공표될 예정이다. 그런데 지금까지의 논의 결과를 보아, 집단적 자위권에 관한 종전의 금기를 깨뜨리고, 이를 행사하는 방향으로 결론이 나올 것은 분명하며, 그 조건과 적용 대상국에 관해서는 앞서 소개한 방향으로의 정책 제언이 있을 것으로 전망된다.

국내 안보체제 정비와 관련된 아베 수상의 최종 목적은 헌법 개정을 통한 자위대의 국방군화(國防軍化)에 있을 것이다. 아베 수상은 1946년 제정된 현 헌법이 미군정 치하에서 만들어진 비자주적인 헌법이라고 인식하고 있다. 따라서 이를 보다 자주적 관점에서 개정하고, 특히 헌법상 관련 규정이 없는 자위대를 국방군으로 명칭 변경하여, 헌법적 기관으로 만들어야 한다는 지론을 갖고 있다. 이미 자민당은 2012년 4월에 자체 논의를 거쳐 헌법 개정 시안을 만든 바 있고, 이 시안의 제9조 2항에서 '국방군' 설치를 명문화하였고, 제3항에서 수상이 국방군 최고사령관이라는 점을 명기한 바 있다. 다만 연립여당 공명당을 비롯한 일본 사회 내부에서의 헌법 개정에 대한 반대 여론을 의식하여, 이를 본격적인 정책 어젠다로 제기하지 않았을 뿐이다. 그런데 2013년 7월, 참원 선거에서 다수 의석을 점하게 되면서, 아베 수상은 서서히 개헌의 어젠다를 제기하기 시작했다. 2014년 1월 6일, 아베 수상은 연두기자회견에서 헌법 제정 이후 68년이 경과되었고, 이제는 헌법의 해석 변경이나 개정을 위한 국민적 논의를 심화시킬 필요가 있음을 환기시켰다. 향후 일본 국내 정치 일정상 2016년 여름에 예정된 참원 선거까지는 자민당의 수적 우위가 지속될 전망이기 때문에, 아베 수상은 이러한 다수당 지위를 기반으로 헌법 개정의 수순을 본격화할 것으로 예상된다.

(2)육해공 자위대 군사력의 변화

보통국가로의 전환이 모색되기 시작한 90년대 이후 일본은 육해공 자위대가 건설해야 할 군사력의 기준 개념을 변경시켜 왔다. 예컨대 「방위계획대강 2004」에서는 중국 및 북한의 잠재적 군사적 위협에 대응하여 종전의 '기반적 방위력'에 더해 '다기능 탄력적 방위력'을 구축해야 한다는 제언이 행해졌고, 「방위계획대강 2010」에서는 이를 폐기하고, '동적 방위력(Dynamic Defense Force)' 개념이 제시된 바 있었다. 그런데 「방위계획대강 2013」에서는 다시 '통합 기동방위력' 개념이 새롭게 제시되었다. 그러면 '통합 기동방위력'은 구체적으로 어떠한 내용을 담고 있는 것일까?

아베 정부는 새롭게 제정된 국가안전보장전략이나 방위계획대강 2013에서 지속적으로 중국이나 북한의 군사적 위협을 강조하고 있다. 그리고 이에 대응하기 위해 취임 직후부터 종전의 방침을 전환하여 방위예산의 증액을 추진하고 있다. 2013년 1월에 2013년도 방위예산을 전년 대비 1,000억 엔 증액하는 결정을 내린 바 있고, 2014년도 방위예산은 전년 대비 10% 예산 삭감을 요구한 재무성의 완강한 주장에도 불구하고, 전년 대비 2.9% 증가한 4조 8,900억 엔이 되었다(『朝日新聞』 2013/8/31).

2013년 12월 17일, 국가안보전략 및 방위계획대강과 더불어, 향후 5년간의 군사력 증강계획을 담게 될 중기방위력정비계획도 공표되었다. 이 문서에서도 재무성의 삭감 주장을 무릅쓰고, 향후 5년간에 걸쳐 지출될 방위비 규모가 24조 7,000억 엔 규모로 책정되었다. 이러한 증액된 방위비에 기반하여 향후 5년간 육해공 자위대는 기동전투차 99량, 수륙양용차 52량, 다목적 오스프리 항공기 17기, 조기경계기 4기, 신형 스텔스 F-35 전투기 28기, 공중급유기 3기, C2 수송기 10기, 무인정찰기 글로벌 호크 3기, 신규 이지스함 2척 등의 전력을 증강시켜 나갈 것으로 전망된다(『朝日新聞』 2013/12/13). 이러한 전력증강계획을 반영한 향후 5년간 육해공 자위대의 부대 규모 및 전력 수준을, 이전의 방위계획대강 책정 시와 비교하면 〈표 3-3〉과 같다.

〈표 3-3〉에 나타난 향후 5개년간 육해공 자위대의 군사력 증강 계획을 이전의 방위계획대강과 비교해 보면 다음과 같은 특징을 확인할 수 있다(박영준 2014). 첫째, 미국 해병대를 모델로 한 수륙기동단이 공식적으로 육상 자위대 내에 신편된다는 점이다. 전수방위 원칙을 표명해 온 일본에서는 상륙작전 용도로 운용되는 해병대 전력이 불필요하다는 것이 통상적인 인식이었다. 2002년 낙도 방위를 위해 사세보에 1,000명 규모의 서남방면 보통과 연대가 창설되었지만, 해병대 불필요 인식에 입각하여 이 부대는 상륙작전이 아니라, 침투 및 정찰 목적에 국한되어 운용되었다. 그러나 센카쿠를 둘러싼 중국과의 갈등이 심화되면서, 자위대 내에서 해병대적 기능을 갖는 전력의 필요성이 제기되었고, 아베 자민당이 이 같은 구상을 2012년 12월 선거공약에 반영시킨 바 있었다. 이미 2013년 예산에 수륙양용차량 4대의 획득 예산이 반영된 바 있고, 이에 더해 중기방위력계획에 총 52량의 수륙양용차 획득 방침이 포함되었다. 그리고 방위계획대강 2013에서 공식적으로 수륙기동단 창설 방침이 표명되었기 때문에, 3,000~4,000명 규모로 예상되는 일본판 해병대의 창설은 기정사실화되고 있다.

둘째, 기존에는 지역 배치의 특성을 보였던 육상 자위대 주요 부대들이 지역 배비 5개 사단 및 2개 여단과 동시에 기동운용부대 3개 기동사단 및 4개 기동여단으로 재편된다는 점이다. 대거 기동운용부대가 신편되면서 국토 종심이 길고, 도서 지역이 많은 일본 어디에서나 유사 상황 발생 시 즉각 투입될 수 있는 전력으로 운용될 수 있게 되었다. 신규 증강될 99대의

표 3-3 | 역대 방위계획대강에 나타난 육해공 자위대 군사력 비교

		1995 방위계획대강 (기반적 방위력)	2004 방위계획대강 (기반적 방위력+ 다기능 탄력적 방위력)	2010 방위계획대강 (동적 방위력)	2013 방위계획대강 (통합 기동방위력)
육상자위대	편성정수	16만 인	15만 5천 인	15만 4천 인 상비 14만 7천 인 즉응예비 7천 인	15만 9천 인 상비 15만 1천 인 즉응예비 8천 인
	평시지역배비	8개 사단 6개 여단	8개 사단 6개 여단	8개 사단 6개 여단	5개 사단 2개 여단
	기동운용부대	1개 기갑사단 1개 공정단 1개 헬리곱터단	1개 기갑사단 中央卽應집단	중앙즉응집단 1개 기갑사단	3개 기동사단 4개 기동여단 1개 기갑사단 1개 공정단 1개 수륙기동단 1개 헬리곱터단
	지대공유도탄부대	8개 고사특과군	8개 고사특과군	7개 고사특과군 /연대	7개 고사특과군 /연대
	전차 및 화포	전차 900량 약 900문	약 600량 약 600문	400량 400문	지대함 유도탄 부대 5개 지대함미사일 연대
해상자위대	호위함부대 (기동운용)	4개 호위대군	4개 호위대군 (8개대)	4개 호위대군 (8개대)	4개 호위대군 (8개 호위대)
	호위함부대 (지방대)	7개 대	5개 대	4개 호위대	
	잠수함부대	6개 대	4개 대	6개 잠수대	6개 잠수대
	소해부대	1개 掃海隊群	1개 掃海隊群	1개 소해대군	1개 소해대군
	초계기부대		9개대	9개 항공대	9개 항공대
	호위함	약 50척	47척	48척	54척(이지스함 8척)
	잠수함	16척	16척	22척	22척
	작전용 항공기	170기	약 150기	약 150기	약 170기
항공자위대	항공경계관제 부대	8개 경계군 20개 경계대 1개 비행대	8개 경계군 20개 경계대 1개 경계항공대 (2개 비행대)	4개 경계군 24개 경계대 1개 경계항공대 (2개 비행대)	28개 경계대 1개 경계항공대
	요격전투기부대	9개 비행대	전투기부대 12개 비행대	전투기부대 12개 비행대	13개 비행대
	지원전투기부대	3개 비행대			
	항공정찰부대	1개 비행대	1개 비행대	1개 비행대	
	항공수송부대	3개 비행대	3개 비행대	3개 비행대	3개 비행대
	지대공유도탄부대	6개 고사군	6개 고사군	6개 고사군	6개 고사군
	공중급유.수송부대		1개 비행대	1개 비행대	2개 비행대
	작전용 항공기	약 400기	약 350기	340기	약 360기
	이 가운데 전투기	약 300기	약 260기	약260기	280기
MD	이지스시스템탑재 호위함		4척	6척	
	항공경계관제부대		7개 경계군 4개 경계군	11개 경계군/대	
	지대공유도탄부대		3개 고사군	6개 고사군	

기동 전투차량은 이러한 기동사단 및 여단에 집중 투입될 것으로 보인다. 이 같은 기동사단 및 중앙즉응집단은 신설될 육상 자위대 통일사령부의 지휘체계 하에 들어갈 것으로 보인다.

셋째, 육상 자위대의 전차 및 화포 전력이 각각 400대와 400문에서 300대와 300문으로 축소되는 반면, 해상 자위대 호위함이 48척에서 54척으로 증강되고, 항공 자위대 전투기 전력이 260기에서 280기로 증강되게 되었다. 해상 자위대의 잠수함 전력은 「방위계획대강 2010」에서 표명된 것처럼 22척의 태세가 유지된다. 이 같은 해상 및 항공 자위대 전력의 중점적인 증강은, 앞서 언급한 해병대 창설 및 육상 자위대 기동부대 편성 방침과 함께 이번 방위계획대강에서 표방한 '통합 기동방위력'의 핵심을 이룬다고 할 것이다.

넷째, 2013년 방위비에 함재형 무인항공기 개발 관련 예산이 편성되었고, 중기방위력정비계획에는 무인정찰기 글로벌 호크 도입 예산이 반영되었다. 그리고 「방위계획대강 2013」에는 정보 수집을 위한 인공위성 자산의 적극적 활용도 제기된 바 있다. 이 같은 전력 증강 방침과 예산 편성 방향은 공통적으로 정보 수집 자산의 강화를 목적으로 하고 있다.

미국이 주도한 아프간전쟁을 계기로 인공위성 및 고고도 무인정찰기, 그리고 무인비행기 등은 현대 전쟁의 불가결한 정보 수집 및 공격 전력으로 주목받고 있다. 일본으로서는 중국의 해공군 활동이 센카쿠 및 서태평양 해역에서 활발해지면서 안보 부담을 가중시키고 있기 때문에, 이러한 전력 도입을 통해 중국의 군사적 동향에 대한 정확한 정보를 파악하고, 대응 수단을 강구하려고 하는 것이다.

아베 정부는 육해공 자위대의 전력 증강 및 재편에 더해 해상보안청 관련 예산 및 전력 증강도 도모하고 있다. 2014년도 일본 정부 예산에는 해상보안청 예산도 전년대비 13% 증가한 1,963억 엔이 편성되었다. 해상보안청 전력은 2012년 현재 순시선 121척, 순시정 236척, 비행기 27기, 헬기 16기, 대원 1만 2,000명의 전력이 일본 본토 내에 11개 관구로 나뉘어 구성되어 있다(佐道明廣 2012; 海上保安廳 2008). 해상보안청 전력은 미국이나 한국과 마찬가지로 정규군이 아니기 때문에, 방위성이나 통합막료감부의 통제를 받지 않는다. 그러나 구미의 연구자들은 이미 일본의 해상보안청 전력이 육해공 자위대에 이어 제4군으로서의 역할을 수행하고 있다고 지적한 바 있다(Samuels 2007b). 특히 2010년 중국과의 센카쿠 분쟁이 격화되면서, 일본 내에서는 센카쿠 방위를 위한 해상보안청 전력의 증강 필요성이 대두하였고, 이를 아베 자민당 정부도 적극 수용하고 있다. 그리하여 2013년 1월, 아베 정부는 센카쿠 해역을 전담하는 해상순시선 12척 태세와 전담요원 400인의 팀 구성을 2015년도까지 추진한다는 목표를 설정하였다(『朝日新聞』 2013/1/11). 이 같은 흐름에 더해 2014년도 예산에 해상보안청 관련 예산이 대폭 늘어난 것은 순시선 증강을 뒷받침하기 위한 것으로 보인다. 이 같은 해상보안청 전력 강화는 향후 아베 정부 임기 중에도 지속될 전망이다.

이같이 아베 정부는 방위예산을 점진적으로 인상하는 조치를 취하였고, 증액된 방위예산은 정찰 감시 능력, 해병대적 기능을 갖는 도서부 공격 대응 전력, 지휘 통신 능력, 탄도미사일 방어 전력, 우주 및 사이버 공간 대응 능력, 원거리 투사 능력(power projection capability) 강화 등에 집중 투입되는 양상이 나타나고 있다. 이러한 전력 증강이 새로운 국가안전보장전략 및 「방위계획대강 2013」에서 표명된 '국제협조주의에 기반한 적극적 평화주의'의 군사적 수단으로 활용될 것으로 보인다.

3) 미일 동맹 강화와 아태 지역 안보 협력 추진

역대 일본 정부는 일본 자신의 능력 강화와 더불어 미일 동맹 강화를 안보전략의 한 축으로 일관되게 표명해 왔다. 이 점은 아베 정부도 예외가 아니어서, 국가안보전략서나 「방위계획대강 2013」에서도 미일 동맹 강화 방침이 견지되고 있다. 미일 동맹 강화와 관련하여 아베 정부가 역점을 기울이고 있는 것은, 특히 동중국해 및 센카쿠 방면에서 군사적 대립 양상마저 노정하고 있는 중국에 대한 억지 태세를 강화하는 것과, 중국의 군사적 위협에 중장기적으로 대응할 수 있는 미일 양국 간 가이드라인을 개정하는 문제이다.

동중국해 및 센카쿠에 대한 중국의 군사력 투사에 대한 억지 태세를 보이기 위해 미국은 센카쿠 일대 및 중국이 방공식별권을 선포한 공역에 대해 수시로 공중경계관제기 및 전략폭격기 등을 투입하여 일종의 무력시위를 전개하고 있다. 또한 괌 기지에 배치해 온 무인정찰기 글로벌 호크를 2014년부터 일본 북동부 미사와 기지에 순환 배치하여 북한 핵미사일 전력 및 중국군 동향을 감시하는 태세를 강화하려고도 하고 있다(『朝日新聞』 2013/11/3). 뿐만 아니라 주일미군은 일본 육해공 자위대와 수시로 상륙작전, 폭격 훈련, 순항 훈련을 포함한 연합 군사훈련을 실시하여, 연합 억제 태세를 과시하고 있기도 하다(『朝日新聞』 2013/9/7; *International New York Times* February 24, 2014).

냉전 시기부터 미일 양국은 일본이 주변국들로부터 공격받는 사태가 발생한 경우를 상정하여, 미일 간에 취해야 할 군사적 대응 태세를 공동으로 규정한 방위협력지침, 즉 가이드라인을 책정해 온 바 있다. 미일 가이드라인은 1978년에 소련의 일본 침공을 상정하여 최초 작성된 바 있었으며, 소련의 군사적 위협이 사라진 1997년에는 한반도 유사 사태를 상정하여 개정된 바 있었다. 그런데 점차 중국으로부터의 잠재적인 군사적 위협이 인식되고, 이에 미일 간에 공동으로 대응해야 할 필요가 생기자, 아베 정부는 취임 직후부터 미일 간에 공동 가이드라인 책정을 위한 실무 협의를 진행시켰다. 2013년 1월에 미일 양국의 외교 및 국방 실무자들에 의해 개최된 실무협의에서는 정보 수집 및 경계 감시, 탄도미사일 방어, 우주 및 사이버 공간 방어를 위한 양국 공동의 훈련 및 시설 사용 문제를 대상으로 한 논의가 진행되었다(『朝日新聞』 2013/1/18). 그리고 2013년 10월 3일, 동경에서 개최된 미일 양국의 2+2, 즉 외교 및 국방장관 회담에서는 2014년 말까지 양국의 방위 협력을 위한 지침을 개정하기로 합의하였다(『朝日新聞』 2013/10/4). 일본은 이러한 미일 가이드라인 책정이 미일 동맹을 한층 강화하기 위한 중요한 포석으로 간주하고 있다. 아베 정부가 이전 정부와 달리 전향적으로 2013년 3월, 환태평양 경제 동반자 협정(TPP: Trans Pacific Partnership) 교섭 참가를 선언한 것도, 크게 보면 경제 분야까지 포함하여 미일 동맹을 포괄적으로 강화시키기 위한 수순으로 볼 수 있다.

다만 미국은 외교안보 분야에 관한 미일 동맹 강화에 대해서는 환영하고 있지만, 아베 정부가 내셔널리즘적 이슈에 관해 보이고 있는 수정주의적 경향에 대해서는 반발하는 모습을 보이고 있다. 2013년 10월, 2+2회담에 참가하기 위해 일본을 방문한 미국의 케리 국무장관과 척 헤이글 국방장관은 의도적으로 야스쿠니신사가 아닌 치토리가후치 전몰자 묘원을 방문하여 헌화하였고, 같은 해 12월, 아베 수상이 야스쿠니신사를 참배하자, 캐롤라인 주일 미 대사 및 미 국무성은 이에 대한 우려를 표명하는 성명을 발표하였다. 또한 일본이 집단적 자위권 용인을 추진하는 정책에 대해서는 기본적으로 미일 동맹 강화 차원에서 환영하지만, 이러한 정책 방향이 중국을 지나치게 견제하거나 대립하는 방향으로 가는 것에 대해서는 경계를 감추지 않고 있다. 예컨대 오바마 정부에서 국무부장관을 역임한 제임스 스타인버그(James B. Steinberg)는 일본의 집단적 자위권이 중국을 표적으로 해서는 안 된다고 하였고, MIT 대학의 리처드 사무엘스(Richard Samuels) 교수도 집단적 자위권이 중국에 대한 강경 태도의 수단이 되어선 안 된다는 점을 분명히 한 바 있다(『朝日新聞』 2013/2/21). 따라서 아베 정부의 희망과는 다르게, 미국은 중국과의 전략적인 신형 대국 관계 수립에 유의하면서, 아베 정부의 역사인식과 안보정책에 대해 분리된 대응을 보이고 있다고 볼 수 있다.

한편 아베 정부는 역내 내각과 동일하게 국가안보전략서 및 「방위계획대강 2013」에서 아시아태평양 지역 국가들과의 폭넓은 안보 협력 강화 필요성을 제기한 바 있다. 아베 수상은 취임 이후 1년간 15회 해외 출장을 통해 30개국을 방문하였고, 150회 이상의 정상회담을 수행하는 등 활발한 정상외교를 하였다. 이 기간 동안 동남아 10여 개 국가들을 모두 방문하여 경제 지원 등을 약속하였고, 2013년 12월에는 일본-아세안 정상회담도 가진 바 있다. 아베 수상은 중국과는 '전략적 호혜관계'를 구축할 것이라고 발언해 왔고, 한국에 대해서도 '기본적 가치와 이익을 공유하는 가장 중요한 이웃 국가'라고 규정해 왔다(安倍晋三 2014. 1. 24, 국회 시정방침연설).

그러나 그럼에도 불구하고, 지난 1년간 아베 수상은 한국 및 중국의 국가지도자들과 양자간 내지 다자간 무대에서 정상회담을 갖지 못하였다. 한국과는 '가치 및 이익을 공유하는 파트너 관계' 구축, 중국과는 '전략적 호혜관계 구축'을 표방하였지만, 양국과의 관계는 각각의 국교 정상화 이후 최악의 상황을 맞고 있다. 아베 정부의 내셔널리즘적 경향이 미국의 조야로부터 받고 있는 불신을 생각한다면, 미일 동맹 관계의 전망도 밝다고 볼 수 없다. 국내 차원의 외교안보체제 강화에서 거둔 부분적 성과와 달리, 아베 수상은 미일 관계 강화 및 역내 안보 협력 분야에서는 소기의 성과를 거두고 있지 못한 것이다. 그 요인으로서는, 다음 절에서 검토하듯이, 그의 내셔널리즘적 이슈에 대한 수정주의적 경향과 외교안보정책 간의 부정합성이 크게 작용하고 있는 것 같다.

4. 맺는 말: 아베 정부의 정책 변화와 동북아 질서에의 함의

이상에서 살핀 바와 같이 아베 정부는 역사나 영토 문제와 관련해서는 수정주의적 내셔널리즘(revisionist nationalism)의 입장을 취하면서 '할 말을 하는 외교'를 전개하고 있고, 외교안보정책에 관해서는 보통국가론의 입장에서, 국내 안보체제를 강화하고, 대외 안보 역할을 확대하려는 방향성을 보이고 있다. 이러한 대외정책은 동아시아 질서에 어떤 영향을 주게 될 것인가?

사실 일본이 지난 20여 년간 추구해 온 외교안보적인 측면에서의 보통국가화 경향은, 동아시아 안보질서 차원에서 긍정적인 측면이 없지 않은 국가 노선이다. 일본의 안보 역량이 강화되고, 미일 동맹이 강화되는 것은, 한미 동맹의 강화에도 이어지며, 북한의 현재적 위협에 대한 한미일 간의 억제 태세를 강화시킬 수 있기 때문이다. 나아가 급속도로 성장하는 중국의 군사력 증강에 대응하는 역내 질서의 세력 균형 유지에 도움이 되는 측면도 있다.

다만 아베 정부가 수정주의적 내셔널리즘 정책과 보통국가론 성향의 외교안보정책을 병행하여 추진하는 경우는, 다음과 같은 두 가지 점에서 동아시아 안보질서에 부정적인 결과를 초래하는 것으로 평가된다. 첫째, 아베 정부가 역사 및 영토 문제에 대해 취하는 수정주의적 경향이 보통국가 지향의 외교안보정책이 가진 긍정적 측면을 마모시키고 있다는 것이다. 보통국가 지향의 외교안보정책에 의하면, 아베 정부는 중국과는 '전략적 호혜관계'의 입장에서 다양한 협력을 추진해야 하고, 한국과는 '정보보호협정'이나 '상호군수지원협정'의 재체결도 추진해야 한다. 이러한 주변국과의 협력 관계를 바탕으로 중국의 군사력 현대화로 인한 잠재적 우려를 완화해야 하고, 북한 발 군사적 위협에 공동 대응하는 태세를 구축해야 한다.

그러나 아베 정부는 중일전쟁이나 태평양전쟁 등 자신의 선배들이 도발한 침략전쟁의 역사를 인정하지 않거나, 종군위안부 문제에 대한 강제성을 부인하는 입장을 취하고 있다. 그리고 영토 및 해양 주권에 대한 주장을 강화하려는 나머지, 한국 정부가 독도에 대해 행사하고 있는 실효적 지배의 현상을 변경하려 하고, 센카쿠를 둘러싼 중국과의 대립도 격화되고 있는 것이다. 이러한 수정주의적 내셔널리즘의 입장이 한국이나 중국과 같은 주변국과의 관계 개선을 결정적으로 방해하면서, 한국이나 중국에서 일본에 대한 불신감이 고조되고, 기존에 유지되던 외교안보적 관계가 단절되고, 그 여파가 경제 및 사회문화적 교류의 부진에까지 파급되는 양상이 나타나고 있다. 2013년 6월, 중국의 China Daily와 일본의 Genron NPO가 공동으로 양국 일반인을 대상으로 실시한 여론조사에서 중국인 응답자의 92.8%, 일본인 응답자의 90%가 각각 상대국에 대해 부정적인 태도를 갖고 있다는 결과가 발표된 바 있다(*Global Times* August 8,2013). 이러한 상대국에 대한 불신감 증대는 불가피하게 여타의 외교 및 경제 관계 악화를 유발한다. 중국 상무성에 의하면 양국 간 경제관계도 악화되어, 2013년의 경우 양국 간 교역 총액이 전년대비 5.1% 감소된 3,126억 달러에 머물렀고, 상대국에 대한 직접 투자도 각각 감소되어, 중국 측의 대일 투자가 전년대비 23.5%, 일본 측의 대중 투자도 전년대비 4.28% 감소했다고 한다(*Global Times* January 21,2014에서 재인용). 그 연장선상에서 한일 및 중일 간 양자 정상회담은 물론 매년 정례적으로 개최되던 한중일 정상회담이나 관계 각료회담이 2년째 열리지 못하고 있기도 하다. 일본의 수정주의적 내셔널리즘 정책은 한국 및 중국 등 핵심적인 주변국과의 관계 악화는 물론, 지역 정세의 불안정을 유발하고 있는 것이다.

둘째, 아베 정부는 보통국가 지향의 외교안보정책을 추진하는 데 있어, 중국 발 위협 요인을 강조하고, 이에 대해 군사적 측면에 중점을 두어 대응하려는 경향성을 지나치게 보이고 있다. 국가안보전략서 및 「방위계획대강 2013」에서 중국의 군사력 현대화 등이 역내 안보의 우려 사항이라고 명언한 데 이어, 육해공 자위대의 군사력 증강 계획에서도 중국을 지나치게 의식하여 해병대의 창설이나 해상 및 항공 자위대의 전력 증강 계획을 추진하고 있다. 그리고 2014년 말에 공표하기로 예정된 미일 간 가이드라인 개정도 중국의 군사적 위협에 대응하기 위한 측면을 지나치게 강조하고 있다.

일본의 이 같은 대중 강경 대응의 기조는 미국의 대중 전략 및 한국의 동아시아 지역전략과 충돌할 수 있다. 미국 오바마 정부가 표방하는 아시아 중시전략(pivot to Asia)은 중국의 대국 부상에 대응하는 성격을 갖고 있긴 하지만, 중국에 대한 군사적 견제에만 중점을 두는 것은 아니고, 경제 및 외교 측면에서의 협력도 동시적으로 추진하는 양상을 보이고 있다. 시진핑 국가주석이 표방하는 '신형 대국 관계' 개념을 오바마 대통령이 부분적으로 수용한 것이, 미중 양국 간의 상호 의존적 측면을 잘 보여 주고 있는 것이다. 한국 박근혜 정부도 중국과는 '전략적 협력 동반자 관계'의 기조 하에서 경제는 물론, 외교안보 분야에서의 다원적 협력을 추진해 가고 있다. 그에 반해 일본의 대중 전략은 지나치게 군사적 견제의 측면에만 중점을 두고 있어, 궁극적으로 미국의 아시아 전략 및 한국의 동아시아 지역전략과 어긋날 가능성이 크다.[4]

결론적으로 아베 정부의 수정주의적 내셔널리즘 정책과 결부된 보통국가론적 외교안보정책은 한반도 및 동북아 안보질서에 부정적인 영향을 미치고 있다. 한일 및 중일 관계의 경색이 초래되고 있으며, 그러한 속에서 센카쿠를 둘러싼 중일 간의 대립은 역내의 군사적 긴장 고조로 이어지고 있다. 일본의 왜곡된 내셔널리즘 추구는 동아시아 지역의 불안정성에 이어질 수 있는 것이다. 이러한 시기일수록 한중일 3국 협력사무국과 3국 정상회담과 같은 다자간 회의체, 혹은 ARF나 APEC 등과 같은 아시아태평양 지역 다자간 회의체를 적극 활용하여, 역내 대화와 협력을 모색해 나가려는 노력이 필요하다.

4_그런 점에서 중국 내 일부 연구자들이 일본이 군사적 수단으로 미국을 유인하여 중국과 대항하게 하는 '폭력적 다원주의'를 버리고, '적극적 평화주의'의 슬로건에 부합되게, 중국 및 한국과도 관계를 개선하는 '평화적 다원주의'를 채택해야 한다고 제언하는 것은 일본에 대한 적절한 조언이라고 생각된다(Liu 2014).

참고문헌

김찬규. 2013. "일본의 집단적 자위권과 한미 관계." 『한국해양전략연구소 소식지』 55호 .

박영준. 2008. 『제3의 일본』. 서울: 한울.

박영준. 2011. "방위계획대강 2010과 일본 민주당 정부의 안보정책 전망." 『일본공간』 제9호. 서울: 국민대 일본학연구소.

박영준. 2012. "군사력 관련 규범의 변화와 일본 안보정책 전망." 『한일군사문화연구』 제14호. 서울: 한일군사문화학회.

박영준. 2013. "'수정주의적 보통국가론'의 대두와 일본 외교: 자민당 아베 정권의 재출범과 한반도 정책전망." 『한국과 국제정치』 제29권 제1호. 서울: 경남대학교 극동문제연구소.

박영준. 2014. "일본의 방위전략: 반군사주의(anti-militarism)에서 보통군사국가화(normal military state)로의 변화.", 박철희 외, 『동아시아 세력 전이와 일본 대외전략의 변화』 서울: 오름.

이승주. 2014. "중국의 부상과 일본의 21세기 외교전략: 보통국가의 다차원화." 『EAI국가안보 패널 보고서 64』. 서울: 동아시아연구원.

정진성. 1998. "일본의 신민족주의 운동:'자유주의 사관' 운동을 중심으로." 『국제·지역연구』 7권 3호.

조양현. 2014. "일본의 방위력 강화: '국가안보전략'과 '신방위계획대강' 채택" 『안보현안분석』 Vol. 91. 서울: 국방대학교 국가안전보장문제연구소.

최은봉. 2001. "일본 교과서 논쟁의 역사적 맥락과 정치적 의미." 『국제정치논총』 제41집 4호. 서울: 한국국제정치학회.

Cha, Victor. 2013. "Abe's military plans." *Korea JoongAng Daily,* August 1.

Choong, William. 2013. "Japan's New Politics." *Survival,* Vol.55, No.3 (June-July).

Hughes, Christopher W. 2009. *Japan's Remilitarization.* London: The International Institute for Strategic Studies.

Tepperman, Jonathan. 2013. "Japan is Back: A Conversation with Shinzo Abe." *Foreign Affairs,* July/August.

Liu, Jiangyong. 2014. "Japan playing false in bid to be normal." *Global Times,* January 23.

Samuels, Richard J. 2007a. Securing Japan: *Tokyo's Grand Strategy and the Future of East Asia.* Ithaca, N.Y.: Cornell University Press.

Samuels, Richard J. 2007b. "New Fighting Power!: Japan's growing Maritime

Capabilities and East Asian Security." *International Security*, Vol.32, No.3.
Sato, Yoichiro. 2014. "The Yasukuni Puzzle." *PacNet #5* (CSIS Pacific Forum, January 15).
Wang, Yi. 2014. "China's development makes for better world." *Global Times*, January 12.

安倍晋三. 2013.「新しい國へ」.『文芸春秋』(1월호).
安全保障の法的基盤の再構築に關する懇談會 會議錄. www.kantei.go.jp/jp/singi/anzenhoshou2/kaisai.html) .
石破茂. 2012.「安倍さんと日本を建て直す」.『文芸春秋』(11월).
五木寬之. 2011.『下山の思想』. 東京: 幻冬舍.
岡本三夫. 2005.『平和學は訴える』. 法律文化社.
海上保安廳. 2008.『海上保安廳レポート2008』東京: 海上保安廳.
北岡伸一. 1999.『日本の近代5:政党から軍部へ, 1924~1941』. 東京: 中央公論新社.
北岡伸一. 2013.「安全保障議論, 戰前と現代, 同一視は不毛」.『讀賣新聞』(9.22).
國家安全保障會議及び閣議決定. 2013a,「國家安全保障戰略について」(12.17).
國家安全保障會議及び閣議決定. 2013b. 「平成26年度以後に係る防衛計畵の大綱について」(12. 17)
酒井哲哉.. 1989.「『英米協調』と『日中提携』」. 近代日本硏究會.『年報近代日本硏究11:協調政策の限界』. 東京: 山川出版社.
佐道明廣. 2012.「日本の防衛体制は領土有事に機能するか」.『中央公論』(11月).
脇阪紀行. 2013.「斜陽ニッポンを嘆く前に」.『朝日新聞』(1月 3日).
領土·主權をめぐる內外發信に關する有識者懇談會. 2013.「戰略的發信の强化に向けて」(7.2).
日本閣議決定. 2013.「海洋基本計劃」(2013年 4月).

『동아일보』,『朝日新聞』, International New York Times, Global Times 등

4장

한국인의 통일에 대한 인식과 태도의 결정요인 분석

이내영

1. 서론

연초부터 통일에 대한 논의가 뜨겁다. 조선일보는 올해 1월 1일부터 29일까지 "통일이 미래다"라는 제목 아래, 남북통일이 한반도의 도약의 계기가 될 것이라는 대대적인 특집 기사를 게재하였다. 조선일보가 서울대 통일평화연구원, 고려대 아세아문제연구소에 의뢰해 한반도 통합 이후 변화상에 대해 예측한 결과에 따르면 남북한이 올해부터 상호 화해·교류·협력을 통해 점진적으로 경제·사회적 통합을 이뤄갈 경우 앞으로 16년 후인

---

* 이 논문은 『평화연구』 제22권 제1호(2014년 봄호)에 게재된 논문 "한국인의 통일의식의 결정요인: 새로운 분석모델의 모색"을 부분 수정한 것이다.

2030년엔 영국·프랑스 등 선진국을 제치고 G7 국가로 뛰어오를 것이라는 장밋빛 비전을 제시하고 있다. 조선일보의 통일 담론은 정부의 정책으로 이어졌다. 박근혜 대통령은 1월 6일 신년 기자회견에서 "나는 통일은 대박이라고 생각한다. 만약에 통일이 되면 우리 경제는 굉장히 도약할 수 있다고 본다."라고 주장하면서 적극적인 통일 준비의 필요성을 역설하였다. '통일대박론' 발언에 이어 박근혜 대통령은 2월 25일 취임 1주년을 맞아 '경제혁신 3년 계획 담화문'을 발표하면서 대통령 직속으로 '통일준비위원회'를 발족시켜 체계적이고 건설적인 통일의 방향을 모색해 나가겠다는 계획을 발표하였다.

한국의 대표적인 보수신문이 남북통일이 한국의 경제발전과 국가적 위상을 제고하는 기회가 될 수 있다는 적극적 통일 담론을 제시하고, 이어 보수 정부의 대통령이 '통일'을 핵심 국정 어젠다로 제시하는 이유와 배경이 무엇인가는 불분명하지만, 다음 두 가지로 추론할 수 있을 것이다. 첫째는 북한이 몇 년 안에 급변 사태 발생으로 붕괴될 가능성이 있다는 점을 감지하고 통일에 대한 적극적 준비의 시급성을 인식하고 있기 때문으로 볼 수 있다.[1] 둘째, 한국 경제의 성장 잠재력이 약화되고 새로운 경제 도약의 돌파구를 마련해야 하는 어려운 과제에 직면한 새 정부로서 북한과의 경제협력과 통일 한국을 경제 선진화의 기회로 여기는 새로운 패러다임을 제시한 것으로 볼 수 있다. 사실 김정은으로의 3대 세습이 마무리되었지만 전격적인 장성택 처형 과정에서 나타난 것처럼 북한체제의 불확실성이 커진

1_지난 해 12월 21일 남재준 국정원장이 송년회에서 "2015년에는 대한민국 체제로 조국이 통일돼 있을 것"이라고 말했다는 언론 보도는 북한의 급변 사태로 인한 통일의 가능성을 시사한 발언이라고 볼 수 있다. 『동아일보』 2013/12/27.

상황에서 한국 정부와 사회가 북한의 변화를 주시하면서 통일을 적극적으로 준비하는 담론과 정책을 제시한 것은 다행스러운 일이라고 평가할 수 있다. 또한 통일에 무관심하거나 부정적 인식을 갖고 있던 많은 국민들에게 통일에 대한 비전과 적극적 자세를 갖게 하는 계기를 마련한 점도 긍정적으로 평가할 수 있다.

그럼에도 불구하고 이러한 정부의 적극적 통일론이 정치권의 지지를 얻고 국민적 공감대를 형성할 것이라고 예상하기는 어렵다. 우선 민주통합당 등 야권과 진보진영은 대통령의 소위 '통일대박론'이 통일이라는 목표만 강조했지 통일에 이르는 과정과 정책은 제시하지 않고 있다고 비판하고, 이는 박 대통령이 북한의 붕괴를 전제로 한 흡수통일을 염두에 두고 있기 때문이라고 보고 우려의 시선을 보내고 있다.[2] 이들은 남한 주도의 흡수통일은 남한에도 감당하기 힘든 경제적 부담이 될 수 있고 이 경우 통일은 자칫 '대박'이 아닌 '쪽박'이 될 수도 있다고 주장한다. 또한 야권과 진보진영은 남한 주도의 흡수통일은 국제정치적 역학을 고려하면 현실적으로도 쉽지 않다는 점을 지적한다. 따라서 야권과 진보진영은 북한의 급변 사태로 인한 흡수통일을 염두에 둔 통일 담론은 바람직하지 않고, 북한과의 대화와 협상을 통한 점진적 통일을 추진해야 한다고 주장한다. 또한 야권과 진보진영은 통일 업무의 주무부서인 통일부와 별도로 대통령 직속으로 '통일준비위원회'를 발족하는 계획과 그 동안 통일에 상대적으로 높은 관심을 보였던 야당이나 진보적 시민단체와의 협의나 의견 수렴의 과정이 없이 대

2_대표적으로 한겨레신문은 2월 17일부터 "박근혜 정부, 통일대박론을 넘자"라는 제목으로 2주에 걸쳐 기획연재를 하면서 통일대박론에 대한 진보진영의 비판과 대안을 제시하였다.『한겨레』 2014/2/17~2014/3/3.

통령이 직접 통일 업무를 주도하는 것에 대한 비판적인 시각도 제시되고 있다.

야권과 진보진영의 우려와 비판보다 대통령이 제기한 적극적인 통일 담론이 직면한 가장 큰 장애물은 냉담한 국민 여론이다. 여론조사에서 확인된 일반국민의 북한과 통일에 대한 태도는 정부의 인식과는 상당한 인식의 차이를 보이고 있기 때문이다. 우선 통일에 대한 국민적 열망과 지지가 하락하는 추세를 보이고 있다. 여러 기관에서 수행한 통일의식조사에서 일관되게 확인되는 일반국민의 통일에 대한 태도와 인식은 과거에 비교하여 통일의 필요성에 대한 공감대가 하락했고 통일의 현실적 가능성에 대해서도 회의적인 태도가 증가한 것이 현실이다. 조선일보·미디어리서치의 작년 12월 28~29일 조사 결과는 "남북통일이 하루빨리 이뤄져야 한다"는 응답 비율은 19.9%로 1994년 한국갤럽 조사 때의 40.9%보다 절반 이하로 줄었다. 반면 "통일보다는 현재대로가 낫다"는 응답은 16.8%로 1994년 7.0%에 비해 9.8%포인트나 늘었다. 통일에 대한 냉담한 태도가 늘어난 주요 이유는 통일로 인한 경제적 부담과 사회적 혼란이 커질 것에 대한 우려 때문인 것으로 조사되었다.[3]

통일의 당위성과 가능성에 대한 회의적 태도가 증가하는 추세와 더불어, 통일에 대한 공감대가 형성되기 어려운 또 다른 이유는 통일의 필요성과 추진 속도, 통일 방식 등에 대해 연령, 이념 성향, 지지 정당별로 뚜렷한 태도의 차이가 나타나고 있기 때문이다. 다양한 통일 관련 여론조사에서 지속적으로 발견되는 현상은 젊은 세대일수록 통일에 대한 냉담한 태도를

3_"잊혀 진 통일의 꿈 살리자 - 국민 통일의식 여론조사." 『조선일보』 2014/1/2.

보이고 통일보다는 현재대로 사는 것이 좋겠다는 태도가 높고, 여성이 남성에 비해 통일에 대한 회의적 태도가 높고, 보수 성향의 국민일수록 통일의 당위성과 현실 가능성에 대해 부정적이라는 점을 보여 준다. 즉 북한과 통일 문제를 둘러싼 남남갈등이 지속되고 있기 때문에, 정부의 대북정책과 통일정책에 대해 국민적 합의를 이끌어 내기가 어려운 것이 현실이다.

본 논문의 목적은 서울대 통일평화연구원이 2007년부터 매년 조사한 통일의식조사 데이터 분석을 통하여 한국 국민의 통일에 대한 열망의 강도와 통일의 실현 가능성에 대한 낙관적 혹은 비관적인 태도가 어떻게 변화했는가를 살펴보고, 이러한 통일에 대한 태도를 결정하는 주요 요인을 분석하는 것이다. 본 논문은 다음과 같은 학술적, 정책적 기여를 할 수 있을 것으로 기대된다. 우선 학술적으로는 그 동안 국민들의 통일의식과 태도에 대한 많은 조사 연구와 분석이 있었지만 통일의식의 변화와 균열 양상을 설명하는 분석적인 연구는 제한적이었다. 기존의 통일에 대한 여론조사들은 대부분 통일에 대한 태도의 변화를 기술하거나 인구사회학적 집단별로 통일에 대한 태도의 차이를 분석하는 데 치중하여 왔고, 기존 연구들 가운데서도 통일에 대한 국민들의 태도의 결정요인에 대한 체계적이고 이론적인 연구는 많지 않았다. 본 논문은 우선 국민들의 통일에 대한 인식과 태도를 결정하는 다양한 이론적 모델을 제시하고 경험적 자료를 통해 검증할 것이다. 이를 통해 국민들의 통일에 대한 인식과 태도를 설명하는 종합적이고 이론적인 분석틀을 제시하고자 한다. 또한 기존의 통일의식에 대한 연구들이 특정한 연도의 여론조사 자료를 분석하는 데 비해, 본 논문은 2007년부터 2013년까지 7년간의 서울대 통일평화연구원의 통일의식조사 데이터를 통합(pooling)하여 통일의식의 결정요인을 분석하였다는 점에서 기존 연구와 차별성을 갖는다.

또한 본 논문의 경험적 분석을 통해 정책적인 함의도 얻을 수 있을 것으로 기대한다. 대북정책과 통일 문제는 한국 사회의 이념적 갈등의 주요 원천의 하나이며 주요 정당의 정책 선호에서도 뚜렷한 차이가 나타나는 영역이었다. 따라서 통일정책을 둘러싸고 대립과 갈등, 소위 남남갈등이 지속되어 왔다. 이러한 상황에서 통일에 대한 국민적 합의를 도출하기 위해서는 누가, 왜 통일에 대해 긍정적인 혹은 부정적인 태도를 가지는가를 정확하게 이해할 필요가 있다. 본 논문이 수행하는 통일에 대한 국민들의 인식을 결정하는 주요 변수들에 대한 경험적 분석의 결과를 통해 다수 국민들의 지지를 받을 수 있는 통일정책의 방향을 모색하는데 기여할 수 있을 것으로 기대한다.

2. 기존 연구와 이론적 논의

남북한 통일은 한국의 국가적 과제로 인식되어 왔기 때문에, 통일과정, 통일정책, 통일의 경제적 편익과 비용, 통일 이후의 남북한 통일 방안에 관한 연구 등에 관해 많은 연구들이 수행되어 왔다. 국민들의 통일에 대한 의식과 태도에 대해서도 많은 조사 연구가 수행되어 왔다. 우리 사회에서 통일의식을 측정하려는 조사들은 여러 기관들을 통해 다양하게 이루어지고 있다(통일평화연구원 2013; KBS 남북협력기획단 2013; 동아시아연구원 2010; 민주평화통일자문회의 2011; 현대경제연구원 2012).[4] 그러나 2000년까지의 통일의식 조사들은 유사한 문항을 사용하지만 표현 및 척도가 동일하지 않은 문항을 사용하여 시계열적 비교 분석에 어려움이 컸었다. 다행스럽게도

2000년 이후 통일연구원의 조사나 서울대 통일평화연구원의 통일의식 조사 등은 동일한 설문 문항을 매해 조사에서 반복 실시하여 양질의 시계열 자료를 제공하여 왔다(은기수 2010).

국민들의 북한과 통일에 대한 인식과 태도에 대한 체계적인 조사가 이루어지고 있지만 국민들의 통일의식에 대한 이론적이고 분석적인 연구들은 제한적이다. 대부분의 통일의식 조사 자료들은 국민들의 통일에 대한 인식과 태도의 변화 양상을 기술하는 데 그치거나, 통일의식이 인구사회학적 집단에 따라 어떠한 차이를 나타내는가에 비교하는 데 머물고 있다. 즉 대다수 기존 연구들은 통일의식의 시계열적 변화를 설명하거나 성별, 연령, 소득, 학력, 지역 등 인구사회학적 변수들에 따라 통일의식의 차이를 분석하여 왔다. 인구사회학적 집단별로 통일의 당위성, 통일 방식, 통일비용 등에 대한 인식의 격차를 보여 주는 것은 우리 사회의 통일을 둘러싼 균열 양상을 보여 준다는 점에서 필요하고 유용한 작업이지만 이론적 차원에서 여전히 불완전한 접근법이다. 우선 우리 사회의 인구사회학적 변화가 급격하게 나타나는 것이 아니기 때문에 인구사회학적 변수들만으로는 시간에 따른 통일의식의 부침(fluctuation)을 설명하기 어렵다. 둘째, 인구사회학적 변수가 통일에 대한 태도에 어느 정도 영향을 미치는 점은 분명하지만, 같은 세대와 성별, 학력 집단 내에서도 통일에 대한 인식과 태도가 상이하게 나타난다는 점을 고려하면 인구사회학적 변수들만으로는 국민들의

4_국민 여론조사를 바탕으로 한 통일의식 연구가 본격적으로 이루어지기 시작한 것은 1990년대에 들어와서이다. 탈냉전의 도래로 남북한 간의 고위급회담이 활발히 전개되면서 남북기본합의서, 비핵화 선언 등의 성과가 있었다. 또한 1998년 김대중 정부의 햇볕정책으로 남북한 간 다방면에서 교류 협력이 활발하게 진행되면서 국민적 차원의 통일의식에 대한 조사 연구가 활성화되었다(정은미 2013).

통일에 대한 태도의 변화와 균열 양상을 설명하기는 어렵다. 예를 들면 많은 기존 연구들에서 세대별로 북한과 통일에 대한 태도의 격차가 나타나는 현상을 지적하고 이에 대한 우려가 제기되고 있지만, 젊은 세대가 통일에 대한 열망이 약하고 통일에 대해 회의적인 태도를 보이는 원인에 대한 설득력 있는 설명을 기존 연구들은 제시하지 못하고 있는 실정이다.

요약하면 국민의 통일에 대한 인식과 태도를 추적하는 많은 조사와 기존 연구들이 수행되었지만, 국민들의 통일의식의 변화를 초래하는 주요 요인이 무엇인가는 여전히 불확실하고 이에 대한 심도 있는 학술적 논쟁도 본격적으로 이루어지지 않았다. 물론 국민들의 통일에 대한 조사 자료와 정교한 통계 기법을 활용하여 통일 관련 국민 여론의 구조적 특성을 이해하려는 학문적 시도도 적지 않았다(박명규·이상신 2011; 이상신 2013). 이러한 연구들 가운데서도 이성우(2012)의 연구는 통일에 대한 여론의 구조적 특성을 이해하기 위하여 인간의 인식에 구조적인 위계가 존재한다는 스키마이론(schema theory)에 근거하여 정교한 통계 분석 방법론의 하나인 구조방정식 모델을 적용하여 통일과 관련된 의식들 사이의 위계적 상호관계를 설명한 점에서 매우 유용한 시도이다. 또한 남한 국민만이 아니라 북한 주민으로 확대하여 통일의식을 비교하는 연구도 최근에 이루어지고 있는 점은 고무적이다(정은미 2013).[5]

5_정은미(2013)의 연구는 남북한 주민 간 통일의식의 공통점과 차이점, 그리고 통일의식의 형성과 변화에 영향을 미친 주요 요인들을 서울대학교 통일평화연구원이 2011년~2013년에 실시한 『통일의식조사』와 『북한이탈주민 의식조사』를 통해 분석하고 있다. 이 연구는 통일의 파트너인 북한 주민의 통일의식이 어떠하며 남한 주민의 통일의식과 어떤 차이점과 공통점이 있는지를 파악한다는 점에서 정책적으로나 사회적으로 의미 있는 연구라고 평가할 수 있다.

본 연구는 한국 국민들의 통일에 대한 인식과 태도가 연도별로 상당한 변화를 나타내고, 사회 집단에 따라 상당한 균열의 양상을 보이는 현상을 이해하고 설명하기 위해서는 통일의식에 영향을 미치는 사회심리적, 정치적 요인들을 포함한 종합적인 이론적 접근이 필요하다는 문제의식에서 출발한다. 따라서 본 연구는 인구사회학적 변수들 이외에, 통일에 대한 국민의식에 영향을 미치는 이념 성향, 정당 지지 등의 정치 성향 요인과 사회심리적 요인, 경제적 요인 등을 포함한 종합적인 통일의식의 분석 모형을 제시하고 검증하려는 시도이다. 보다 구체적으로 이 논문에서는 국민들의 통일의식에 영향을 미치는 결정요인에 관해 네 가지 이론적 시각을 제시하고 이 네 가지 시각에서 주요 변수들을 종합하여 분석 모델을 제시할 것이다.

1) 인구사회학적 시각

우선 인구사회학적 요인들로서 연령, 성별, 학력, 소득, 지역 등의 변수들을 포함할 것이다. 이미 다수의 기존 연구들이 연령, 성별, 학력 등 인구사회학적 요인에 따라 통일에 대한 태도가 달라지는 결과를 보여 주었다. 특히 통일의식 조사의 주요 결과들은 통일에 대한 태도가 젊은 세대와 나이 든 세대 사이에 격차가 나타나는 점을 보여 주고 있다. 즉 우리 사회의 20대가 전반적으로 북한에 대한 관심과 이해 수준이 낮고, 남북한 통일에 대해서도 점차 무관심해지고 있다. 또한 통일 문제를 당위적 감정적 차원보다는 실리적 이성적 차원에서 접근하는 경향이 점차 강해지고 있다는 점을 보여 준다. 이러한 배경 아래서 청소년과 대학생의 통일의식을 분석한 다수의 연구들이 수행되었다(변종헌, 2012; 권영승·이수정, 2011). 이 연구들은 공통적으로 젊은 세대의 통일에 대한 무관심과 회의적 태도를 우려하면서 이들의 통일에 대한 의식을 제고하기 위한 통일 교육의 방향을 제시한다. 그러나 이 연구들은 대부분 나이 든 세대와 비교하여 젊은 세대의 통일에 대한 무관심과 회의적 태도를 지적할 뿐 어떤 요인이 젊은 세대의 통일에 대한 태도에 영향을 미치는가에 대한 설득력 있는 분석을 제시하는 연구는 제한적이다. 예외적으로 변종헌(2012)는 20대가 통일에 대해 무관심하고 통일에 대해 실용적인 태도를 가지는 이유로 북한과 통일 문제를 둘러싼 남남갈등과 평화적 분단 관리 패러다임의 영향이라는 두 가지 요인을 제시하고 있다.[6] 그 결과 통일 비전이 불투명해지고 통일과정에서 우리의 주도권에 대한 자신감이 약화되면서 통일에 대한 관심과 의지도 사라지는 결과를 낳게 되었다고 주장한다. 그러나 변종헌이 젊은 세대의 통일에 대한 무관심의 이유로 언급한 두 요인은 경험적 분석을 통해 검증하거나 도출한 요인이 아니라, 사후적 추론으로 제시된 것이기 때문에 실제로 이 두 요인이 젊은 세대의 통일의식을 약화시켰는가에 대한 경험적 근거가 제시되지 않은 추론이라는 점에서 한계가 있다. 또한 기존의 통일 여론조사들은 통일의 당위성과 실현 가능성에 대해 남성과 여성 사이의 격차가 크다는 점을 보여 주고 있지만, 그 이유에 대한 구체적 설명은 제시되지 않고 있는 실정이다. 결국 인구사회학적 시각은 국민들의 통일에 대한 인식과 태도의 변화와 사회 집단별 균열의 양상을 분석하는 유용한 접근이지만 이

6_변종헌은 기존의 분단 관리 패러다임은 통일이 단계적이며 점진적인 장기적 과정을 거쳐 이루어진다는 가정하에 한반도의 평화 정착을 중시하고 남북한 간의 화해와 협력의 선행을 강조하면서 통일 문제는 가급적 먼 미래의 일로 미루어 놓고 경제 사회 분야에서 교류와 협력의 양적 확대를 남북 관계 발전의 지표로 간주하였다고 지적한다.

론적으로 불충분하고 따라서 다른 이론적 시각에 의해 보완될 필요가 있다고 평가한다.

2) 정치 성향 시각

정치 성향 시각은 국민들의 통일에 대한 인식과 태도의 결정요인으로 개인의 이념 성향과 정당 지지 성향에 주목한다. 많은 기존 연구들은 한국 사회의 이념 성향에서 북한에 대한 인식이 큰 차이를 나타낸다는 점을 보여 주고 있다. 또한 한국의 정당정치가 북한과 통일을 둘러싸고 상당한 대립과 갈등을 보여 왔기 때문에 정당 지지 성향에 따라 북한과 통일에 대한 태도에서 차이가 나타날 것으로 예상할 수 있다. 우리 사회는 2000년을 전후로 남북한 관계나 통일 문제를 둘러싼 인식 내지 접근 방법의 차이가 노정되면서 남남갈등이 지속되고 있다(박선원 2002). 이러한 상황에서 남북한 관계 개선과 통일 논의를 위한 사회적 토대가 취약해졌고 그만큼 통일 방안이나 통일정책을 추진할 수 있는 동력 또한 약화되고 있다(변종헌 2012). 김대중 정부가 햇볕정책을 추진해 온 이후 민주통합당과 민주노동당, 진보통합당으로 이어진 진보정당은 북한에 대한 유화정책을 선호하여 온 반면, 한나라당을 비롯한 보수정당은 햇볕정책에 대해 부정적이었고 강경한 대북정책을 선호하여 왔으며, 북한을 통일의 파트너로서보다는 한국의 안보를 위협하는 적대세력으로 인식하여 왔다. 따라서 보수진영은 적극적 통일론을 제시하기보다는 북한의 인권 침해에 대해 집중적인 관심을 보이고, 북한에 대한 압박을 통한 북한체제의 붕괴를 선호하는 태도를 보여 왔다. 물론 최근 보수진영 일부에서 북한체제의 붕괴 가능성을 염두에 두고 통일에 대한 적극적 준비에 나서야 한다는 견해가 제시되어 왔지만, 그 동안 보수진영이 진보진영에 비해 통일에 대해 부정적이거나 소극적 태도를 보여 왔다는 점은 부인할 수 없다.

반면 한국의 진보진영은 북한체제와 북한 주민을 동포 혹은 이웃으로 여기고 남북 대화의 개선을 통해 평화 공존의 틀을 만들어서 통일을 달성한다는 장기적이고 점진적인 통일 방식을 선호하는 경향을 보여 왔다. 따라서 진보세력 일부에서는 최근 박근혜 정부에서 제기하는 통일대박론이 북한체제의 붕괴를 전제로 한 흡수통일의 추구로 보고 경계심을 가지고 있는 것이 사실이다. 그럼에도 불구하고 전체적으로 보면 한국의 진보진영이나 진보 성향의 국민들의 북한과의 교류 협력과 통일에 대한 열망이 상대적으로 크고 적극적인 태도를 보여 왔던 것이 사실이다. 따라서 국민들의 이념 성향과 지지 정당 성향이 통일의 당위성, 실현 가능성, 통일 방식 등 통일에 대한 인식과 태도에 미친 영향을 검증할 필요가 있을 것이다.

3) 민족 정체성 시각

통일에 대한 국민의 태도를 설명하는 또 다른 이론적 자원이 민족 정체성(national identity) 시각이다. 민족 정체성 시각은 한국 국민들의 통일에 대한 태도에 영향을 미치는 요인으로 북한과의 민족 정체성 혹은 정서적 유대감에 주목한다. 즉 북한을 우리 민족 공동체의 일원으로 보느냐 여부가 통일에 대한 국민들의 태도에 영향을 미친다고 본다. 대체로 한국인들은 오랫동안 혈연, 언어, 문화적 동질성을 공유한 '단일민족'이라는 개념을 당연하게 받아들일 만큼 강한 민족 정체성을 가지고 있었고 북한 동포에 대해서도 언어와 문화를 공유한 민족적 유대감을 강하게 유지하고 있었다. 특히 나이든 세대는 우리의 소원은 통일이라는 구호처럼 남북통일을 민족적 숙원 사업으로 여기는 태도를 가지고 있다. 시민단체와 종교계의 북한과의 교류 협력과 통일운동의 논리도 이러한 민족 정체성 시각에 기반하고 있다. 실제로 서울대 통일평화연구원의 조사에서도 통일이 필요한 이유에 대해 같은 민족이니까 통일이 필요하다는 응답이 가장 높은 비율을 유지해 왔다(통일평화연구원 2013, 30-33). 즉 북한 혹은 북한 주민을 혈연적 유대와 언어를 공유한 민족 공동체의 일원으로 보는 사회심리적 요인 혹은 정서적 요인이 통일에 대한 태도에 큰 영향을 미쳐 왔다. 즉 북한에 대한 강한 민족적 유대감을 가지는 국민일수록 통일의 필요성을 강하게 느끼고 통일에 대해 적극적 자세를 가질 것으로 예상할 수 있다.

그러나 60년 이상 장기화된 분단체제 아래서 남북한 사이의 이념, 정치체제, 문화 이질감이 커지면서 북한에 대한 민족적 동질감과 유대감은 약화되어 왔다.[7] 특히 지난 10여 년간 북한이 핵 개발을 추진하고 남한에 대한 군사적 도발을 멈추지 않으면서 북한에 대한 동질감은 약화되고 우리를 위협하는 경계 대상 혹은 적대 대상의 이미지가 커져왔다. 특히 젊은 세대일수록 북한에 대한 유대감이 약화되어 왔고, 북한 동포는 동포와 이웃이

7_국가 정체성은 국가의 구성원들이 공유하는 국가에 대한 일체감을 의미한다. 한국은 혈연, 언어 문화적 동질성에 기반한 강한 민족 정체성을 가지고 있었지만 민족적 동질감에 기초한 한국인의 정체성이 흔들리는 추세가 나타나고 있다. 우선 외국 국적을 가진 한국인들이 증가하고, 동시에 한국 사회에서 외국인들이 한국 국적을 취득한 수가 급속하게 늘어나면서 민족적 동질성을 기준으로 한국인의 경계를 설정하는 태도는 약화되고 국적 소유 여부나 법의 준수 등 근대적 의미의 국민 정체성이 강화되는 경향을 보인다. 이 점에서 한국인의 정체성은 현재 대한민국의 국민이자 시민으로서 갖는 정체성이면서, 동시에 민족의 구성원으로서 갖는 정체성이 중첩된다. 이에 대해서는 이내영(2011) 참조.

아니라 적 혹은 남이라는 인식이 커져 왔다(이내영 2011). 따라서 대부분의 한국인들은 북한의 존재에 대해 이중적이고 모호한 태도를 가지고 있다.[8] 핵무기를 개발하고 군사적 도발을 통해 한국의 생존을 위협하는 적대국가로서의 북한과 한국인과 동일한 민족으로 이루어진 북한이라는 이중성으로 인해 대다수 한국인들은 북한에 대해 상충적인 태도를 가지고 있다. 한국인들이 북한과 북한 동포에 대해 상충적 태도를 가지고 있는 만큼 통일에 대한 생각도 대립적이고 분열된 의견이 표출되고 있다고 볼 수 있다.[9]

4) 기대이익 시각

통일에 대한 국민의 태도를 설명하는 또 하나의 이론적 자원은 합리적 선택이론의 전통에 있는 기대이익(expected benefit) 시각이다. 합리적 선택이론의 관점은 개별 국민이 통일에 대해 갖는 인식과 태도는 통일로 인해 기대되는 이익과 상관성이 높다고 본다. 즉 기대이익 시각에서는 통일로

8_김태현과 그의 동료들(2003)은 한국인들이 북한에 대하여 통일의 대상인 형제이자 대치하는 적이라는 이중적 이미지를 가지고 있다고 주장하고 이를 각각 민족주의적 성향과 현실주의적 성향으로 나눈 뒤 이 두 가지 성향의 강약의 조합에 따라 (1) 동포의 이미지는 약하고 적의 이미지가 강한 경우 현실주의자(21.3%), (2) 적의 이미지는 약하고 동포의 이미지가 강한 경우는 민족주의자(22.5%), (3) 동포의 이미지와 적의 이미지 둘 다 강한 사람은 보통사람(52.4%), 그리고 (4) 둘 다 약한 사람은 냉소주의자(3.8%)로 분류하고 회귀분석을 통하여 이러한 상이한 북한에 대한 인식을 결정하는 인구사회학적 요인들을 파악하려 하였다.

9_이 점에서 북한과 통일 문제는 한국인에게 정체성의 혼돈을 초래하는 주요 요인으로 작용하고 있다. 한국과 전쟁을 치루고 군사적 도발을 일삼는 국가로서의 북한과 한국인과 동일한 민족으로 이루어진 북한이라는 이중성으로 인해 대다수 한국인들은 북한에 대해 상충적인 태도를 가지고 있다.

인한 이익이 크다고 여기는 국민일수록 통일의 필요성을 강하게 느끼고 통일에 대해 적극적 태도를 가질 것이라고 예상한다. 이러한 시각에서 보면 최근 통일에 대해 소극적인 태도가 증가한 주요 이유의 하나가 소위 통일비용에 대한 우려 때문이라고 볼 수 있다. 지금까지 국내외에서 다양한 통일비용 추계가 있었지만, 통일의 시기, 방법과 비용 추산 방법은 연구에 따라 상이하고 그 결과 통일비용의 규모도 천차만별이다. 2010년 KDI가 추정한 통일비용을 보면 점진적 통일이 이루어질 경우 30년간 약 3,200달러인 반면, 북한의 급변 사태로 인한 흡수통일이 일어날 경우 30년간 총 2조 1,400억 달러가 소요될 것으로 전망하여 통일이 실현되는 방식에 따라 통일비용에서 큰 차이가 나타나는 것으로 추정했다(염명배·유일호 2011). 통일의 경제적 효과에 대한 기존 연구들과 미디어의 보도는 대체로 통일비용을 지나치게 강조함으로써 오히려 국민에게 통일에 대한 부정적인 인식을 확산시키는 경향이 있었다.[10] 그러나 그 동안의 통일비용에 대한 논의를 비판하면서 통일이 경제적 부담이 아니라 한국 경제에 새로운 기회가 될 것이라는 새로운 관점들이 제기되어 왔다(임현진·정영철 2011; 이석 2012; 신창민 2010). 이러한 연구들의 공통된 주장은 통일의 비용과 편익에 대한 계산을 위해서는 통일 이후 경제통합을 위한 비용뿐만이 아니라, 분단이 지속되는 경우 지불해야 하는 안보비용과 통일 실현으로 예상되는 경제적 기회를 균형 있게 고려해야 하며, 이러한 관점에서 통일의 경제적 효과를 계산하면 통일로 인한 기대이익이 비용을 능가한다고 주장한다. 이러한 시각을 대표하는 학자가 서울대 박세일 교수의 선진화 통일론이다. 박 교수는 분단이

10_이에 대해서는 다음의 안두순(2011)의 논문을 참조.

고착화되면 대한민국은 세계의 변방국가로 추락하지만, 대한민국이 통일을 주도하게 되면 대한민국이 선진 일류국가가 될 수 있기 때문에 "통일은 축복이자 대한민국의 블루 오션이다."라고 주장한다(박세일 2013).

그러나 통일의 경제적 효과에 대한 낙관적 관점에도 불구하고 여전히 상당수 국민들은 통일의 경제적 효과에 대해 여전히 매우 부정적인 견해를 가지고 있다는 점이 많은 조사 결과는 보여 주고 있다. 또한 소득, 교육수준, 연령대에 따라 통일로 인한 기대이익에 대한 평가에서 상당한 격차가 있다. 본 논문이 활용하는 서울대 통일평화연구원의 〈통일의식조사〉는 통일에 대한 기대이익을 남한 사회에 대한 이익과 자신에 대한 이익으로 나누어 묻고 있다. 통일로 인해 국가 이익과 개인의 이익이 동시에 크거나 적다고 인식할 수도 있지만, 두 차원을 분리하여 인식할 수도 있다. 통일로 인한 국가 이익과 자신의 이익이 크다고 여길수록 통일의 필요성을 강하게 느끼고 통일의 실현 가능성에 대해 낙관적 태도를 가질 것으로 예상할 수 있다.

위에서 논의한 네 가지 이론적 논의의 맥락에서 아래의 여섯 가지 연구가설을 설정할 수 있다.

- 가설 1: 젊은 세대는 나이든 세대에 비해 통일의 당위성을 약하게 느끼고 통일의 실현 가능성에 대해서도 비관적일 것이다.
- 가설 2: 남성은 여성에 비해 통일의 당위성을 강하게 느끼고 통일의 실현 가능성에 대해서도 낙관적일 것이다.
- 가설 3: 진보 성향의 국민들이 보수 성향의 유권자들에 비해 통일의 당위성을 강하게 느끼고 통일의 실현 가능성에 대해 낙관적일 것이다.
- 가설 4: 진보정당 지지자들이 보수정당 지지자들에 비해 통일의 당위성을 강하게 느끼고 통일의 실현 가능성에 대해 낙관적일 것이다.

- 가설 5: 북한 혹은 북한 주민에 대한 강한 민족적 유대감을 가지는 국민일수록 통일의 당위성을 강하게 느끼고 통일의 실현 가능성에 대해 낙관적일 것이다.
- 가설 6: 통일로 인한 이익이 크다고 여기는 국민일수록 통일의 당위성을 강하게 느끼고 통일의 실현 가능성에 대해 낙관적일 것이다.

3. 경험적 분석

1) 데이터

본 연구에 사용하는 기본 데이터는 서울대학교 통일평화연구원이 2007년부터 2013년까지 수행한 〈통일의식조사〉이다. 동아시아연구원이 2005년과 2010년 수행한 국가 정체성 여론조사 데이터도 참고자료로 활용할 것이다. 통일평화연구원의 통일의식 조사 자료는 다양한 통일의식 조사 가운데에서도 조사 설계와 문항이 2007년 첫 조사 이래 큰 변동이 없이 연속성을 가지고 있기 때문에 통일의식에 관해서는 가장 권위가 있고 유용한 시계열 자료이다. 또한 다른 기관들과는 달리 모든 데이터들을 사회과학자료원에 제공하여 연구자들이 쉽게 활용할 수 있도록 공개한 점도 큰 학술적 기여라고 평가한다. 본 연구에서는 통일의식의 변화 추이를 분석하는 목적을 위해서는 2007년부터 2013년까지의 시계열 데이터를 모두 활용하였지만, 국민들의 통일에 대한 인식과 태도의 결정요인을 분석하는 회귀분석에서는

2010년, 2011년, 2012년까지의 데이터를 통합(pooling)하여 사용하였다. 그 해에 수행된 조사 자료를 바탕으로 통일의식을 분석하는 대다수의 통일의식 조사 보고서나 언론의 조사 보도와 달리 본 연구에서 3년간의 데이터를 pooling해서 연구를 진행한 이유는 북한에 대한 국민들의 태도가 북한의 내부 변화와 남북 관계의 진전에 따라 상당한 부침(fluctuation)이 있기 때문에 통일의식의 결정요인을 파악하기 위해서는 1년의 조사 자료보다 다년간의 자료를 활용하는 것이 보다 안정적인 분석적 결과를 얻을 수 있다는 판단 때문이다. 서울대 통일평화연구원에서 공개한 2007년부터 2012년까지의 6년간의 데이터를 모두 pooling하려고 했지만, 일부 핵심 변수(지지정당)가 2007~2009년 자료에서 누락되었기 때문에 3년의 자료만을 pooling하여 활용하였다. 이 조사 자료는 매년 약 1,200명 정도의 조사 표본을 지역, 연령, 성별을 기준으로 다단층화 무작위 추출법(multi-stage stratified sampling)을 통하여 확보하였고 연도별로 약간의 편차가 있지만 약 150문항을 가지고 대인 면접조사를 통해 조사되었다.

2) 종속변수

본 연구의 경험적 분석에 동원된 종속변수는 통일의 당위성과 통일의 실현 가능성에 대한 인식 변수 두 가지이다.

(1) 통일의 당위성 인식

통일의 당위성에 대한 인식 변수는 "남북한 통일이 얼마나 필요하다고 생각하십니까? 혹은 필요 없다고 생각하십니까?" 문항을 사용하였다. "매우 필요하다"와 "약간 필요하다"라는 응답을 합한 통일의 필요성에 대한 공감하는 비율은 2007년 이후 모든 조사에서 50% 이상을 차지하면서 안정적인 추세를 보여 주고 있다. 그러나 통일이 불필요하거나 "반반/그저 그렇다"라고 대답한 응답자의 비율도 꾸준히 40% 이상을 차지하는 것으로 나타나서 통일이 반드시 이루어야 할 국가적 핵심 과제라는 공감대가 강하게 형성되어 있다고 보기는 어렵다(민족통일연구원 2013, 26-27).

무엇보다 우려스러운 결과는 통일의 당위성 혹은 통일에 대한 열망이 세대별, 성별로 뚜렷한 균열(cleavage) 양상을 보이고 있다는 점이다. 우선 '통일의 필요성'에 대해 세대 간 격차가 매우 크게 나타나고 있다. 특히 우려되는 점은 20대와 30대의 '통일의 필요성'에 대한 태도가 타 연령대에 비해 현저하게 낮다는 점이다. 20대와 30대 평균은 모두 전체 평균 55%보다 밑에 있으며, 특히 20대의 경우 '통일의 필요성'에 대해 긍정적인 비율이 40.4%에 불과하다.

또한 여성과 남성의 '통일의 필요성'에 대한 공감 정도가 매우 현저한 격차를 가지고 있다는 점도 주목할 만하다. 남성의 평균이 63.6%인 반면, 여성은 45.7%에 불과했고, 통일이 필요하지 않다는 의견을 가진 비율이 남성은 19.1%인 반면, 여성은 28.4%에 달했다. 학력별로는 중졸 이하의 국민들이 통일의 필요성에 대해 가장 높은 공감을 보이고 있고(60.5%), 고졸 학력을 가진 국민들이 가장 낮은 공감을 보였다(51.7%). 이념 성향별로 살펴보면 진보 성향 국민들이 중도나 보수 성향에 비해 통일이 필요하다는 비율이 높았고(64.9%), 보수 성향 국민들은 통일이 필요하지 않다고 응답한 비율이 30.5%로 가장 높았다.

그림 4-1 | 통일의 당위성에 대한 인식의 변화

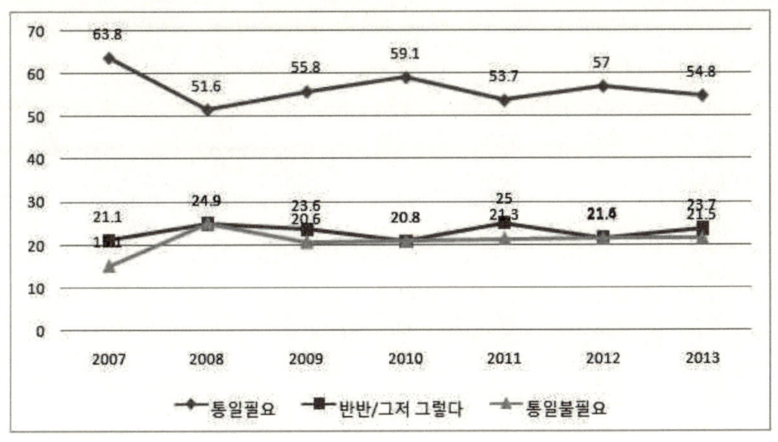

출처: 서울대 통일평화연구원(2014), 〈2013 통일의식조사〉

(2) 통일의 실현 가능성에 대한 인식

두 번째 종속변수는 통일의 실현 가능성에 대한 인식으로 "통일이 언제쯤 가능하리라고 생각하십니까?"라는 문항을 사용하였다. 〈표 4-2〉는 통일이 5년 이내에 가능하다는 낙관적 인식부터 불가능하다는 비관적인 인식까지 통일의 시기에 대한 견해가 다양하게 나누어져 있고 시간에 따라 상당한 변화를 보이고 있음을 보여 준다. 통일 가능 시기에 대한 여론의 추이를 살펴보면, 뚜렷한 특징은 2007년 이후 시간이 지날수록 통일이 가능한 시기가 늦추어지거나 불가능하다는 비관적 인식이 꾸준히 늘어나고 있다는 점이다. 2013년 조사에서는 통일이 불가능하다는 견해가 대폭 상승하여 가장 높은 비율인 25.8%를 차지했고 20년 이내 가능하다는 응답이

표 4-1 | 연령, 성별, 이념 성향별 통일의 당위성에 대한 인식, 2013년

	매우 필요	약간 필요	반반/ 그저 그렇다	별로 필요하지 않음	전혀 필요하지 않음	계
전체	23.6%	31.3%	21.5%	18.5%	5.2%	100%
연령별						
19~29세	16.8	23.6	30.4	24.8	4.4	100
30대	20.0	31.6	26.2	17.1	5.1	100
40대	26.6	33.4	15.7	18.7	5.6	100
50대 이상	28.4	34.3	16.8	15.1	5.4	100
성별						
남성	31.4	32.2	17.3	14.9	4.2	100
여성	15.5	30.3	25.9	22.3	6.1	100
학력별						
중졸 이하	26.3	34.2	13.2	17.5	8.8	100
고졸	19.5	32.3	21.0	21.2	5.9	100
대재 이상	27.7	29.3	24.3	15.3	3.4	100
이념 성향별						
진보	26.7	38.2	17.9	14.9	2.4	100
중도	22.3	29.2	25.2	18.3	5.0	100
보수	23.1	28.6	17.9	22.4	8.1	100

출처: 서울대 통일평화연구원(2014), 〈2013 통일의식조사〉

다음 25.3%를 차지했지만, 단기간에 통일이 이루어질 수 있다는 견해보다는 시간이 많이 걸리거나 불가능하다는 회의적인 태도가 증가하는 추세를 보여 준다.

2013년 조사를 통해 통일이 가능한 시기에 대한 응답을 인구사회집단별로 자세히 살펴보면 우선 연령별로는 나이든 세대에 비해 젊은 세대일수록 통일이 불가능하거나 30년 이상 이후에나 가능할 것이라는 비관적 인식이 강했다. 성별로 보면 대체로 여성이 남성에 비해 통일의 가능성에 대해 비관적인 태도를 가지고 있는 것으로 나타났다. 통일은 불가능하다는 응답이 여성에서는 31.8%로 남성의 19.9%에 비해 매우 비관적인 태도를 가지고 있는 것으로 나타났다. 한편 학력별로 비교해 보면 대학 재학 이상의 고학력자일수록 낙관적 전망을 하는 반면, 중졸 이하의 저학력자일수록 통일의 가능성에 대해 비관적인 태도를 가지고 있는 것으로 나타났다. 마지막

표 4-2 | 통일이 가능한 시기

	2007	2008	2009	2010	2011	2012	2013
5년 이내	3.7	2.3	2.7	3.4	2.5	2.9	3.7
10년 이내	23.5	13.4	17.0	17.8	16.3	14.5	13.3
20년 이내	30.8	22.3	27.7	24.1	26.1	25.9	25.3
30년 이내	14.7	14.8	16.3	13.4	14.0	17.8	13.7
30년 이상	13.8	25.1	16.5	20.8	19.8	19.8	18.3
불가능	13.3	22.1	19.8	20.6	21.3	19.2	25.8

출처: 서울대 통일평화연구원(2014), 〈2013 통일의식조사〉.

표 4-3 | 연령, 성별 이념 성향별 통일 가능 시기에 대한 태도, 2013년

	5년 이내	10년 이내	20년 이내	30년 이내	30년 이상	불가능
전체	3.7%	13.3%	25.3%	13.7%	18.3%	25.8%
연령별						
19~29세	3.6	8.0	22.8	15.6	21.6	28.4
30대	1.8	9.5	29.5	12.7	22.5	24.0
40대	3.6	15.1	26.9	13.8	16.7	23.9
50대 이상	5.1	18.4	22.7	13.0	14.1	26.8
성별						
남성	5.4	14.7	29.1	14.2	16.7	19.9
여성	1.9	11.9	21.4	13.1	19.9	31.8
학력별						
중졸 이하	5.3	15.8	18.4	10.5	18.4	31.6
고졸	3.3	13.4	24.0	11.5	18.8	29.0
대재 이상	3.8	12.7	28.7	16.9	17.7	20.1
이념 성향별						
진보	3.0	16.9	28.4	15.9	16.9	18.9
중도	3.9	11.7	26.0	13.8	19.0	25.7
보수	3.9	13.0	21.1	11.4	18.2	32.5

출처: 서울대 통일평화연구원(2014), 〈2013통일의식조사〉.

으로 이념 성향별로 보면 진보 성향 응답자일수록 통일의 가능성에 대해 낙관적인 반면, 보수 성향 응답자는 매우 비관적 태도를 가지고 있는 것으로 나타났다. 특히 보수 성향 응답자의 33.6%가 통일이 아예 불가능하다고 보거나, 18.2%가 30년 이상 이후에나 가능하다는 비관적 태도를 보인 것은 주목할 만한 결과로 보인다.

3) 독립변수

통일에 대한 인식과 태도를 나타내는 두 가지 종속변수인 통일 당위성과 통일 낙관론에 영향을 미치는 독립변인으로 앞에서 제시한 이론적 시각에 따라 네 가지의 독립변수를 포함하였다.

(1) 정치 성향 변수

우선 정치 성향 변수로는 응답자의 이념성향을 "매우 진보"부터 "매우 보수"라는 5점 척도로 묻는 문항을 사용하였다. 정당 지지 성향은 새누리당(이전 한나라당)과 선진통일당을 묶어서 보수정당 지지 성향으로, 민주통합당, 통합진보당, 진보정의당 지지자를 진보정당 지지 성향으로 묶어서 측정하였다. 지지 정당이 없거나 기타 정당 지지자는 분석에서 제외하였다. 다만 2010년 데이터에서는 지지 정당에 대한 문항이 조사에 포함되지 않았기 때문에 17대 대선에서 이명박 후보와 정동영 후보 가운데 누구에게 투표했는가의 문항을 통해 이명박 후보 투표자는 보수정당 지지 성향, 정동영 후보 투표자는 진보정당 지지 성향으로 측정하였다. 대선 투표 후보가 지지 정당 성향을 측정하는 지표로서 타당성(validity)이 있는가에 관한 논란이 있을 수 있다는 점을 밝혀둔다.

(2) 민족 정체성 변수

북한에 대한 심리적, 정서적 유대감을 측정하는 변수로서 두 가지를 포함하였다. 우선 북한이 우리에게 지원 대상, 협력 대상, 경쟁 대상, 경계 대상 혹은 적대 대상 가운데 어떤 대상인가라는 문항을 통해 북한에 대한 민족 정체성의 강도를 측정하는 정체성 변수를 포함하였다. 앞의 이론적 논의에서 지적한 것처럼 북한은 남한 국민에게 국가 정체성의 혼돈을 초래하는 핵심 요인의 하나이며 대다수의 남한 국민들은 북한에 대해 이중적이고 상충적인(ambivalent)한 태도를 가지고 있다. 이 문항은 북한에 대한 남한 국민들의 상반된 인식을 나타내는 문항이라고 할 수 있다. 〈표 4-4〉가 보여 주고 있는 것처럼 다섯 가지의 선택지에서 가장 많은 비율은 북한을 '협력 대상'으로 보는 인식으로 2007년부터 2009년까지는 50% 이상을 차지했지만, 그 이후에는 40%대로 하락하였다. 북한을 '지원 대상'으로 보는 비율도 20% 이상에서 지속적으로 하락하여 2013년 조사에서는 16.4%였다. 그러나 '협력 대상'과 '지원 대상'이라는 인식을 합하면 여전히 56% 이상의 국민이 북한에 대한 우호적인 인식을 하고 있다고 평가할 수 있다. 반면 북한을 '경계 대상' 혹은 '적대 대상'으로 보는 부정적 인식은 2007년 조사에서는 18%였지만 2013년 조사에서는 37.8%로 증가하였다. 특히 '적대 대상'으로 보는 인식이 16.4%까지 증가한 점은 북한의 핵 개발과 군사적 도발로 인한 위협 인식(threat perception)이 증가하고 남북 관계가 교착 상태로 빠진 현실을 반영하고 있는 것으로 보인다. 이 논문에서는 북한을 지원 대상, 협력 대상으로 보는 태도를 북한에 대한 우호적 정체성으로, 적대 대상, 경계 대상, 경쟁 대상으로 보는 태도를 묶어 비우호적 정체성으로 코딩하였다.

또한 북한과의 정서적 유대감을 측정하는 지표로서 월드컵에서 북한 팀과 미국 팀이 대결한다면 어느 팀을 응원하겠는가라는 문항을 사용하였다. 축구 경기와 같은 비정치적 이벤트에서 북한에 대한 민족적, 정서적 유대감이 가장 잘 나타날 수 있기 때문이다. 같은 조사에서 북한에 비해 미국

표 4-4 | 북한은 우리에게 어떤 대상인가?

	2007	2008	2009	2010	2011	2012	2013
지원 대상	21.8	21.9	17.4	19.3	16.8	15.8	16.4
협력 대상	56.6	57.6	50.7	44.7	47.0	47.1	40.4
경쟁 대상	3.3	3.8	2.3	3.3	2.3	4.8	5.6
경계 대상	11.8	11.3	20.6	20.7	17.2	21.3	21.2
적대 대상	6.6	5.3	9.0	12.0	16.7	10.9	16.4

출처: 서울대 통일평화연구원(2014), 〈2013 통일의식조사〉.

표 4-5 | 북한과 미국의 월드컵 축구경기에서 응원할 팀

	2007	2008	2009	2010	2011	2012	2013
북한 팀	81.0	76.6	68.0	70.4	61.7	66.2	56.7
미국 팀	4.0	7.0	8.4	8.6	12.9	11.3	13.4
양 팀 모두 응원	6.1	6.4	9.9	10.0	10.9	9.8	11.2
어느 팀도 응원하지 않음	8.9	10.0	13.6	11.0	14.3	12.8	18.7
합계(N)	1,197	1,212	1,198	1,196	1,201	1,200	1,200

출처: 서울대 통일평화연구원(2014), 〈2013 통일의식조사〉

에 대한 호감도와 신뢰도가 훨씬 높은 것으로 나타났지만, 축구 경기에서 미국 팀보다 북한 팀을 응원하겠다는 응답이 월등하게 높게 나타나고 있는 결과는 축구 경기 같은 비정치적 이벤트에서 북한에 대한 정서적 유대감이 미국에 대한 것보다 강하다는 점을 나타낸다. 그러나 주목할 점은 북한 팀을 응원하겠다는 비율이 최근 년도에는 지속적으로 하락하고 있는 추세이다. 북한 팀을 응원하겠다는 비율이 2007년 81.0%에서 2013년 56.7%까지 지속적으로 하락하였다. 북한에 대한 위협 인식이 증가하고 북한을 경계 대상 혹은 적대 대상으로 여기는 국민들이 많아지면서 북한에 대한 정서적 유대감도 약화되는 추세를 보인다고 해석할 수 있다.

그림 4-2 | 통일로 인한 이익의 기대감, 2007~2013

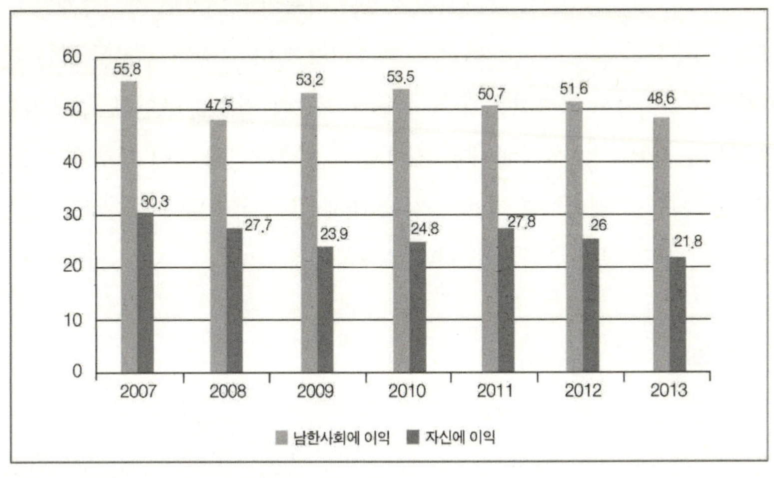

출처: 서울대 통일평화연구원(2014), 〈2013 통일의식조사〉.

(3) 통일의 기대이익 변수

통일로 인한 기대이익을 측정하는 변수로는 "통일이 남한에 얼마나 이익이 될 것인가"라는 문항을 통해 측정한 국가 기대이익 변수와 "통일이 자신에게 얼마나 이익이 될 것인가"라는 문항에 기초한 자신의 기대이익 변수 두 가지를 사용하였다. 통일로 인한 국가와 자신의 기대이익이 높다고 생각할수록 통일에 대한 열망이 크고 통일에 대해서도 낙관적 태도를 가질 것이라고 예상할 수 있다. 〈그림 4-2〉는 통일로 인한 이익의 기대감이 2007년부터 2013년까지 어떻게 변화했는가를 보여 주고 있다. 통일이 남한 사회에 이득이 된다는 응답이 대체로 50% 이상을 차지했지만 2013년에 약간 감소하는 추세를 보였다. 반면 통일이 자신에게 이득이 된다는 비율은 20%대에 머물고 있고, 2013년에는 21.8%로 가장 낮은 비율을 보였다. 다수의 국민들이 통일이 국가적으로는 이득이 되더라도 자신에게는 큰 혜택이 없을 것이라는 회의적 태도를 가지고 있다는 점이 주목할 만한 결과이고, 그 이유를 설명하는 후속 연구가 필요할 것으로 보인다. 전체적으로 통일로 인한 기대이익에 대한 조사 결과는 대통령이 신년 기자회견에서 제기한 "통일이 대박이다"라는 주장에 대해 많은 국민들이 공감하고 있지 않은 현실을 분명히 보여 주고 있다고 해석할 수 있다.

(4) 통제 변수: 인구사회 변수

회귀분석을 위한 통제 변수로서는 연령, 성별, 교육수준, 월수입이라는 인구사회학적 배경 변수들을 포함하였다. 앞에서 제시한 변수들을 정리하고 이들에 대한 기술 통계를 요약하면 〈표 4-6〉과 같다. 기존 연구에서 국민들의 통일의식의 격차가 나타난 연령과 성별 이외에 교육수준과 월수입이라는 변수를 통제 변수로 포함한 이유는 학력과 소득이 민족 정체성 변수와 기대이익 변수에 일정한 영향을 미칠 수 있다는 이유 때문이다.

4. 국민들의 통일에 인식과 태도에 대한 다변량 회귀분석 결과

이 장에서는 통일에 영향을 미치는 네 가지 이론적 시각을 바탕으로 도출한 변수들의 영향력을 분석하기 위하여 수행한 다변량 회귀분석의 결과를 요약하고 해석할 것이다. 〈표 4-7〉의 회귀분석 결과는 통일의 당위성에

표 4-6 | 변수 요약과 기술 통계

분류	변수 명	척도	평균	표준 편차	상관관계 방향
종속변수	통일의 당위성 인식	1=전혀 필요 없음 3=반반 5=매우 필요	3.63	1.21	
	통일의 실현 가능성 인식	1=불가능 2= 30년 이상 4= 20년 이래 6= 5년 이래	3.06	1.48	
기대이익 변수	국가 기대이익	1=전혀 이득이 없음 4= 매우 이익이 됨	2.56	0.84	+
	개인 기대이익	1=전혀 이득이 없음 4= 매우 이익이 됨	2.09	0.77	+
민족 정체성 변수	북한이 어떤 대상	1=적대 대상, 경계 대상, 경쟁 대상 2=협력 대상, 지원 대상	1.63	0.48	+
	북한 유대감 (어느 팀 응원)	1=미국 팀, 양팀 응원, 양팀 응원 안 함 2=북한 팀	1.66	0.47	+
정치 성향 변수	이념 성향	1=매우 진보 3=중도 5=매우 보수	2.94	0.84	-
	정당 지지 성향	1=진보 정당 2=보수 정당	1.59	0.49	-
인구사회 변수	연령	1=20대 4=50대 이상	2.60	1.15	+
	성별	1=남자 2=여자	1.49	0.50	-
	교육수준	1=중졸 이하 3=대재 이상	2.40	0.65	+
	월 소득	1=200만원 미만; 4=400만원 이상	2.80	0.57	-

대한 인식을 종속변수로 하여 인구사회 모델, 정치 성향 모델, 민족 정체성 모델, 기대이익 모델 등 네 가지의 분석 모델에 따라 회귀분석을 실시한 결과를 보여 주고 있다. 네 가지 분석 모델의 독립변수들을 단계적으로 진입시키는 단계별 회귀분석을 수행하여 개별 변수들의 계수 값을 측정하고, 네 가지 분석 모델의 설명력을 비교하기 위해 결정계수(R^2)의 변화량을 추적하였다.

우선 인구사회 모델에서는 기존 연구의 결과와 일치하게 연령과 성별이 통일의 당위성에 대한 인식에 통계적으로 유의미한 계수 값을 보여서, 연령이 높을수록 여성에 비해 남성이 통일의 당위성을 강하게 인식하는 것으로 나타났다. 반면 교육수준과 월 소득은 통계적으로 의미 있는 영향력이 없는 것으로 분석되었다. 정치성향 모델에 포함된 이념 성향과 지지 정당은 예상한 방향으로 통일의 당위성 인식에 영향을 미치는 것으로 조사되었다. 두 가지 변수 모두 진보적 이념 성향을 가졌거나 진보정당을 지지하는 국민들이 보수적 이념과 보수 정당 지지 성향을 가진 국민에 비해 통일의 당위성을 크게 느끼는 것으로 나타났다. 민족 정체성 모델에 포함된 북한 정체성 변수와 북한과의 유대감 모두 예상한 방향으로 유의미한 계수 값을 보여 주었다. 즉 북한에 대한 높은 민족적 정체성과 정서적 유대감을 가진 국민들일수록 통일의 당위성을 강하게 인식한다는 의미이다. 다만 "북한을 어떤 대상으로 보는가"라는 질문을 통해 측정한 북한 정체성 변수의 계수 값이 "북한과 미국의 축구 경기에서 어느 팀을 응원할 것인가"의 질문을 통해 측정한 북한과의 유대감 변수에 비해 더 큰 영향을 미치는 결과가 나타났다. 마지막으로 기대이익 모델에 포함된 국가의 기대이익과 자신의 기대이익 변수는 모두 통일의 당위성 인식에 큰 영향을 미치는 요인으로 나타났다. 특히 국가의 기대이익 변수는 회귀분석에 포함된 모든 개별 변수가운데 가장 큰 표준화계수 값(0.300)을 나타내어 남한 사회가 통일을 통해 이익을 얻을 것이라는 통일로 인한 기대이익에 대한 평가가 통일의 당위성 인식에 가장 큰 영향을 미치는 것을 보여 준다.

한편 네 가지 회귀분석 모델의 결정계수(R^2)의 변화의 크기를 살펴보면 인구사회 모델(R^2=0.042)과 정치 성향 모델(R^2=0.079)에 비해 민족 정체성 모델(R^2=0.167)에서 결정계수 값이 상당 정도 늘어났고, 기대이익 모델(R^2=0.298)에서도 결정계수 값이 적지 않게 커져서 모델의 설명력이 크게 늘어난다는 점을 보여 준다. 이 결과는 네 가지 모델에 포함된 개별 변수들의 표준화 계수 값을 비교를 통해서도 확인된다. 전체적으로 인구사회 모델과 정치 성향 모델에 포함된 변수들의 계수 값에 비해 민족 정체성 모델과 기대이익 모델의 계수 값이 상대적으로 크고, 특히 기대이익 모델의 변

표 4-7 | 통일의 당위성에 대한 인식의 결정요인 회귀분석 결과

	인구사회 모델	정치 성향 모델	민족 정체성 모델	기대이익 모델
	표준화 계수	표준화 계수	표준화 계수	표준화 계수
국가의 기대이익				0.300***
자신의 기대이익				0.129***
북한 정체성			0.254***	0.158***
북한과의 유대감			0.119***	0.098***
이념 성향		- 0.147***	- 0.107***	- 0.068**
지지 정당		- 0.088***	- 0.068***	- 0.040
연령	0.188***	0.225***	0.181***	0.167***
성별	- 0.128***	- 0.119***	- 0.121***	- 0.066***
교육수준	0.059*	0.042	- 0.004	- 0.041
월 소득	0.014	0.008	0.008	- 0.003
	R^2= 0.042 F=27.4	R^2=0.079 F=30.6	R^2=0.167 F=50.9	R^2=0.298 F=83.7

*** p〈0.001 ** p〈0.01 * p,0.05

수 계수 값이 가장 크게 나타난 결과에서도 확인할 수 있다. 이러한 분석 결과는 국민들의 통일의 당위성에 대한 인식 혹은 통일에 대한 열망은 인구사회 변수나 정치 성향 변수보다는 북한과의 민족적, 정서적 유대감의 강도와 통일로 인한 기대이익을 어떻게 인식하느냐에 따라 크게 영향을 받는다는 점을 보여 준다.

〈표 4-8〉은 두 번째 종속변수인 통일이 언제 달성 가능할 것인가에 대한 전망, 즉 통일의 실현 가능성에 관한 인식의 결정요인을 분석하는 회귀분석의 결과이다. 〈표 4-8〉에서 나타난 네 가지 모델의 개별 변수의 계수 값은 통일의 당위성에 대한 인식을 종속변수로 한 〈표 4-7〉의 회귀분석 결과와 약간의 차이를 보이지만 대체로 계수 값의 방향과 크기는 유사하다. 인구사회 모델의 변수 중에서는 연령, 성별, 교육수준이 통계적으로 의미 있는 결정 변수로 나타났다. 앞의 통일의 당위성 인식 회귀분석에서는 영향력이 없는 것으로 나타났던 교육수준이 인구사회 모델에서는 통계적으

로 유의미했지만, 정치 성향 모델, 민족 정체성 모델, 기대이익 모델 등에서 변수들이 추가되면서 영향력이 통계적으로 유의미하지 않게 감소하였다. 월 소득은 모든 모델에서 영향력이 미미했을 뿐 아니라, 계수 값이 −로 나타났다.

정치 성향 모델의 변수 가운데는 이념 성향이 유의미한 영향을 미치지만, 지지 정당 변수는 통계적 유의도가 없을 정도로 영향이 미미했다. 민족 정체성 모델의 변수들인 북한 정체성과 북한과의 유대감은 통일의 실현 가능성에 대한 낙관적 전망에 상당한 영향을 미치는 변수로 나타났다. 또한 기대이익 모델에 포함된 변수들인 통일로 인해 국가가 얻을 기대이익과 자신이 얻을 기대이익은 통일의 실현 가능성에 대한 낙관적 전망에 가장 큰 영향을 미치는 변수로 확인되었다.

네 가지 모델의 상대적 설명력을 보기 위해 결정계수(R^2)의 변동량을 살펴보면 인구사회 모델의 결정계수는 0.027에 불과했고 정치 성향 모델의 결정계수도 0.049으로 소폭 증가하는데 그쳤다. 민족 정체성 모델의 결정계수는 0.097로 증가하고, 기대이익 모델의 결정계수는 다시 0.167로 증가하는 결과가 나타났다. 앞에서 논의한 〈표 4-7〉의 통일의 당위성에 대한 인식을 종속변수로 한 회귀분석 결과에서 모든 변수가 포함된 기대이익 회귀 모델의 결정계수가 0.298였던 것과 비교하면 통일의 실현 가능성에 관한 기대이익 회귀 모델 결정계수의 값이 0.167에 불과해서 통일의 실현 가능성에 대해서는 네 가지 이론 모델의 설명력이 상대적으로 떨어진다고 볼 수 있다. 그럼에도 불구하고 네 가지 회귀분석 모델의 결정계수의 변화를 통해 네 가지 모델의 설명력을 비교하면 통일의 실현 가능성에 대한 국민들의 인식에 관해 민족 정체성 모델과 기대이익 모델이 인구사회 모델이나 정치 성향 모델에 비해 상대적으로 설명력이 크다고 평가할 수 있다. 네

표 4-8 | 통일의 실현 가능성에 대한 인식의 결정요인 회귀분석 결과

	인구사회 모델	정치 성향 모델	민족 정체성 모델	기대이익 모델
독립변수	표준화 계수	표준화 계수	표준화 계수	표준화 계수
국가의 기대 이익				0.192***
자신의 기대 이익				0.126***
북한 정체성			0.190***	0.120***
북한과의 유대감			0.087***	0.075**
이념 성향		- 0.128***	- 0.095***	- 0.066**
지지 정당		- 0.048*	- 0.028	- 0.012
연령	0.143***	0.171***	0.139***	0.125***
성별	- 0.101***	- 0.093***	- 0.096***	- 0.054*
교육수준	0.102***	0.085**	0.053*	0.026
월 소득	- 0.032	- 0.036	- 0.031	- 0.034
	R^2=0.027 F= 17.8	R^2=0.049 F=19.3	R^2=0.097 F=29.1	R^2=0.167 F=41.9

*** p〈0.001 ** p〈0.01 * p.0.05

가지 분석 모델에서 도출한 개별 변수의 계수 값의 차이를 비교해도 유사한 평가가 가능하다. 전체적으로 인구사회 모델과 정치 성향 모델에 포함된 개별 변수들의 표준화 계수 값에 비해 민족 정체성 모델과 기대이익 모델의 표준화 계수 값이 상대적으로 크며, 특히 통일로 인한 국가이익의 평가 변수의 표준화 계수 값(0.195)이 가장 크게 나타나는 결과에서도 이를 확인할 수 있다. 이러한 분석 결과는 인구사회 변수와 정치 성향 변수로 통일에 대한 국민의 태도를 비교하는 다수의 기존 연구들과 비교하여 본 연구에서 제시한 민족 정체성 모델과 기대이익 모델의 변수들이 국민들의 통일의 실현 가능성에 대한 평가 혹은 낙관적 태도에 상대적으로 큰 영향을 미친다는 점을 확인시켜 준다.

앞에서 논의한 두 가지 회귀분석 결과에서 도출할 수 있는 이론적 의미는 우선 인구사회 변수와 정치 성향 변수를 중심으로 통일 인식의 변화를 설명하거나 집단별 통일에 대한 태도를 설명하는 다수의 기존 연구들이 한계가 있다는 점이다. 또한 본 연구에서 제시한 민족 정체성 모델과 기대이익 모델의 변수들이 국민들의 통일에 대한 태도와 인식에 상대적으로 큰 영향을 미친다는 점을 확인하였다. 즉 북한을 우호적으로 인식하고 북한에 대해 정서적인 유대감을 가진 국민들이 통일에 대한 강한 열망과 낙관적 태도를 가지며, 또한 통일이 남한 사회나 자신에게 이익이 된다고 여기는 국민들이 통일에 대한 열망과 낙관적 태도를 가진다는 점이 본 연구의 핵심적 분석 결과이다. 이러한 분석 결과는 그다지 새로워 보이지 않을 수 있다. 그러나 국민들의 통일의식에 영향을 미치는 사회심리적 차원의 요인으로서 민족 정체성 변수나 경제적 차원의 요인으로서 통일의 기대이익 변수를 경험적 분석에 포함하여 국민들의 통일의식의 변화를 설명한 기존 연구가 없었다는 점을 감안해서 본 연구의 분석 결과의 의미를 이해할 필요가 있다. 통일이라는 국가적 과제를 달성하기 위해서는 남남갈등을 해결하고 통일에 대한 분열된 국민 여론을 수렴하는 것이 필수적 과제임에도 불구하고, 한국 학계에서 국민들의 통일의식에 대한 이론적이고 분석적인 연구들은 매우 제한적이었다. 이러한 맥락에서 보면 국민들의 통일에 대한 태도와 인식을 결정하는 요인들에 대한 다양한 이론적 모델을 제시하고 경험적 분석을 통해 이론적 모델의 타당성을 검증하려 한 본 연구는 의미 있는 학술적 시도라고 생각한다. 또한 본 연구의 분석 결과는 의미 있는 정책적 시사점도 제시하고 있다. 본 연구의 결과는 국민들 사이에 통일에 대한 냉담한 태도가 늘어나고 연령, 이념 성향별로 뚜렷한 태도의 차이가 나타나는 이유를 제시하고 있기 때문에, 본 연구는 통일에 대한 국민적 공감대를 형성할 수 있는 구체적인 정책 방안을 모색하는 데 기여할 수 있을 것이다.

본 연구의 경험적 분석의 결과 국민들의 통일에 대한 태도와 인식에 상대적으로 큰 영향을 미치는 것으로 나타난 사회심리적 차원의 요인들인 북한 정체성 인식과 북한과의 정서적 유대감, 그리고 통일을 통해 얻을 수 있는 이익에 대한 기대감 등 경제적 차원의 요인들을 보다 심도 있게 분석하는 후속 연구들이 필요하다고 판단한다. 후속 연구에서 다루어야 할 구체적 연구 주제로는 우선 누가 왜 북한에 대해 적대 대상 / 경쟁 대상 / 경쟁 대상 혹은 협력 대상 / 지원 대상이라는 상이한 정체성 인식과 정서적 유대감을 가지고 있는가를 면밀히 분석할 필요가 있을 것이다. 또한 통일이 국가 또는 개인에게 이득이 된다고 생각하는 국민과 그렇지 않다고 생각하는 국민들을 누구이며, 이러한 차이를 초래한 원인을 분석하는 후속 연구도 필요할 것이다.

마지막으로 본 연구의 결과 통일의식의 결정요인으로서 인구사회학적 모델의 영향력이 상대적으로 적은 것으로 나타났음에도 불구하고 연령과 성별 변수가 민족 정체성 모델의 변수와 기대이익 모델의 변수가 모두 포함된 회귀분석 모형에서도 여전히 통계적으로 유의미한 영향을 미치는 것으로 나타난 점에 주목할 필요가 있다. 중·장년 세대에 비해 젊은 세대가 또한 남성에 비해 여성들이 통일에 대해 냉담한 태도를 보이고 있는 통일의식의 균열 양상은 통일에 대한 국민적 합의를 만드는 데 있어 해결이 쉽지 않은 과제이다. 따라 통일의식의 세대별 격차와 성별 격차의 원인이 무엇인가에 대한 보다 심층적인 분석이 후속 연구에서 이루어져야 할 필요가 있을 것이다. 통일에 대한 세대별 격차의 이유를 이해하기 위해서는 최근의 세대 연구에서 시도되고 있는 것처럼 세대 효과를 연령(aging) 효과, 동년배(cohort) 효과, 기간(period) 효과로 분리하고 장기간의 시계열 자료를 활용하여 세 가지 효과들과 교호 작용을 측정하는 체계적인 경험적 연구가 필요할 것이다(이내영·정한울 2013).

5. 결론: 요약과 정책적 시사점

본 논문의 목적은 서울대 통일평화연구원의 〈통일의식조사〉 데이터 분석을 통하여 한국 국민의 통일의 당위성과 통일의 실현 가능성에 대한 인식이 어떻게 변화했는가를 살펴보고, 이러한 통일에 대한 인식과 태도의 변화에 영향을 미친 주요 요인을 찾아보는 것이다. 본 논문은 한국 국민들의 통일에 대한 인식과 태도에서 연도별로 상당한 변화가 나타나고, 사회집단에 따라 상당한 균열의 양상을 보이는 현상을 설명하기 위해 통일의식에 영향을 미치는 인구사회 변수, 정치 성향, 북한에 대한 민족적, 정서적 유대감, 통일의 기대이익 등을 포함한 네 가지의 이론적 시각에서 분석 모델을 제시하고 경험적 분석을 통해 각 모델의 타당성과 설명력을 검증하고 비교하였다.

본 연구의 주요 경험적 결과를 요약하면 다음과 같다. 우선 통일의 당위성에 대해서는 50% 이상의 국민들이 꾸준하게 공감을 하고 있지만 최근 년도에는 통일의 당위성과 실현 가능성에 대해 회의적인 시각이 증가해 왔고, 통일에 대한 태도도 연령대, 성별, 이념 성향 등에 따라 상당한 격차가 있다는 점을 확인하였다. 네 가지의 이론 모델에 따라 회귀분석을 시행한 핵심 결과는 국민들의 통일의 당위성에 대한 인식은 연령, 성별, 이념 성향 등 인구사회 변수와 정치 성향 변수도 영향을 미쳤지만, 북한과의 민족적, 정서적 유대감의 강도와 통일로 인한 기대이익을 어떻게 인식하느냐에 따라 크게 영향을 받는다는 점이다. 통일이 가능한 시기에 대한 전망, 즉 통일의 실현 가능성에 대한 인식을 종속변수로 한 회귀분석 결과에서도 연령과 성별 등의 인구사회 변수들이 유의미한 영향을 미쳤지만, 북한에 대한 인식과 정서적 유대감의 강도와 통일을 통해 얻는 기대이익에 대한 평가가 보다 중요한 영향을 미치는 것으로 나타났다.

이러한 분석 결과의 이론적 의미는 인구사회 변수와 정치 성향 변수로 통일에 대한 국민의 태도를 비교하는 다수의 기존 연구들이 이론적으로 불충분하고 한계가 많다는 점이다. 또한 본 연구에서 제시한 민족 정체성 모델과 기대이익 모델의 변수들이 국민들의 통일에 대한 태도와 인식에 상대적으로 큰 영향을 미친다는 점을 확인시켜 준다. 따라서 본 연구에서 국민들의 통일 인식에 큰 영향을 미치는 독립변수로 확인된 요인들—북한에 대한 정체성과 정서적 유대감, 통일로 인한 기대이익—에 대한 보다 심도 있는 후속 연구가 필요할 것으로 보인다.

본 연구의 결과로부터 다음과 같은 정책적 시사점도 도출할 수 있을 것이다. 첫째, 박 대통령이 연초에 '통일대박론'을 제시하고 최근 통일준비위원회의 구상을 밝히는 등 통일을 핵심적인 국정 어젠다로 추진하고 있다. 하지만 다수의 국민들이 통일에 대해 냉담하고 회의적인 태도를 보이고 있고 사회집단별로도 통일의 당위성과 실현 가능성에 대해 상당한 인식의 격차가 존재하는 분석 결과를 보면 통일에 대한 비전을 국민들이 공유하고 정부의 통일정책에 대한 지지를 확보하는 일이 결코 쉽지 않은 과제이다. 따라서 통일에 대한 국민적 합의를 마련하기 위해서는 통일에 대한 세대별, 성별, 이념 성향별 격차가 나타나는 원인에 대한 심층적 분석이 선행되어야 하고, 이를 바탕으로 통일 여론의 조성을 위한 구체적 전략을 수립할 필요가 있다고 보인다.

둘째, 대통령의 주도하에 통일을 핵심 국정 어젠다로 추진하는 상황에 대해 정치권과 국민들 사이에 기대와 우려의 목소리가 공존하는 상황이다. 야권과 진보진영에서는 대통령의 적극적 통일정책이 흡수통일을 염두에 둔 것이라는 우려도 있고, 통일이라는 목표만 제시하고 통일을 실현하는 과정으로서 남북 관계 개선과 대화를 통한 점진적 평화통일의 구상은 미미하다는 비판이 제기되고 있다. 또한 통일이라는 국가적 과제를 대통령이 야당이나 시민단체들과의 협의 과정 없이 일방적으로 주도하는 정책 추진 방식에 대한 불만도 제기되고 있다. 따라서 새로 출범할 통일준비위원회가 통일에 관해 분열된 국민 여론을 수렴하고 실질적인 통일 준비를 하기 위해서는 정부가 추진하는 우선적 통일 방안이 흡수통일이 아니라 북한과의 대화와 관계 개선을 통한 평화통일이라는 점을 분명히 할 필요가 있다. 또한 위원회의 구성도 정부 관료만이 아니라, 학계, 시민단체 전문가 등 폭넓게 구성하고 특히 야당 인사와 진보적 시각의 전문가를 포함하기를 기대한다. 이를 통해 위원회의 기능과 역할이 정권 차원을 넘어 초당적 기구가 될 수 있고, 다음 정권에서도 지속 가능한 대북정책의 수립과 집행이 가능할 수 있을 것이다.[11]

11_백영철, "'통일준비위원회' 가 성공적으로 출범하려면." 중앙일보 시론, 2014년 3월 4일.

참고문헌

KBS 남북협력기획단. 2013. 『2013년 국민 통일의식 조사』. 서울: KBS 남북협력기획단.

김태현·남궁곤·양유석. 2003. "외교정책 신념체계와 국가이미지에 관한 실증사례 연구." 『한국정치학회보』 제37집 제3호.

김태현. 1996. "대북인식의 이중구조와 북한 핵 문제." 『국가전략』 제2권 제2호.

권영승·이수정. 2011. "글로벌·다문화 사회의 통일의식 - N세대 대학생을 중심으로." 『현대사회와 다문화』 제1권 제2호.

민주평화통일자문회의. 2011. 『2011년 1차 국민통일여론조사 보고서』. 서울: 민주평화통일자문회의.

통일연구원. 2008. 『KINU 국민통일여론』 서울: 통일연구원.

박명규 외 공저. 2013. 『2013 통일의식조사』. 서울: 서울대학교 통일평화연구소.

박명규·이상신. 2011."현상과 이미지: 북한 이미지의 측정과 분석." 『통일과 평화』 제3집 제1호.

박세일. 2013. 『21세기 한반도의 꿈 - 선진통일전략』. 서울: 21세기북스.

박선원. 2002. "햇볕정책과 여론: 지속성과 변용의 관점에서 본 실증 분석." 『한국과 국제정치』 제18권 제2호.

변종헌. 2012. "20대 통일의식과 대학 통일교육의 과제."『통일정책연구』 제21권 제1호.

신창민. 2010. "통일비용 및 통일편익." 통일연구원 편. 『분단관리에서 통일대비로』. 서울: 통일연구원.

안두순. 2011. "독일 통일과 경제통합 과정에 대한 평가 - 한국 언론에 비친 통일방식과 통일비용 논의를 중심으로." 『경상논총』 제29권 제3호.

염명배·유일호. 2011. "독일과 우리나라의 통일비용 및 통일재원 비교 연구." 『재정학 연구』 제4권 제2호.

은기수. 2010. "통일과 북한에 관한 사회조사의 동향과 실태." 『통일과 평화』 제2집 제2호.

이내영·정한울. 2013. "세대균열의 구성 요소: 코호트 효과와 연령 효과." 『의정연구』 제19권 제3호.

이내영. 2011. "한국인의 국가 정체성과 북한과 통일에 대한 인식의 변화." 강원택·이내영 공편. 『한국인, 우리는 누구인가?』. 서울: 동아시아연구원.

이상신. 2013. "우리는 북한을 신뢰할 수 있는가?: 여론조사 데이터로 본 한반도 신뢰프로세스." 『한국정치학회보』 제47집 제4호.

이성우. 2013. "통일의식에 영향을 미치는 통일 여건 의식의 상호관계: LISREL을 통한 구조방정식 모델 분석." 『통일과 평화』 제5집 제1호.

이석. 2012. "과연 무엇이 통일비용이고 통일편익인가?" 『KDI 북한경제리뷰』 2012년 11월.

임현진·정영철. 2011. "'전환의 계곡'을 넘어 - 통일편익, 통일비용, 그리고 통일혜택." 『역사비평』 통권 제97호.

정은미. 2013. "남북한 주민들의 통일 의식 변화: 2011~2013년 설문조사 분석을 중심으로." 『통일과 평화』 제5집 제2호.

현대경제연구원. 2012. 『2012년 남북 관계 대국민 여론조사』. 서울: 현대경제연구원.

제2부

초국가적 교류의 확대와 '포스트-내셔널' 정체성의 가능성

5장

역사가 현실의 문화보다 강할까?

문화 접촉에 따른 한·일 역사인식의 전환 가능성

손애리

1. 들어가며

일본군위안부, 역사교과서, 야스쿠니신사 참배 등 역사인식 문제[1]와 관련한 사안들은 지난 20년간 비슷한 패턴을 반복해 왔다. 잊어버릴 만하면 일본 우파 정치인들의 '망언'이 돌출적으로 튀어나오고, 이에 대해 한국인들의 거센 반발과 규탄이 일어나고, 뒤이어 한국인의 반일 감정에 대한 일본인의 비난이 이어진다. 그리고 다시 침묵이다. 이 과정에서 한·일 양국 언론의 선정적인 보도가 경쟁적으로 가세한다. 이런 일련의 패턴은 일본에서의 '전후 60주년'과 한국에서의 '해방 60주년'을 기리는 2005년에 극에

1_역사인식의 문제란, 비단 역사학과 관련된 문제를 말하는 것이 아니다. 다카하시 데쓰야의 말대로 역사인식은 역사학적 인식과 다르다. 역사학적 지식에 기반하되 정치적이고 윤리적인 주체로서 자신들의 삶을 성찰하고 응답하려는 태도를 말한다. 따라서 역사인식은 현재의 문제에서 촉발되지만 과거의 반성과 미래의 구상을 포함한다(다카하시 데쓰야 2008, 9).

달했다. 이후 한·일 간, 한·중 간 영토 분쟁까지 가세하면서 과거 일본을 둘러싼 역사인식 문제는 말 그대로 뜨거운 감자가 되었다.

한·일 정치인 모두 한·일 간 역사 문제에 민족주의를 정치의 수단으로 활용해 왔음은 주지의 사실이다. 아베 신조 수상을 비롯해 기존의 많은 일본 정치인들이 일본군위안부 문제나 역사교과서 문제에서 일본의 국가적 책임과 사죄를 부인함으로써 국민들의 인기를 얻었다. 한국 또한 2012년 이명박 대통령의 독도방문에서 볼 수 있듯이 골치 아픈 국내 문제로부터 국민의 관심을 전환시키고 정치지도자의 지지율을 반등시키는 목적으로 일본과의 문제를 이용해 왔다. 또한 현실의 역사교육은 민족주의 담론을 재생산하고 강고히 하는 기능을 하고 있다. 이런 상황에서 민족주의 담론을 통해 주조되는 국민으로서의 정체성을 비판적으로 탈구축하고 동아시아와 세계 시민이라는 지평에서 자신들을 바라보는 시각을 확보하여, 한·일간 새로운 관계를 모색해 나간다는 것은 요원한 일이다.

본고는 하나의 가능성으로서 개인 수준에서의 교류를 통한 문화적 상호침투를 제안하고 그 효과를 검토하고자 한다. 1998년 김대중 대통령과 오부치 수상의 한·일 공동선언 이후 점진적 문화개방이 이루어졌고, 일본 대중문화의 한국 수용과 일본에서의 한류 확산으로 한·일 양국의 민간수준에서의 문화침투와 교류는 지속적으로 확산되어 왔다. 이런 지속적인 문화 접촉과 교류에도 불구하고 양국의 역사인식 문제는 해결의 실마리를 보이지 않는다는 점에서, 문화 교류는 한계가 있다는 비판도 가능하다. 그러나 돌출적이고 감정적으로 제기되는 문제를 당장은 차단할 수 없더라도 장기적인 관점에서 시민 개개인의 정치적 무의식을 변화시키는 데에는 느리지만 강한 효과가 있음을 본고는 주장한다.

이와 같은 주장을 가설로 삼아 본고는 실제 한·일 양국 시민들의 문화 접촉이 한·일 관계와 역사인식 문제에 어떤 영향을 미치는지를 개인 수준에서 실증적으로 검토하는 것을 목표로 한다. 개인 수준의 연구라는 점은 특히 중요하다. 지금까지 한·일 상호인식과 관련한 기존의 연구들은 국가 수준에서 이뤄지거나 역사적 인물과 전문가집단을 대상으로 이루어져 왔다('한·일, 연대21' 2008; 우카이 사토시 외 2005; 윤대석 2010, 박태균 2010; 다카하시 데쓰야 2008 등). 현실적으로 양국의 일반 시민을 대상으로 한 연구의 설계가 쉽지 않다는 기술적 측면 때문이기도 하지만, 한·일 관계 및 역사인식의 문제는 일반시민의 의견과 생각이 크게 중요하지 않다는 판단도 있다. 즉 이 분야는 정치인과 관료, 지식인 집단을 대상으로 하면 충분하다는 생각이 기존 연구에 암묵적으로 전제되어 있는데, 본고는 그에 반해 일반 시민들의 생각을 확인하고 그것의 전환 가능성을 검토하는 것이 중요함을 주장한다.

그 이유는 다음과 같다. 현재 한·일 간 역사인식과 관련한 문제를 자극적으로 촉발하여 이를 정치적으로 이용하는 집단은 주로 정치인 집단과 언론이다. 이들이 국민들의 감정뿐 아니라 국제적 여론을 악화시키고 양국의 외교마찰을 불러일으키는 행보를 반복할 수 있는 것은, 자신들의 행위가 유권자로서의 국민의 정서와 생각에 부합한다는 믿음 때문에 가능하다. 따라서 한국과 일본의 일반 시민들이 한·일 역사인식 문제와 관련한 쟁점들에 대해 실제로 어떻게 생각하고 평가하고 있는지를 살펴보는 일과, 그것을 바꿔나가기 위한 방법은 무엇이 있는지 검토하는 일은 매우 중요한 작업이다.

본고가 사용하는 자료는 2013년 한국의 동아시아연구소와 일본의 겐론(言論)NPO가 공동으로 조사한 '한·일 국민 상호 인식 조사'이다. 한국 측 조사는 한국의 만 19세 이상 성인 남녀를 대상으로 2013년 3월 25일부터

4월 15일에 조사원에 의한 면접조사법(interviewing method)으로 실시되었다. 유효회수 표본수는 총 1,004명이다. 일본 측 조사는 일본의 만 18세 이상 남녀(고교재학생은 제외)를 대상으로 2013년 3월 30일부터 4월 15일에 방문유치회수법(leaving method)으로 실시되었다. 유효회수 표본수는 총 1,000명이다.

이하에서는 우선 현재 한국인과 일본인이 갖고 있는 양국에 대한 태도와 역사인식의 현실을 조사 자료를 통해 확인한다. 3장에서는 팽팽하게 대립하고 있는 양국의 상호 역사인식을 조율하는 하나의 방안으로, K.W. 도이취의 이론과 프랑스, 독일의 경험 등을 참조하여 문화적 접촉의 증대를 한·일 역사인식 개선의 대안책으로 제시한다. 4장에서는 문화적 접촉이 양국에 대한 태도와 갈등적인 역사인식에 실제로 어떤 영향을 미치는지를 방문 경험, 지인의 존재, 정보 취득 정도로 나누어 경험적 자료를 통해 검토한다.

2. 한·일 양국의 상호인식

이 장에서는 2013년 조사 자료를 통해서 한·일 양국 국민의 상호 인식을 살펴보도록 하겠다. 양국 관계의 인식으로는 한국과 일본 국민 각각에 대해 상대국에 대한 인상, 상대 국민에 대한 신뢰, 현재의 한·일 관계, 한·일 관계의 중요성, 한·일 관계의 미래 전망 등 다섯 가지 항목을 살핀다. 그리고 좀 더 구체적으로 양국 관계를 방해하는 요인, 역사 문제에서 해결해야 할 문제, 일본 수상의 야스쿠니신사 참배에 대한 의견을 한·일 각각에 대해 검토한다.

먼저 상대국에 대한 인상을 보자. 〈그림 5-1〉에서 보듯이, 상대국에 대해 좋은 인상(좋은 인상+대체로 좋은 인상)을 갖고 있다고 응답한 한국인의 비율은 12.2%, 일본인은 31.1%였고, 좋지 않은 인상(좋지 않은 인상+대체로 좋지 않은 인상)을 갖고 있다고 응답한 한국인은 76.6%, 일본인은 37.3%였다. 부정적 인상이 긍정적 인상에 비해 한국의 경우 6배 많은 반면 일본의 경우는 6%밖에 차이나지 않는다는 점에서, 한국인이 일본에 대해 갖는 부정적 인상이 더 강하다고 할 수 있겠다. 상대국의 국민성을 신뢰하는지를 묻는 질문에 대해서는, 양국 모두 상대국을 신뢰할 수 없다(매우+대체로 신뢰할 수 없다)는 응답이 신뢰할 수 있다(매우+대체로 신뢰할 수 있다)는 응답보다 높았다. 일본의 경우 한국 국민을 신뢰할 수 없다는 응답이 신뢰할 수 있다는 응답보다 2.5배나 높았다.

상대국에 대한 인상과 상대 국민에 대한 신뢰 여부가 오랜 시간에 걸쳐 형성된 인식과 평가라면, 현재의 한·일 관계에 대한 인식은 최근의 역사인식 문제 및 외교적 분쟁과 직접적으로 연결되어 있다. 2013년 현재의 한·일 관계에 대해 나쁘다(약간 나쁘다+매우 나쁘다)라고 응답한 한국인은 67.4%, 일본인은 55.1%였고, 좋다(약간 좋다+매우 좋다)라고 응답한 한국인은 3.4%, 일본인은 11.3%에 불과했다. 이것은 2012년, 2013년에 양국에서 더욱 민감한 쟁점이 되었던 독도/다케시마, 일본군위안부, 역사교과서 문제 등에서 비롯된 반일·반한 감정을 떠올린다면 수긍할 만하다. 문제는 미래 한·일 관계의 전망 또한 그다지 밝지 않다는 것이다. 낙관적(좋아질 것이다+약간 좋아질 것이다)으로 응답한 비율은 한국인 14%, 일본인 23.1%였다. 현재와 같을 것이라고 응답한 비율은 한국인은 59.5%, 일본인은 34.6%인데, 현재의 한·일 관계가 앞서 보았듯이 상당히 나쁘다는 점에서 비관적인 신호에 가깝다. 현재보다도 더 나빠질 것이다(약간 나빠질 것이다+

그림 5-1 | 한·일 상대국(민)에 대한 태도와 양국 관계 인식*

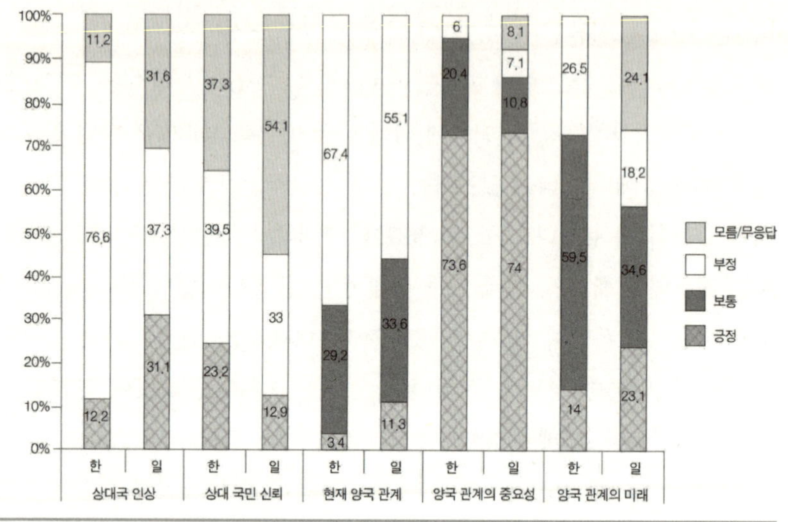

* 이하 문항측정과 관련해서는 뒤의 부록을 참조할 것.

나빠질 것이다)라고 보는 비율도 한국인 26.5%, 일본인 18.2%나 되었다. 즉 한·일 관계는 교착상태에 빠져 있고, 개선될 기미가 보이지 않는다는 것이 한·일 양국민의 인식이라고 할 수 있다.

양국에 대한 태도와 관계 인식이 비우호적이고 비관적이라 하더라도 개선의 여지는 있다. 한·일 국민 모두 한·일 관계의 중요성을 인식하고 있기 때문이다. 한·일 관계가 중요하다고 응답한 비율은 한국인 73.6%, 일본인 74%로 매우 높았다. 중요하지 않다고 응답한 비율은 한국 6.0%, 일본 7.1%에 불과했다. 한·일 관계의 중요성을 깊이 인식하고 있음에도 불구하고, 한·일 관계가 이렇게 국민들 사이에서 깊이 불신되고 비관적으로 전망되는 까닭은 무엇일까? "일·한/한·일 관계의 발전을 저해하는 주요 원인이

표 5-1 | 양국 관계의 발전을 방해하는 주요 요인

순위	한국 국민	%	일본 국민	%
1	독도 문제	94.6	다케시마 문제	83.7
2	일본의 역사인식과 역사교육	61.1	한국 국민의 반일감정	55.1
3	일본정치인들의 반한감정 조장 언행	31.1	한국의 역사인식과 역사교육	33.8
4	일본 국민의 반한감정	24.7	한국 미디어의 반일 감정적 보도	25.3
5	경제마찰	19.0	양국 국민 간 신뢰관계 구축 부재	16.0

* 3개를 선택하도록 하였음. 한국의 응답자수는 2,862명이고, 일본의 응답자수는 2,631명임.

무엇이라고 생각하십니까?"를 묻고, 세 개까지 응답할 수 있도록 했다.

〈표 5-1〉에서 보듯이 역시 영토 분쟁과 역사인식과 관련한 문제가 양국 관계의 걸림돌로 작용하고 있었다. 양국 국민이 한·일 관계 발전의 방해요인으로 가장 많이 꼽은 요인은 독도/다케시마 문제였다. 거의 대부분의 사람들 곧 한국인 94.6%, 일본인 83.7%가 선택했다. 1~2년 사이 독도/다케시마 문제를 둘러싸고 이명박 대통령의 독도 방문이나 일본 국회의원들의 방문 시도 등 한·일 정치인들이 보인 행보와 양국 언론의 감정적인 보도를 감안하면 대다수 국민들이 독도/다케시마 문제를 가장 큰 장애요인으로 꼽는 것은 이해할 만하다. 독도/다케시마 문제를 제외하고 한·일 관계의 발전을 저해하는 2~4순위는 한국과 일본 국민 모두 역사인식과 역사교육, 정치인과 미디어에 의한 반한/반일 감정 조장, 상대국 국민들의 자국에 대한 부정적 감정이었다. 기본적으로 역사인식 차이와 그로부터 파생된 감정적 대립을 문제로 삼고 있다. 방해요인 5순위는 여기서 조금 벗어난 문제인데, 한국의 경우 한·일 양국의 경제마찰을 꼽았다. 아마도 한국 국민이 경제대국 일본을 경쟁 대상으로 삼았기 때문일 것이다.

방해요인 중 독도/다케시마 문제를 어떻게 받아들일까에 대해 좀 더 생각할 필요가 있다. 2,3,4순위의 역사인식 관련 문제들은 식민지 경험에서 비롯된 감정인데 반해, 독도/다케시마 문제는 식민지와 무관하게 주권국가 일반에서 나타날 수 있는 영토상의 분쟁이다. 전자가 무정형의 인식상의 문제라면, 후자는 물리적인 영토와 국익상의 문제이다. 곧 독도/다케시마 문제는 정치인들의 결단이 필요한 문제인 반면, 역사인식과 관련한 문제는 조약이나 협정의 문제라기보다 양국민의 상호이해와 자기성찰이 필요한 문제라고 할 수 있다. 따라서 해결방식의 접근법이 다를 수밖에 없다. 그런 점에서 본고는 독도/다케시마 문제를 제외한 역사인식 문제에 초점을 맞추고자 한다.

역사 문제에서 해결해야 할 문제를 답하라는 질문에 대해서 한·일 양국 국민은 〈표 5-2〉와 같은 큰 차이를 보였다. 한국 국민은 일본 역사교과서를 가장 큰 문제로 인식하고 있었으며, 일본 국민은 역사 문제에 대한 한국인의 과도한 반일행동과 한국의 반일교육 및 교과서 내용을 주요 문제로 여겼다. 역사교과서를 통한 잘못된 역사인식 혹은 반일감정을 문제의 원인으로 짚고 있다는 점에서, 역사교과서는 한·일 양국 모두에게 문제의 진원지였다. 전반적으로 한국 국민은 일본 국민의 잘못된 역사인식을 해결해야 할 우선과제로 꼽았고, 일본 국민은 한국 국민의 과도한 반일감정과 반일행동을 우선과제로 꼽았다. 양 국민 모두 역사인식에서 파생된 현 난국의 책임을 상대국에 돌리고 있음을 알 수 있다.

마지막으로 일본 수상의 야스쿠니신사 참배에 대한 생각을 살펴보자. 1급 전범이 합사되어 있는 야스쿠니신사에 일본 수상이 참배하는 것은 주변국 특히 한국과 중국을 충분히 배려하지 못한 부적절한 행동으로 받아들여진다. 반면 일본 입장에서는 전쟁에서 희생된 참전 군인에 대한 정치지도자의 참배는 문제가 되지 않는다는 입장이다(高橋哲哉 2005). 〈표 5-3〉을 보면, 한국 국민은 공적이든 사적이든 일본 수상이 참배해서는 안 된다는

표 5-2 | 역사 문제에서 해결해야 할 문제*

순위	한국 국민	%	일본 국민	%
1	일본 역사교과서	72.4	일본과의 역사 문제에 대한 한국인의 과도한 반일행동	55.2
2	침략전쟁에 대한 일본의 인식	51.1	한국의 반일교육 및 교과서의 내용	54.8
3	일본인의 일본군위안부에 대한 인식	42.0	한국 언론의 일본에 대한 보도	28.5
4	일본인의 과거사 반성이나 사죄의 부족	35.4	침략전쟁에 대한 일본의 인식	26.8
5	일본 정치가의 한국에 대한 발언	24.3	한국 정치가의 일본에 대한 발언	25.9

* 해당하는 것을 모두 선택하도록 하였음. 한국의 응답자수는 2,727명이고, 일본의 응답자수는 2,994명임.

표 5-3 | 일본 수상의 야스쿠니신사 참배에 대한 생각

	참배해도 문제될 것이 없다	개인적 참배라면 문제될 것이 없다	어떤 경우든 참배해선 안 된다	모름/무응답	평균값*
한국 국민(N=1,004)	5.2%	34.4%	60.0%	0.5%	2.55(0.593)
일본 국민(N=1,000)	47.8%	27.4%	8.3%	16.5%	1.53(0.670)

* 평균값은 잘 모름/무응답을 제외함(이하 동일). 여기서는 "참배해도 문제될 것이 없다"를 1, "어떤 경우든 참배해서는 안 된다"를 3으로 계산하였기 때문에 그 값이 클수록 수상의 참배를 반대하는 것을 의미하며, 괄호안의 숫자는 표준편차이다.

입장이 60%에 달했다. 그러나 개인적 참배는 가능하다는 생각도 35% 있었다. 일본 국민은 '참배해도 상관없다'와 '개인적 참배라면 문제될 것이 없다'를 합쳐 약 75%가 참배를 용인했다.

3. 문화 접촉을 통한 상호이해와 성찰성의 증대

앞서 본 것처럼 한국과 일본의 국민이 상대국에 대해 갖고 있는 태도와 인식은 상당히 부정적이다. 상대국에 대한 인상과 상대 국민에 대한 신뢰,

그리고 현재의 한·일 관계에 대한 인식 모두 부정적인 시각이 매우 크다. 이와 같은 상호불신과 거부감은 자국 정치인들이 민족주의에 호소하며 상대국을 배려하지 않는 극단적인 행동을 용인함으로써 상대국을 자극하여 상대국의 반감을 불러일으키는 악순환을 만들어내고, 장기적으로는 동아시아의 평화를 위협하는 잠재적 요인이 되고 있다.

그렇다면 이러한 현실을 타개하기 위한 방법은 무엇이 있을까? 영토 문제의 경우 가장 큰 불안의 요소이지만 정치지도자들의 결단과 국제적인 조정에 의해 새로운 국면을 맞을 가능성이 있으나, 역사적 경험에서 비롯된 역사인식 문제의 경우 오랫동안 축적되고 감정기억의 형태로 세습되어 쉽게 치유하고 회복하기 어렵다. 그런 점에서 역사인식 문제는 장기적이고 섬세한 접근이 필요하다. 물론 한국인으로서는 일본의 사과와 올바른 역사인식이 문제를 해결하는 최선의 방법이라고 하겠지만, 지금까지의 경험상 이것은 쉽지 않을 뿐만 아니라 일본적 맥락에서는 불가능하기까지 하다. 때문에 일본 국민과 한국 국민이라는 국민 주체로서가 아니라, 지리적으로 역사적으로 가까운 나라의 시민으로서의 신뢰와 친밀감을 바탕으로 상대국 국민을 이해하는 것으로부터 관계 개선이 가능할지 모른다. 이를 위한 하나의 방법으로 본고는 상대국의 방문, 인적 관계망의 확장, 정보 취득의 다양화와 같은 문화 접촉의 양적·질적 확대를 통한 일반 시민 수준에서의 관계 개선을 제안한다.

이상의 제안은 다음 세 가지 근거를 갖는다. 첫째, 이론적으로는 도이취(Karl W. Deutsch)의 상호교류 이론(transactional theory)이다. 도이취와 그의 동료들은 1950년대부터 국가를 통합하는 방법을 연구했고 다원적 안보 공동체를 제안했다(Deutsch 1957, 5). 도이취에 따르면 안보 공동체는 초국가적 소통과 네트워크의 국경을 넘는 상호교류의 증가를 제도화하는 것에 의해 달성된다(Deutsch 1957; 1969). 상호교류는 공통의 정체성과 신뢰를 증진함으로써 새로운 정치공동체에 대한 지지를 가능하게 한다는 점에서 국가통합에 핵심요소로 기능한다. 이때 상호교류는 상품과 자본, 노동의 흐름뿐 아니라 과학, 교육, 문화 분야에서의 교류와 협력 등 삶의 다양한 측면을 담아내야 하고, 장기적 관점에서 일관되고 예측 가능해야 하며 양립 가능한 가치를 수반해야 한다(Deutsch 1969, 102; 1957, 123). 현재의 한·일 관계는 초국가적 공동체를 모색하는 단계라기보다는 현실적인 관계 악화를 개선하는 것을 급선무로 하고 있지만 공통의 정체성과 신뢰 증진을 목표로 한다는 점에서 도이취의 상호교류 모델은 경직된 한·일 관계와 양국의 상호인식을 개선하는데 기여할 것으로 보인다.

둘째, 프랑스와 독일의 역사적 경험은 문화 교류의 중요성을 말해준다. 제2차 세계대전 후 프랑스와 독일의 급속한 관계 회복은 불편한, 심지어 적대적 관계에 놓였던 양국이 정치지도자의 결단과 그에 따른 문화적 교류 노력을 통해 관계가 개선될 수 있음을 보여 주었다. 1951년의 파리조약, 1957년의 로마조약, 1963년의 엘리제조약을 통해 두 나라는 경제, 사회, 군사적인 영역에서 교류를 늘렸다. 뿐만 아니라 일반 시민 수준에서의 교류도 대폭 늘려 자매도시, 사업파트너, 학생 교환과 같은 프로그램을 통해 양국민이 직접 교류할 수 있는 일차적 기회를 제공했다(Klingemann 2013, 461). 프랑스와 독일의 사례는 도이취의 상호교류 이론을 검증한 것이기도 하다(Deutsch 1967). 한국과 일본 또한 1998년 한·일 공동성명 이후 자유로운 교류가 가능했지만, 경제적 교류와 학술교류만큼 시민들 개개인의 인적·문화적 교류는 활발하지 않았다. 또한 한국 내에서 일본문화 전면개방에 대한 반대와 일본 내에서는 한류 붐에 대한 혐한류 분위기가 여전히 조성되어 있다. 가장 가까운 나라임에도 불구하고 방문과 지인의 수, 그리고 직접적인 문화 교류는 앞서 표에서 본 것과 같이 여전히 낮은 수준이다. 그런 점에서 프랑스와 독일이 일찍이 보였던 유사 공공적인 노력이 필요하다(Krotz, 2007). 물론 전후 프랑스와 독일이 비우호적인 관계에 있었다 하더라도 이를 한·일 관계에 적용하는 것은 무리일 수 있다. 한국과 일본의 비우호적 관계와 상호인식은 오랜 역사와 민족주의적 반감을 감안하면 훨씬 심각하기 때문이다. 그렇지만 전후 프랑스와 독일의 노력은 비우호적인 관계가 문화 접촉을 통해 개선가능하다는 좋은 선례이기 때문에, 본고의 가설을 뒷받침하는 참조 점으로 활용될 수 있을 것이다.

셋째, 한·일 전문가집단의 조사 결과는 인적 상호교류의 효과를 잘 보여 준다. 본고에서 다루지는 않았지만 2013년도에 동아시아연구원과 겐론NPO가 한국 유식자 393명, 일본 유식자 575명을 대상으로 실시한 한·일 전문가 인식조사에 따르면(정원칠 2013), 상대국에 대한 인상은 일반 국민이 갖는 호감에 비해 한국 유식자가 약 3배, 일본 유식자가 1.7배가량 높았다. 그리고 상대국 방문 경험을 보면, 일반 국민에 비해 한국 유식자는 3.5배, 일본 유식자는 3.3배 높았다. 지인이 있는 경우는 한국 유식자는 6.3배, 일본 유식자는 3.4배 높았다. 상대국의 문화를 직접 접한 경험은 일반 국민에 비해 한국 유식자는 3.1배, 일본 유식자는 3.7배 높았다. 좀 더 세밀한 분석이 필요하겠지만 일단 이상의 결과를 통해서 방문 경험과 지인, 직접적 문화 접촉이 일반인보다 대략 3.5배가량 높은 전문가집단이 상대국에 대한 인상 또한 훨씬 긍정적이었다는 점을 확인할 수 있다. 따라서 전문가집단이 일반 국민보다 상대국에 대해 긍정적인 인상을 갖는 것은 여러 요인이 있겠지만, 이와 같은 개인적 수준에서의 문화 접촉과 밀접한 관계가 있을 것이라고 추측할 수 있다.

이처럼 문화 접촉의 증대가 상호이해를 증진하고 우호적 관계를 촉진

한다는 가설을 뒷받침하는 기존의 이론과 사례들이 있지만, 동시에 접촉의 빈도와 강도가 높아질수록 상호이해뿐 아니라 상대방에 대한 편견과 부정적 인식도 강화된다는 문화인류학적 연구도 존재한다(Stuart Hall and Bram Gieben, 2001).[2] 즉 문화 접촉을 통한 직접교류가 우호적 관계를 생산한다는 가설은 한쪽 측면만을 부각한 것일 수 있다. 본고는 연구범위와 한계상 문화 접촉이 우호적 관계를 생산한다는 것을 주요 가설로 삼고 있지만 추후 연구에서는 좀 더 복합적인 가설화 작업이 수반될 필요가 있다.

이와 함께 문화 접촉 및 직접교류가 한국인과 일본인의 역사인식 전환의 결정적 요인이라고 말할 수는 없다는 점이 지적되어야 한다. 한국과 일본에서 상대국에 대한 인식에 영향을 미치는 요인으로는 문화 접촉뿐 아니라 국제무대에서의 지정학적 여건, 경제적 위치의 변화, 자국 정치인들의 성격 등 여러 요인이 있다. 특히 지정학적으로 중국이나 미국과의 관계는 한·일 양국의 상호인식과 역사인식에 큰 영향을 미칠 것이라고 예상된다. 그러나 본고에서는 이런 복합적 요인을 동시에 고려하여 연구모형을 설계하지는 못했다. 즉 주요한 다른 변수들이 통제된 상태에서 문화 접촉이 역사인식 전환과 어떤 관계가 있는지 측정하지는 못했다. 이 또한 추후 연구에서 통합적으로 검토될 필요가 있을 것이다.

이하에서는 상대국과의 문화 접촉 경험 및 정도 차가 상대국에 대한 태도 및 역사인식과 관계가 있다는 가설을 가지고, 한국과 일본의 사례를 각각 검토해보고자 한다. 문화 접촉은 세 가지로 구성된다. 첫째 상대국을 방문한 경험이 있는지, 둘째 상대국에 친구나 지인이 있는지, 셋째 상대국에 대한 정보를 어느 정도 접하는지이다.

2_실제로 2002년 월드컵 공동개최를 계기로 일본에서는 혐한 분위기가 조성되었다.

4. 문화 접촉에 따른 상호인식 전환의 효과

한국과 일본의 문화 접촉은 방문, 지인, 정보취득 세 가지 차원으로 나누어 검토한다. 설문조사 결과를 보면, 한·일양국의 지리적 인접성과 한류붐이나 일본 대중문화의 인기에도 불구하고 직접적인 교류는 활발하지 않았다. 상대국을 방문한 경험이 있다고 한 한국인은 23.8%, 일본인은 21.4%로 나타났는데, 방문목적은 대부분 관광 및 여행이었다. 즉 일본을 방문한 한국인은 관광(84.1%)과 단기출장(11.7%)을 위해서, 한국을 방문한 일본인도 관광(89.3%)과 단기출장(8.9%)을 위해서였고, 장기출장과 사업상의 거주, 유학은 5% 이하였다.

상대국 지인의 유무 여부는 '매우 친한 친구 혹은 지인이 있다'나 '종종 이야기를 나누는 친구 혹은 지인이 있다'고 응답한 한국인은 9.7%, 일본인은 22%였다. 상대국에 대한 정보 취득은 자국 미디어를 통해 얻는 경우가 많았다. 한국 국민의 80.8%와 일본 국민의 70.2%가 자국 미디어를 통해 상대국의 정보를 얻었다. 상대국의 언론매체나 인터넷을 본 경험이 있는 한국인은 13.2%, 일본인은 20.8%였다. 또 상대국의 문화(문학, 음악, 무용, 연극, 엔터테인먼트)를 직접 접한 적이 있는 한국인은 12.7%, 일본인은 12.9%로 나타났다. 상대국의 문화를 접한 적이 거의 없거나 무관심한 비율도 한·일 모두 20%에 가까웠다. 상대국 문화를 거의 접한 적이 없다고 응답한 한국인은 10.4%, 일본인은 9.0%였고, 관심이 없다고 응답한 한국인은 8.8%, 일본인은 7.7%였다.[3]

3_상대국에 대한 정보취득 문항은 해당하는 것은 모두 선택하도록 하였으며, 한국인 응답자는 1,264명, 일본인 응답자는 1,206명이다.

1) 방문 경험

방문 경험과 상대국에 대한 태도 및 인식의 관계는 〈표 5-4〉와 같이 대부분 유의미하게 나타났다. 일본을 방문한 경험이 있는 한국인은 일본에 대한 인상과 일본인에 대한 신뢰, 한·일 관계의 중요성에 대한 인식에 있어서 방문 경험이 없는 사람보다 확실히 우호적인 태도를 보였다. 일본인 또한 마찬가지로 한국을 방문한 적이 있던 사람은 그렇지 않은 사람보다 한국에 대한 인상, 한국인에 대한 신뢰, 한·일 관계의 중요성, 한·일 관계 전망에서 통계적으로 유의미한 수준에서 우호적인 태도를 보였다. 다만, 야스쿠니신사 참배 문제에 대해서는 양국 모두 방문 경험이 유의미한 관계를 보이지 않았다.

다음으로 방문 경험이 역사인식과 어떤 관계가 있는지 살펴보자. 방문 경험의 유무를 분리해서 해결해야 할 역사 문제가 무엇이라고 생각하는지를 살펴본 결과 앞의 〈표 5-2〉의 결과와 차이가 거의 나지 않았다. 양자 간 차이가 있는 경우도 2% 안팎의 수준에 머물렀다. 방문 경험이 상대국의 인상이나 신뢰, 양국 관계에는 통계적으로 유의미한 관계가 있지만 역사인식에는 별다른 차이를 미치지 못하는 이유는 무엇일까? 방문 경험이 있다고 응답한 사람의 95% 이상이 관광과 단기출장이라는 일시적 방문이었다는 점에서, 역사인식에 변화를 주기는 어렵다는 것을 추측해 볼 수 있다.

2) 지인의 존재

지인이나 친구의 유무와 친근감의 정도는 〈표 5-5〉에서 보는 것처럼

표 5-4 | 방문 경험에 따른 상대국 인식

	문항(측정범위)※	있다	없다	t(p)
한국 국민	일본 인상(1~4)	1.99(0.816)※※※	1.64(0.669)	6.313***
	일본인에 대한 신뢰(1~5)	2.89(1.027)	2.71(0.963)	2.495**
	한·일 관계 중요성(1~5)	4.04(0.793)	3.85(0.856)	3.098***
	한·일 관계 전망(1~5)	2.88(0.878)	2.80(0.789)	1.246
	야스쿠니신사 참배(1~3)※※	2.53(0.593)	2.55(0.595)	- 0.453
일본 국민	한국 인상(1~4)	2.66(0.868)	2.32(0.823)	4.514***
	한국인에 대한 신뢰(1~5)	2.80(0.920)	2.68(0.858)	1.824*
	한·일 관계 중요성(1~5)	4.20(1.009)	4.05(1.013)	1.783*
	한·일 관계 전망(1~5)	3.22(0.946)	3.03(1.009)	2.268**
	야스쿠니신사 참배(1~3)	1.55(0.638)	1.52(0.679)	0.535

※값이 클수록 긍정적이다. ※※야스쿠니신사 참배는 값이 클수록 참배를 반대하는 입장이다. ※※※평균값과 표준편차.
*p < 0.1, ** < 0.05, *** < 0.01

그림 5-2 | 방문 경험에 따른 해결할 역사 문제의 우선순위

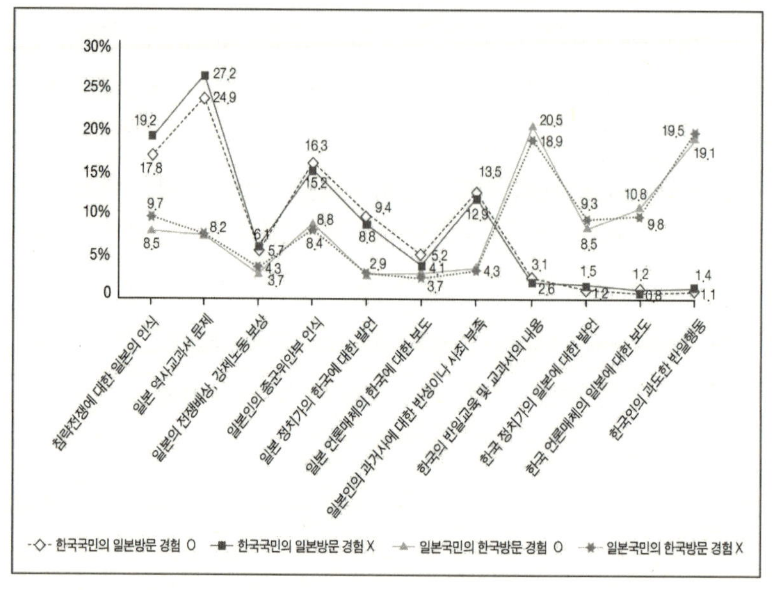

표 5-5 | 지인과 친구 여부에 따른 상대국 인식

	문항(측정범위)	매우 친한 친구나 지인이 있다	종종 이야기 나누는 친구나 지인이 있다	친구나 지인이 없다	F(p)
한국국민	일본 인상(1~4)※	2.05(0.740)※※※	2.03(0.854)	1.69(0.707)	8.530***
	일본인에 대한 신뢰(1~5)	2.96(1.019)	3.28(1.004)	2.71(0.970)	8.665***
	한·일 관계 중요성(1~5)	4.04(0.747)	3.96(0.842)	3.88(0.850)	1.003
	한·일 관계 전망(1~5)	2.82(0.865)	2.91(0.839)	2.81(0.808)	0.336
	야스쿠니신사참배(1~3)※※	2.47(0.612)	2.38(0.614)	2.56(0.590)	2.601*
일본국민	한국 인상(1~4)	2.98(0.868)	2.56(0.812)	2.30(0.820)	20.309***
	한국인에 대한 신뢰(1~5)	3.19(1.023)	2.90(0.886)	2.62(0.834)	19.705***
	한·일 관계 중요성(1~5)	4.32(1.014)	4.25(0.953)	4.03(1.020)	4.859***
	한·일 관계 전망(1~5)	3.44(1.162)	3.23(0.970)	3.00(0.973)	7.534***
	야스쿠니신사 참배(1~3)	1.71(0.760)	1.52(0.639)	1.51(0.664)	2.762*

※값이 클수록 긍정적이다. ※※야스쿠니신사 참배는 값이 클수록 참배를 반대하는 입장이다. ※※※평균값과 표준편차.
*p<0.1, **<0.05, ***<0.01

그림 5-3 | 친구 혹은 지인 유무에 따른 한국인의 해결할 역사 문제의 우선순위

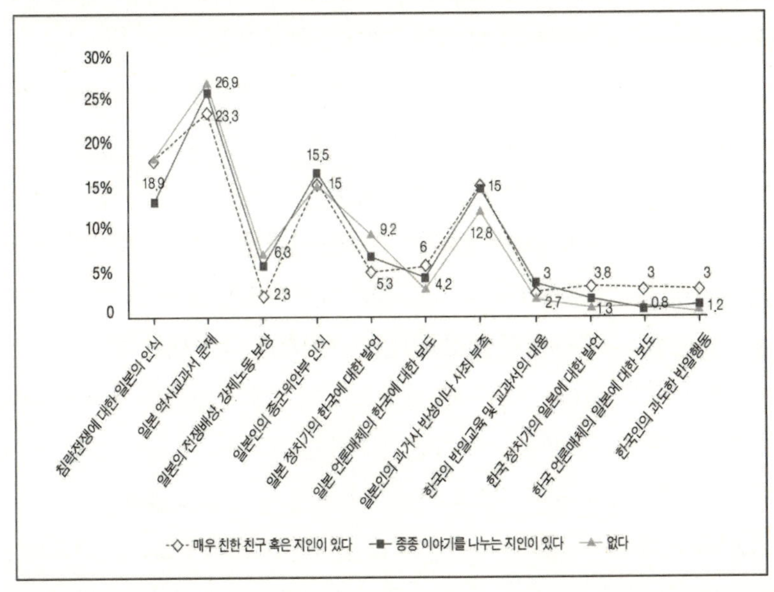

상대국에 대한 태도 및 역사인식과 매우 유의미한 관계를 갖는 것을 알 수 있다. 일본의 경우는 다섯 가지 항목 모두에서 유의미한 관계가 나타났다. 또한 흥미로운 점은 일본인은 지인과의 친밀도가 클수록 인상이나 신뢰의 긍정적 점수가 높아지는 반면, 한국인은 친구나 지인이 없는 경우 인상이나 신뢰도가 가장 낮기는 하지만, 매우 친한 사이가 적당히 친한 사이보다 점수가 높지 않다는 점이다. 그러나 무엇보다 주목해야 할 것은 지인 유무가 야스쿠니신사 참배에 대한 태도에 통계적으로 유의미한 관계를 갖는다는 사실이다. 한국 국민의 경우 일본인 지인이 없는 사람은 있는 사람보다 참배 반대에 대한 태도가 더 강경했다. 일본 국민은 매우 친한 지인이 있는 사람이 지인이 없거나 적당히 친한 지인이 있는 사람보다 일본 수상의 참배를 용인하는 데 소극적이었다. 이것은 (매우 친한) 지인이 있는 한국 국민과 일본 국민은 상대국 사람들의 입장을 이해하고 배려한다는 것을 의미한다.

그렇다면, 지인이나 친구의 존재는 역사 문제 해결에 대한 인식과 어떤 관계가 있을까? 한국인의 경우를 먼저 살펴보면 전체적으로 우선순위 자체는 〈표 5-2〉와 변동이 없지만, 지인 유무와 친한 정도에 따른 역사인식 차이가 확인된다. 일단 지인이 없다고 응답한 사람이 지인이 있는 사람들보다 더 강력하게 해결해야 할 과제로 꼽은 항목은 일본의 역사교과서, 일본의 전쟁 배상이나 강제노동 보상, 일본 정치가의 한국에 대한 발언이다. 세 항목 모두 일본인의 태도를 비판 대상으로 삼고 있다는 공통점이 있으며, 친구나 지인이 없다, 종종 이야기를 나누는 친구나 지인이 있다, 매우 친한 친구나 지인이 있다 등의 순으로 해당 항목을 문제로 삼고 있다.

다른 한편 매우 친한 지인이 있다는 응답자가 그렇지 않은 사람들보다 해결해야 할 과제로 우선시 한 것은 한국 정치가의 일본에 대한 발언, 한국 언론매체의 일본에 대한 보도, 한국인의 과도한 반일행동이다. 흥미롭게도

그림 5-4 | 친구 혹은 지인 유무에 따른 일본인의 해결할 역사 문제의 우선순위

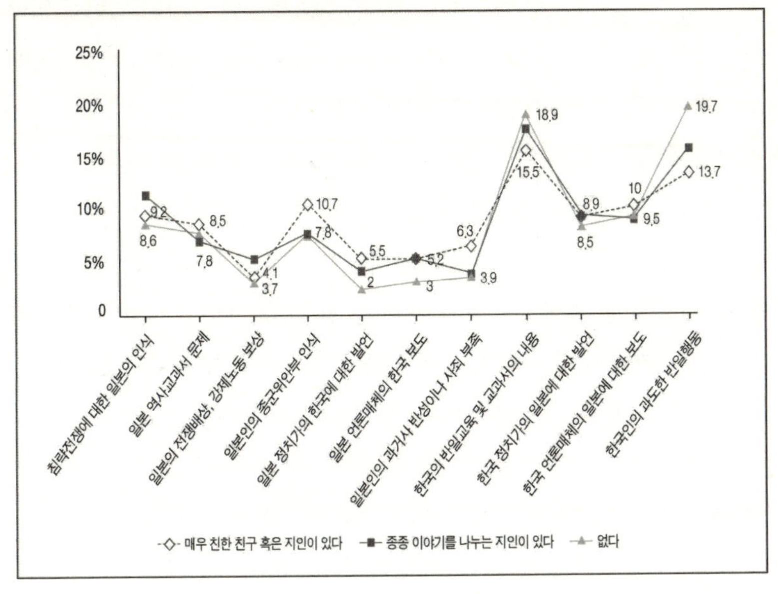

세 항목 모두 한국(인)의 행동에 대한 성찰적 비판이 담긴 항목들이며 매우 친한 친구나 지인이 있다, 종종 이야기를 나누는 친구나 지인이 있다, 친구나 지인이 없다 등의 순으로 해당 항목을 문제로 삼고 있다. 이 두 가지 사례는 매우 의미 있는 결과를 보여 준다. 즉 한국인에게 친한 일본인 지인의 존재는 역사인식에 있어서 자국에 대해서는 성찰적인 태도를, 일본에 대해서는 일본을 이해하는 태도를 높이는 역할을 하는 것으로 추측할 수 있다.

다음으로 일본인의 경우를 살펴보자. 〈그림 5-4〉에서 보면, 지인이 없다고 응답한 사람들이 그렇지 않은 사람들보다 높은 비율로 해결해야 할 문제라고 꼽은 사항은 한국인의 과도한 반일행동과 한국의 반일교육 및 교과서이다. 두 항목 모두 〈표 5-2〉의 전체 순위에서 1위와 2위에 꼽힌 것으로써 한국인의 태도를 문제로 삼고 있다. 응답 비율은 친구나 지인이 없다, 종종 이야기를 나누는 친구나 지인이 있다, 매우 친한 친구나 지인이 있다 등의 순서이다. 즉 친한 한국인 지인이 없는 일본인일수록 역사 문제에서 한국인의 태도와 행동을 문제로 삼고 있으며, 매우 친한 한국인 지인이 있는 일본인은 역사 문제에서 상대적으로 한국인 탓을 덜 하고 있다.

다른 한편 매우 친한 지인이 있는 일본인 응답자가 지인이 없는 응답자보다 해결해야 할 과제로 우선시 한 것은 일본인의 일본군위안부 인식, 일본정치가의 한국에 대한 발언, 일본 언론매체의 한국에 대한 보도, 일본인의 과거사 반성이나 사죄부족이다. 흥미롭게도 네 항목 모두 일본인 자신의 태도에 대한 것이다. 미세한 차이를 보이지만, 전쟁 침략에 대한 일본의 인식과 일본 역사교과서 문제도 매우 친한 지인이 있는 사람이 지인이 없는 사람보다 응답 비율이 더 높은 항목이다. 즉 매우 친한 한국인 지인을 갖고 있는 일본인은 그렇지 않은 일본인보다 한·일 간 역사 문제 인식에서 일본인의 행동이나 역사인식 태도에 더 비판적이며, 한국인의 역사인식 태도에는 덜 비판적임을 알 수 있다. 특히 일본군위안부 문제의 경우는 〈표 5-2〉의 일본 국민의 전체적인 순위에서는 5순위 안에 들지 못했던 항목이지만, 매우 친한 한국인 지인이 있는 일본인을 분리해서 보면, 해결해야 할 역사 문제의 3순위가 된다. 즉 많은 일본인이 외면하고 싶어 하는 일본군위안부 문제에 대해 친한 한국인 지인이 있는 일본인은 문제의 심각성을 공감하고 해결해야 할 중요 문제로 생각하고 있는 것이다.

한국인의 경우와 마찬가지로 일본인 또한 친한 한국인의 존재는 역사인식에 있어서 자국 행동에 대해서는 반성적 태도와 관계가 있고, 타국 행동에 대해서는 공감적 태도와 관계가 있음을 알 수 있다. 종합하면, 한국

그림 5-5 | 정보 취득 정도에 따른 상대국의 인상

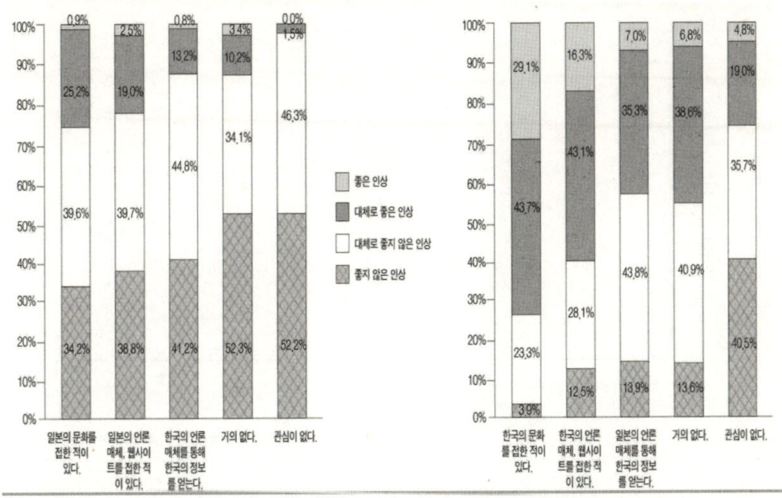

국민과 일본 국민 모두 친한 지인이 있는 경우, 그들에게 얻는 정보로부터 양국을 상대화시켜 이해할 수 있는 시각이 마련됨으로써 자국에 대한 성찰적 비판과 상대국에 대한 이해가 높아진다고 추론할 수 있다.

3) 정보 취득 정도

세 번째로 정보 취득 정도와 한·일 양국의 상호인식의 관계에 대해 살펴보자. 먼저 한국 국민이 일본 국민에 대해 갖는 인상을 〈그림 5-5〉에서 보면 문학, 음악, 엔터테인먼트 등의 일본문화를 직접 접한 적이 있는 한국인은 한국매체를 통해서만 일본 정보를 접하거나 일본에 대한 정보를 거의

그림 5-6 | 정보 취득 정도에 따른 한·일 관계의 전망

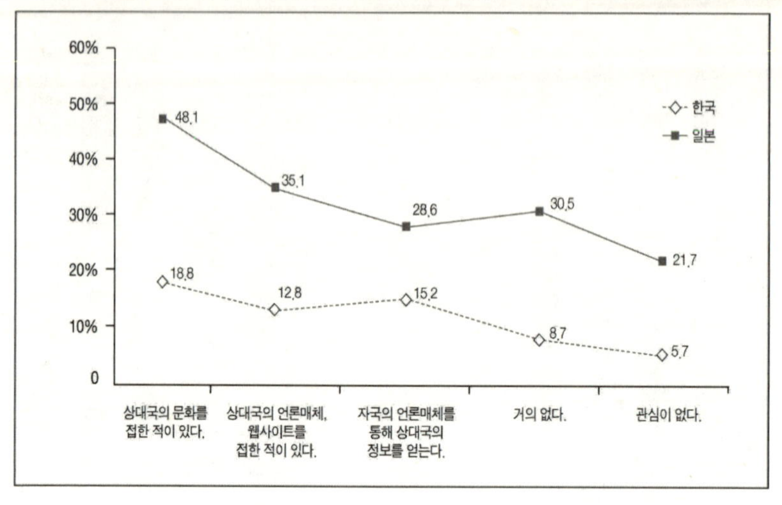

접하지 않는 사람보다 일본에 대한 인상이 두 배가량 높다. 일본문화와 정보를 취득하는 데 관심이 없는 사람 중에 일본인에 대한 인상이 좋다고 응답한 사람의 비율은 1.5%밖에 되지 않고 98.5%가 부정적 인상을 갖고 있었다. 또한 앞의 〈그림 5-1〉의 응답자 전체를 대상으로 한 질문에서 일본인에 대해 좋은 인상을 갖고 있다고 응답한 한국인은 12.2%에 지나지 않았던 반면, 일본문화를 직접 접한 적이 있는 한국인 중에서 일본인에 대해 좋은 인상을 갖고 있다고 응답한 비율은 26.1%가 된다.

일본 국민의 경우는 정보 취득 정도에 따른 상대국 인상에 대한 평가가 더욱 현저하게 나타난다. 한국문화를 직접 접한 경험이 있거나 한국매체를 접한 적이 있는 일본인의 약 72%와 59%가 한국인에 대한 인상을 긍정적으로 응답했다. 이는 〈그림 5-1〉에서 응답자 전체를 대상으로 한 한국인에

그림 5-7 | 정보 취득 정도에 따른 일본 수상의 야스쿠니신사 참배에 대한 입장

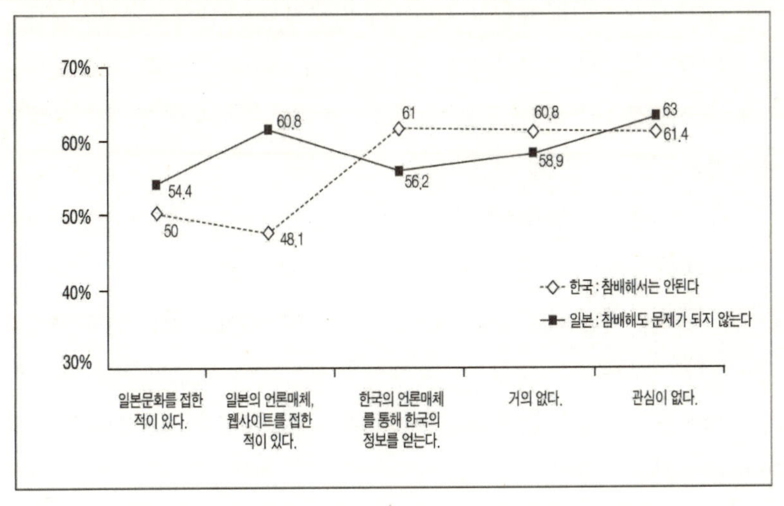

대한 긍정적 인상 비율(31.1%)의 배가 된다. 일본 또한 한국문화와 정보 취득에 관심이 없는 사람은 한국에 대한 부정적 인상이 76.2%로 높았다. 이처럼 한국과 일본 응답자 모두 정보취득 정도가 높을수록 상대 국민에 대해 호감도가 높은 비율로 나타남을 확인할 수 있다.

정보 취득 정도에 따른 한·일 관계의 전망을 살펴보자. 응답자 전체를 대상으로 한 〈그림 5-1〉의 결과에서는 양국에 대해 낙관적 전망을 한 한국인이 14%, 일본인이 23.1%였다. 정보 취득 정도에 비례하지는 않지만, 상대국의 문화를 직접 접한 적이 있는 응답자들이 다른 응답자들에 비해 가장 높은 낙관적 전망을 하고 있으며, 정보 취득에 관심이 전혀 없는 응답자들이 낙관적 전망에서 가장 거리가 멀다는 것을 확인할 수 있다.

마지막으로 정보 취득 정도에 따른 야스쿠니신사 참배에 대한 태도를

살펴보자. 한국인의 경우 일본의 문화를 직접 접하거나 일본 매체를 접한 적이 있는 사람은 그렇지 않은 사람들에 비해 일본 수상에 야스쿠니신사를 참배해서는 안 된다고 생각하는 비율이 10~12%가량 적었다. 야스쿠니신사에 대한 일본 내부의 맥락을 어느 정도 이해하기 때문에 강경한 반대를 하지 않는 것으로 추측할 수 있다.

일본의 경우는 상대국의 정보 취득 정도가 자국 수상의 야스쿠니신사 참배에 대한 태도와 일관된 관계를 갖는 것으로는 보이지 않는다. 그러나 한국의 문화를 직접 접한 응답자들이 한국인을 배려하지 않는 일본 수상의 신사 참배가 문제가 되지 않는다고 보는 비율이 가장 낮았고, 한국의 문화와 정보에 관심이 없다는 응답자들이 일본 수상의 참배를 문제로 삼지 않는 비율이 가장 높았다.

5. 요약과 토론

본고는 2013년 한·일 양국에서 실시한 한·일 상호 인식 조사 자료를 바탕으로, 한국과 일본의 일반 시민들이 양국 관계를 어떻게 평가하는지, 양국 관계의 걸림돌로 작용하는 것이 무엇인지, 그리고 이것을 극복하기 위한 방안이 무엇인지를 실증적으로 검토했다. 우선 한국 국민과 일본 국민 개인 수준에서 상대국에 대한 인상과 신뢰, 양국 관계에 대한 인식 등을 살피고 양국관의 발전을 방해하는 주요 요인이 역사인식 문제임을 확인했다. 본론에서는 상대국 방문과 지인의 존재, 정보 취득 정도와 같은 문화 접촉이 상대국에 대한 태도 및 역사인식에 영향을 미친다는 가설을 갖고,

한국과 일본 각각에서 그 관련성을 검토했다. 그 결과를 요약하면 다음과 같다.

첫째, 상대국을 방문한 경험이 있는 사람은 상대국에 대한 인상이나 상대 국민에 대한 신뢰, 한·일 관계의 중요성 인식 등에서 방문 경험이 없는 사람과 유의미한 차이를 보였다. 특히 상대국에 대한 인상은 한국과 일본 모두 더욱더 유의미했다. 그러나 양국 사이에 해결해야 할 역사 문제를 인식하는 데 있어서는 방문 유무가 큰 차이를 보이지 않았다. 이것은 상대국 방문목적의 95% 이상이 한·일 모두 단발성의 관광(대략 85%)과 단기출장(대략 10%)이란 점에서 역사인식에 영향을 미칠 정도의 성찰을 유도하기는 어렵기 때문이라고 생각할 수 있다.

둘째, 지인이나 친구의 유무 및 친밀감의 정도는 상대국에 대한 태도 및 인식과 매우 유의미한 관계를 갖는 것으로 확인되었다. 한국과 일본 모두 상대국에 대한 인상과 상대 국민에 대한 신뢰에서 통계적으로 매우 유의미한 차이를 보였다. 일본 수상의 야스쿠니신사 참배 문제에 있어서는, 한국인은 지인이 없는 사람은 그렇지 않은 사람보다 참배를 강력히 반대했고, 일본인은 매우 친한 지인이 있는 사람이 참배 허용에 소극적인 모습을 보였다. 역사 문제 해결에 대한 인식에 있어서도 지인의 유무와 친밀감의 정도는 중요한 차이를 만들어냈다. 특히 일본군위안부 문제에 있어서는, 친한 한국인 지인이 있는 일본인은 문제의 심각성을 공감하고 해결해야 할 중요 문제로 생각하고 있음이 확연히 드러났다. 전반적으로 지인이 있는 사람들은 상대국 탓을 하는 비율이 가장 낮았고, 자기나라 정치인과 국민의 태도를 반성하는 것으로부터 문제를 해결해야 한다고 생각하는 사람이 많았다. 지인에게 얻는 정보로부터 양국을 상대화시켜서 이해할 수 있는 시각이 마련됨으로써, 자국에 대한 성찰적 비판과 상대국에 대한 이해가 높아졌기 때문이라고 추론할 수 있다.

셋째, 정보 취득의 정도에 따라 상대국에 대한 인상이나 한·일 관계 전망, 야스쿠니신사 참배에 대한 태도가 다르게 나타났다. 정보 취득은 다중응답으로 설계되어 있어 교차분석만 수행했는데, 상대국 문화를 직접 경험한 적이 있는 사람들이 경험한 적이 없거나 무관심한 사람들에 비해 상대국에 대해 좋은 인상을 갖고 있는 것을 확인할 수 있었다. 특히 일본의 경우는 그 차이가 현저하게 나타났다. 야스쿠니신사 참배에 대한 태도 또한 상대국의 문화를 직접 경험한 적이 있는 사람들일수록 상대국의 입장을 생각하고 배려하는 방식으로 응답한 것으로 나타났다. 이상의 논의를 종합하면 상대국의 방문 경험과 지인 유무, 정보 취득 정도와 같은 문화 접촉은 한국과 일본 국민이 상대국에 대해 갖는 태도 및 역사인식과 매우 밀접한 관계가 있다고 말할 수 있다.

역사인식의 차이에서 생겨나는 문제는 양국의 역사교육의 틀을 새롭게 짜는 것을 통해 조정해 나가는 것이 정공법이겠지만, 그간 한국과 일본 모두 역사교과서 문제와 관련해 발생한 자국과 상대국에서의 논란을 떠올린다면 역사교과서의 정비를 통한 역사인식의 재정립은 현실적이지 않다. 또한 역사교육을 통한 해결은 현실적이지 않을 뿐만 아니라, 실은 효과적이지도 않다. 역사교육이란 정도의 차이는 있겠지만 기본적으로 내셔널 아이덴티티의 구축을 목표로 하므로, 역사교육을 통해 두 네이션의 타협점과 화해지점을 찾기는 더욱 곤란하기 때문이다.

한·일 간 역사인식의 팽팽한 대립과 상호불신이 과도한 민족주의적 역사교육과 그에 따른 강한 내셔널 아이덴티티와 관련이 있다면, 이를 해결하기 위해서는 민족주의 담론에 포섭되지 않는 영역에서의 경험이 중요할 것이다. 시민 개개인 수준의 문화 접촉과 교류의 경험은 국민으로 환원되지 않고 상대국의 사람들을 만나고 이해할 수 있는 경험을 제공한다는 점에서 특히 중요하다. 네이션과 네이션의 관계에서는 해결의 실마리를 찾을 수 없던 문제도, 인간으로서 혹은 시민으로서의 경험과 신뢰를 통해 한·일 관계와 역사인식의 새로운 길이 열릴 수 있을 것이다. 그것의 효과는 본고를 통해 기술적 수준에서 확인되었다.

지금까지 한·일 간의 문화 접촉은 여행과 같은 단발성 경험과 전문가 집단을 중심으로 한 교류가 주류를 이루었다. 본문에서 검토한 바대로 일회성 방문 경험은 지인이나 문화의 직접접촉만큼 그 효과가 크지는 않다는 점에서, 역사인식의 전환을 위해서는 좀 더 지속적이고 긴밀한 관계의 경험이 절실하다. 이런 긴밀한 관계는 사적 친분과 개인적 관심을 통해서 가능하지만, 동시에 공공적인 교류 프로그램의 활성화를 통해서도 가능하다. 그런 점에서 시민 개인 수준의 경험이라고 해서 시민 각자에게만 맡기는 것은 바람직하지 않다. 앞서 본 프랑스와 독일의 사례처럼 유사 공공적 수준의 지원이 수반되는 것이 효과적일 것이다. 도시 파트너십 및 중고등교 학생과 대학생들의 익스체인지 프로그램 등을 계속 증대시키는 것도 하나의 방법이 될 수 있다. 그리고 이들 프로그램은 현실에서 발생하는 외교적 마찰과 별개로 진행되어야 할 것이다.

상대국에 대한 인상 상대국에 대한 인상을 묻는 문항은 "귀하께서는 한국/일본에 대해 어떠한 인상을 가지고 있습니까?"였다. 이에 대한 응답은 ① 좋은 인상을 가지고 있다 ② 대체로 좋은 인상을 가지고 있다 ③ 대체로 좋지 않은 인상을 가지고 있다 ④ 좋지 않은 인상을 가지고 있다 ⑤ 어느 쪽도 아님으로 측정했다. 모름과 무응답은 별개의 응답지로 제시되었으나, 표에서는 합하였다(분석에서 역코딩).

상대국 국민에 대한 신뢰 상대국 국민에 대한 신뢰를 묻는 문항은 "귀하께서는 한국/일본의 국민성이 다음의 어느 쪽에 더욱 가깝다고 생각하십니까?"였다. 이에 대한 응답은 ① 매우 신용할 수 있다 ② 대체로 신용할 수 있다 ③ 어느 쪽도 아니다 ④ 대체로 신용할 수 없다 ⑤ 매우 신용할 수 없다로 측정했다(분석에서 역코딩).

한·일 관계의 중요성 한·일 관계의 중요성을 묻는 문항은 "현재 일·한/한·일 관계가 일본/한국에게 있어서 어느 정도 중요하다고 생각하십니까?"였다. 이에 대한 응답은 ① 중요하다 ② 비교적 중요하다 ③ 보통이다 ④ 비교적 중요하지 않다 ⑤ 중요하지 않다 ⑥ 모름으로 측정했다(분석에서 역코딩).

한·일 관계의 미래 전망 한·일 관계의 미래를 전망하는 문항은 "귀하께서는 양국 관계의 미래를 어떻게 전망하십니까?"였다. 이에 대한 응답은 ① 좋아질 것이다 ② 약간 좋아질 것이다 ③ 현재와 같을 것이다 ④ 약간 나빠질 것이다 ⑤ 나빠질 것이다 ⑥ 모름으로 측정했다(분석에서 역코딩).

양국 관계의 발전을 방해하는 주요 요인 "일·한/한·일 관계의 발전을 저해하는 주요 원인이 무엇이라고 생각하십니까?"를 묻고, 3개까지 응답 가능하게 하였다. 이에 대한 응답은 한·일 양국 모두 ① 다케시마 문제 / 독도 문제 ② 경제적 마찰(무역분쟁, 기술이전, 지적재산권 등) ③ 일본의 군사력 증강 ④ 한국의 군사력 증강 ⑤ 일본 국민의 반한감정 ⑥ 한국 국민의 반한감정 ⑦ 일본의 역사인식과 역사교육 ⑧ 한국의 역사인식과 역사교육 ⑨ 일본 미디어의 반한보도 ⑩ 한국 미디어의 반일보도 ⑪ 일본 정치인들의 반한감정 조장 언행 ⑫ 한국 정치인들의 반일감정 조장 언행 ⑬ 한·일 양국 국민 간 신뢰관계 구축의 부재 ⑭ 기타(구체적으로)를 제시했다.

역사 문제에서 해결해야 할 문제 "일본과 한국의 역사 문제와 관련하여 어떠한 문제를 해결하는 것이 중요하다고 생각하십니까?"를 묻고, 해당하는 것을 모두 선택하게 하였다. 이에 대한 응답은 한·일 양국 모두 ① 침략전쟁에 대한 일본의 인식 ② 일본 역사교과서 문제 ③ 일본의 전쟁 배상, 강제노동 등에 대한 보상 문제 ④ 일본인의 일본군위안부에 대한 인식 ⑤ 일본 정치가의 한국에 대한 발언 ⑥ 일본 언론매체의 한국에 대한 보도 ⑦ 일본인의 과거사에 대한 반성이나 사죄의 부족 ⑧ 한국의 반일교육 및 교과서의 내용 ⑨ 한국 정치가의 일본에 대한 발언 ⑩ 한국 언론매체의 일본에 대한 보도 ⑪ 일본과의 역사 문제에 대한 한국인의 과도한 반일행동 ⑫ 딱히 해결해야 할 문제는 없다 ⑬ 기타(구체적으로)를 제시했다.

일본 수상의 야스쿠니신사 참배에 대한 생각 "일본 수상의 야스쿠니신사 참배에 대해 어떻게 생각하십니까?"를 묻고, 이에 대한 응답은 ① 참배해도 문제될 것이 없다 ② 개인적으로 참배하는 것이라면 문제될 것이 없다 ③ 어떤 경우든 참배해서는 안 된다 ④ 잘 모름으로 측정했다.

방문 경험 "귀하께서는 일본/한국을 방문하신 경험이 있습니까"를 묻고, 이에 대한 응답은 ① 있다 ② 없다 ③ 무응답으로 측정했다.

친구 또는 지인 유무 여부 "귀하께서는 일본인/한국인 친지 또는 지인이 있습니까"를 묻고, 이에 대한 응답은 ① 매우 친한 친구 혹은 지인이 있다 ② 종종 이야기를 나누는 친구 혹은 지인이 있다 ③ 없다(있던 적도 없다)로 측정했다.

문화/정보 취득 정도 "귀하께서는 일본/한국에 대한 정보를 어느 정도 접하고 계십니까"를 묻고 2개 이상 응답가능하게 했다. 이에 대한 응답은 ① 일본/한국의 문화(문학, 음악, 무용, 연극, 엔터테인먼트)를 직접 접한 적이 있다 ② 일본/한국의 언론매체(TV방송이나 신문) 혹은 웹사이트 등을 접한 적이 있다 ③ 자국의 언론매체(신문, 잡지, TV 등)를 통해 상대국의 정보를 얻는 정도이다 ④ 거의 없다 ⑤ 관심이 없다로 측정했다.

참고문헌

김필동. 2010. "한·일 문화 교류와 아시아 「아시아 아이덴티티」." 『일본학보』84: 367-383.

김한종. 2013. 『역사교육으로 읽는 한국현대사』. 서울: 책과 함께.

박유하. 2013. 『제국의 위안부』. 서울: 뿌리와 이파리.

박태균. 2010. "반일을 통한 또 다른 일본 되기: 이승만 대통령의 대일인식." 『일본비평』 3: 98-119.

윤대석. 2010. "일본이라는 거울: 이광수가 본 일본·일본인." 『일본비평』. 3: 78-97.

이숙종. 2013. "2013년 한·일 관계 전망과 한국의 대응." 『EAI Issue Briefing 2013-01』. 서울: 동아시아연구원.

이용재. 2008. "엘리제 조약을 위하여-유럽통합과 프랑스-독일의 화해의 샛길." 『프랑스사연구』 19: 191-224.

정원칠. 2013. "2013 한·일 전문가 인식조사의 주요결과." 『EAI 여론브리핑 제135호』. 서울: 동아시아연구원.

'한·일, 연대21'. 2008. 『한·일 역사인식 논쟁의 메타히스토리』. 서울: 뿌리와 이파리.

高橋哲哉. 2009. 『역사인식 논쟁』. 임성모 역. 서울: 동북아역사재단.

高橋哲哉. 2005. 『야스쿠니 문제』. 현대송 역. 서울: 역사비평사

孫歌. 2003. 『아시아라는 사유공간』. 류준필 외 역. 파주: 창비.

鵜飼哲 외. 2005. 『반일과 동아시아』. 연구공간 '수유+너머' 번역네트워크 역. 서울: 소명출판.

Deutsch, K.W. et al.. 1957. Political community and the North Atlantic area. New York: Greenwood Press.

Deutsch, K.W. et al.. 1967. France, Germany and its Western Alliance. New York: Scribner.

Deutsch, K.W.. 1969. *Natioalism and its Alternatives*. New York: Alfred A. Knof.

Kleiner, Tuuli-Marja. 2012. "National image and trustworthiness - The role of cultural values in the creation of trust between European nations." *Place Branding and Public Diplomacy*. 8(3): 223-234.

Krotz, Ulrich. 2007. "parapublic Underpinnings of International Relations: The Franco-German Construction of Europeanization of a Particular Kind."

European Journal of International Relations 13(3): 385-417.

Kuhn, Theresa. 2011. “Individual transnationalism, globalization and euroscepticism: An empirical test of Deutsch's transactionalist theory.” *European Journal of Political Research*. 50: 811-837.

Suzuki, Tessa Morris. 2005. 『일본의 아이덴티티를 묻는다』. 박광현 역. 서울: 산처럼.

Wolfrum, Edgar. 2007. 『무기가 된 역사』. 이병련·김승렬 역. 서울: 역사비평사.

Wright, S.C. et al.. 997. “The extended contact effect: Knowledge of cross-group friendships and prejudice.” Journal of Personality and Social Psychology 73(1): 73-90.

6장

아시아 역내 유학생의 증가와 다층적 정체성 분석

황정미

1. 서론

한국을 비롯한 동북아시아 국가들은 강한 민족주의 전통과 민족 동질성에 근거한 국민정체성을 중시하는 공통의 역사적 배경을 갖고 있다고 흔히 이야기해 왔다. 그런데 주지하다시피 최근 10여 년간 한국과 일본에서 이른바 '다문화 공존'과 '다문화 사회'에 대한 논란이 크게 부각되었다. 20세기 후반, 특히 1980년대 이후 경제개발의 성공사례로 부상한 한국, 일본, 대만 등은 아시아의 주요 이주 목적국이 되었기 때문이다. 최근 동북아 내에서는 영토 분쟁과 위안부 문제 등 전후 처리 문제가 반복적으로 등장하면서 국가 간 분쟁과 민족주의적 정서가 비등하고 있지만, 다른 한편으로

---

* 이 글은 졸고 "Student mobility and its implication for the national and transnational identities in Northeast Asia" (『담론 201』 제17권 제2호, 2014)를 수정 보완한 것이다.

이주민의 유입과 전지구화의 영향으로 문화적 다양성 및 혼종성은 불가역적으로 확대되고 있다. 이처럼 복합적인 문화지형은 동북아 지역의 정체성 논의에 대한 새로운 연구의 필요성을 제기하고 있다.

이 장에서는 초국적 이주가 단지 노동력 수급이나 인구학적 변화에 그치지 않는 새로운 정체성의 변화를 촉발하게 될 것이라는 일반적인 가정에 입각하여, 특히 최근 들어 증가하고 있는 새로운 이주민 집단인 아시아 역내 유학생들에 초점을 맞추고 이들의 다층적이고 역동적인 정체성을 분석한다. 동북아시아 지역에서의 이주 현상은 기존의 전통적 이민국가와는 다른 맥락에 놓여있다. 북미와 호주 등 전통적 이민국가에서는 다양한 이민 배경의 시민들이 근대국가 형성과정에서 중요한 의미를 갖고 있었다면, 이른바 '후발 이민국가(recent countries of immigrations)'(Tsuda 2006)에서는 이주민들을 노동력의 수급이나 경제개발을 위한 기능 등 도구적인 관점에서 접근해 왔으며, 사회문화적인 상호작용이나 정치적 쟁점은 적극적으로 다루어지지 않았던 것이 사실이다. 즉 전반적인 지구화의 흐름 속에서 급속하게 증가하는 초국적 이주를 관리하기 위해 동북아의 국민국가들은 한편으로는 저숙련 외국인 노동자나 난민의 유입을 억제하고, 고급 기술 인력이나 유학생 등 특정 이민자들을 더 많이 유치하려는 정책들을 경쟁적으로 도입했다. 이러한 정책들은 때로는 성공하고 때로는 실패하기도 하지만, 결과적으로 동북아에 거주하는 외국인 인구는 지속적으로 증가해 왔다. 그리고 거주 외국인의 증가는 기존의 단일한 국민 정체성과 새롭게 부상하는 다양성 혹은 다문화적 가치 인정에 대한 요구를 어떻게 조정할 것인가에 관한 새로운 논쟁들을 촉발하게 됐다(Aiden 2011; Seol 2012; Chung 2010; Kim 2013).

학업을 위해 일정기간 외국에 체류하는 유학생 또한 이주민에 해당한다. 유학의 의미는 다양한 관점에서 접근할 수 있다. 우선 개인의 차원에서 외국 유학의 경험은 국제화와 지구화의 추세 속에서 더 좋은 경력과 직업에 접근할 수 있는 유리한 기회를 제공해 준다. 특히 한국을 비롯한 아시아의 부모들은 자녀에게 더 좋은 교육의 기회를 열어주고자 유학을 선호하는 경향이 있으며, 이런 차원에서 유학은 자녀의 성공과 계층상승을 꾀하는 가족 단위의 교육투자 전략으로 볼 수 있다(Waters 2006). 둘째, 최근 많은 국가들이 산업적 차원에서 고등교육 산업의 육성과 이윤확대를 위해 유학생을 유치하는 전략에 관심을 기울이고 있다(Findlay 2010; Brooks & Waters 2011). 이른바 '고등교육의 전지구화(globalization of higher education)'에 적극적으로 대응하기 위해 일본에서는 1980년대부터 이전의 소극적 유학생 유치 정책을 보다 적극적 정책으로 확대했으며, 한국과 중국 정부는 2000년대 초부터 이러한 대열에 합류하고 있다(Ota 2003; Pan 2013; Yang 2011). 세 번째로, 유학은 출신국과 유학국 사이의 상호 인식을 확대하는 일종의 문화적 매개의 과정 및 국제 교류의 촉매제로 작용한다. 유럽에서는 국경을 넘는 교환학생 프로그램이 일국적 국가 정체성을 넘어선 새로운 지역 정체성을 형성하는 데 기여함으로써 EU 통합의 기반의 될 것이라는 기대가 강하게 나타난다. 한 예로 1987년부터 유럽 대학들 간 학생 교환을 확대해 온 에라스무스(ERASMUS) 프로그램은 유럽인 정체성, 더 나아가 코즈모폴리턴 정체성을 형성하는 중요한 통로로 간주되고 있다(Mitchel 2012; Papatsiba 2005).

세계적인 유학의 흐름을 살펴보면, 아시아 국가는 유학생을 받아들이기보다 주로 내보내는 입장이다. 2007년의 경우 고등교육(대학) 수준의 전세계 유학생 중 29%가 동아시아·태평양 지역 출신이었고, 특히 중국(15%)은 최다 유학생 송출국이다(UNESCO 2009, 47). 아시아 학생들이 선호하는 유학 목적지는 주로 미국이었는데, OECD 통계에 따르면 2009년 미국은 무려 40만 5,000명의 아시아 출신 유학생을 유치했다. 아시아 학생들은 그 밖의 주요 유학 목적지에서도 다수를 차지했다. 호주 유학생 중 16%, 영국의 경우는 6%가 아시아 출신 학생이었다(OECD 2012, 172-173). 이런 이유 때문에 아시아 유학생에 관한 기존 연구들은 주로 서구 문화에 대한 적응 문제, 즉 언어(영어) 능력의 습득, 문화적 갈등 경험, 현지 학생들과의 상호작용 등을 중요한 주제로 다루고 있다(Fincher 2011; Kashima & Loh 2006; Brooks & Waters 2011).

그런데 최근 들어 아시아 유학생들의 이동 유형이 이전보다 훨씬 다양해지고 있다. 유네스코 보고서에 근거하여 1999년과 2007년의 통계를 비교해 보면, 동아시아와 태평양 지역 유학생들의 목적지에 상당한 변화가 나타난다. 가장 선호하는 지역인 북미로 유학을 떠난 학생들의 비율은 1999년 43%에서 2007년에는 33%로 감소했다. 반면 아시아 지역 내 다른 국가를 유학지로 선택한 역내(域內) 유학생의 비율은 1999년 35.8%에서 2007년 41.8%로 늘어났다(UNESCO 2009, 39-47). 아시아 지역이 고등교육의 국제화 흐름 속으로 깊숙이 편입됨과 동시에, 아시아 역내 이웃 나라에서 공부하는 학생들의 증가, 즉 고등교육의 지역화(regionalization of higher education)도 상당한 수준으로 진행되고 있는 것이다. 이러한 변화는 일차적으로 교육산업의 구조조정이나 유학생 유치를 위한 국가 정책의 차원과 연관되겠지만, 장기적으로 아시아의 국제적 이미지, 그리고 아시아인들의 상호 이해에도 상당한 영향을 미치게 될 것이다.

개별 국가 차원의 유학생 정책에 대한 관심이 높아지는 것과 아울러, 동북아시아 지역 차원의 교환학생 프로그램을 확대하려는 다자간 협력도 가시화되고 있다. 2009년 개최된 동아시아 정상회담에서 한·중·일 3개국의 정상은 대학 간 교환 학생 프로그램을 확대하고 젊은 세대들의 상호 이해를 증진하여 지역의 조화로운 미래 발전을 꾀한다는 목적 하에 '캠퍼스 아시아'(CAMPUS Asia) 프로그램을 실시하기로 합의한 바 있다(교과부 2011). 캠퍼스 아시아 프로그램은 아직 출발 단계에 있지만, 고등교육의 지역화라는 큰 흐름 안에서 아시아 청년들 간의 접촉면을 넓히고 문화적 상호작용의 기회를 제공할 것으로 예상된다.

이 장에서는 아시아 학생들의 아시아 역내 유학 경험이라는 새로운 현상에 주목하고, 이러한 경험이 학생들의 정체성과 소속감에 대한 태도에 어떤 영향을 미치고 있는지를 설문조사 자료를 통해 분석한다. 유학의 증가는 교육의 전지구화를 배경으로 하며, 해외 유학을 선택하는 학생들은 교육의 과정에서 자신의 출신국 문화와는 상이한 외국의 문화 및 국제적인 가치들을 접하게 된다. 그런 점에서 유학생들의 정체성이나 가치관은 상이한 가치들을 일정하게 수용하거나 조정하는 다층적인 프레임으로 형성될 것이라고 가정할 수 있다. 여기에서는 유학생들의 다층적인 정체성을 세 가지 차원, 즉 국민국가 지향성, 아시아인 지향성, 그리고 세계인 정체성으로 구분하여 분석한다. 고려대 아세아문제연구소 연구진이 한국, 중국, 일본 등 3개국에서 실시한 아시아 유학생 설문조사 자료를 활용할 것이다.

2. 이론적 배경: 유학생과 정체성, 문화변용 전략

전지구화는 사회의 여러 영역에서 변화를 일으켜 왔으며, 교육 분야의 급격한 변화, 즉 고등교육의 국제화와 국경을 넘어 이동하는 학생들의 급증 또한 전지구화와 밀접하게 연결되어 있다. 지난 30여 년 동안 자신의 출신국가를 떠나 외국에서 공부하고 있는 학생들의 급증은 국제기구의 통계에서도 뚜렷하게 나타난다. 1975년 80만 명 수준이었던 국제유학생은 2011년 430만 명으로 늘어나 5배 이상 증가했다(OECD 2013, 306). 이른바 지식경제(knowledge economy)가 전지구적인 흐름으로 부상하자, 고도의 지식과 기술을 갖춘 인재를 길러내는 교육 영역은 고수익 수출산업인 동시에 글로벌 인재 확보를 위해 반드시 필요한 전략적 투자의 영역으로 각광받게 되었다. 지구화로 교육 환경이 역동적으로 재편되는 가운데, 개별 학생들은 자신의 인적 자본을 개발하고 더 좋은 취업 기회를 찾기 위해, 정부와 교육기관들은 더 많은 학생을 유치하고 새로운 인재를 확보하기 위해, 국경을 넘어 확대되는 신자유주의적 교육개혁에 신속하게 적응해야 하는 과제를 안게 되었다.

그러나 고등교육의 국제화는 경제와 산업, 인적자원 개발의 차원뿐만 아니라 보다 심층적인 사회문화적 변화를 함축하고 있다는 점을 간과해서는 안 된다(Brooks & Waters 2011). 국제기구나 대학 등 중요한 교육 행위자들은 글로벌 교육 시장에서 승자가 되기 위한 경제적 방안을 가장 우선시하는 경향이 있지만, 글로벌 경제와 시장의 역동만으로 고등교육의 국제화를 전부 설명할 수 있는 것은 아니다. 가령 국민국가는 대학과 학생들에게 다양한 제도적 인센티브를 제공하는 방식으로 유학생 공급에 상당한 영향을 미칠 수 있고(Findlay 2010), 또한 국가 차원의 교육정책이나 전략적 접근이 확대되는 점도 주목할 만하다. 전지구화로 인해 국민국가의 역할이 완전히 무력화되지 않는 것과 마찬가지로, 고등교육의 국제화 및 글로벌한 교육시장의 확대가 곧 각 국가의 교육정책이 갖는 영향력을 모두 대체하는 것은 아니기 때문이다.

이처럼 지구적 영향력과 개별 국가 및 지역의 선택 사이에는 매우 복잡한 접합이 나타나며(Brooks & Waters 2011, 22-23), 고등교육의 국제화가 단지 경제·산업적 차원 뿐 아니라 정치, 사회, 문화적 영향력의 차원에서 어떤 변화를 촉발하고 있는지 주의 깊게 분석해볼 필요가 있다. 이 글이 주목하는 것은 해외 유학의 경제적 효과보다는 국제 유학생의 증가가 초래하는 사회문화적 영향, 특히 아시아 유학생들의 정체성과 태도에 나타나는 새로운 역동성이다.

초국적 학생이동, 즉 유학의 증가가 초래하는 사회문화적 변화, 가치관과 정체성의 변화를 분석하는 연구들은 상이한 문화 사이에서의 적응 및 문화변용(acculturation)의 과정을 주로 다루어 왔다. 문화변용은 일반적으로 "둘 또는 그 이상의 문화 집단과 개인 구성원들의 접촉에 의해 촉발되고 생산되는 문화적이고 심리적인 변화의 상호적 과정"으로 정의할 수 있다(Berry 2005, 198-202). 문화변용은 새로운 문화에 일방적으로 포섭되는 동화(assimilation)와는 달리 다양한 대안들을 함축하고 있다. 다른 이민자와 마찬가지로, 유학생들도 외국생활을 하면서 자신의 출신문화와 정체성을 어떻게 유지하거나 혹은 바꿀 것인가, 새로운 사회에서 접하는 외부 집단과 어떤 관계를 맺고 또 전반적인 사회생활을 어떻게 운영해갈 것인가 등에 대해 나름의 '문화변용 전략(acculturation strategies)'(Berry 1980; Berry 2008, 331-332에서 재인용)을 세우게 될 것이다. 이처럼 문화변용 개념은 유학생들이 자신의 출신 문화에서 이미 습득한 국가 정체성(national identity)과, 외국 생활 및 외국인과의 상호작용 경험에서 형성하는 포스트-국가 정체성(post-national identity) 간의 유동적 관계를 고찰할 수 있는 이론적 준거점을 제공해 준다.

그렇다면 유학생들은 자신의 출신문화를 주로 견지하는가 아니면 새로운 유학국의 문화를 적극적으로 흡수하는가? 만약 출신문화와 유학국 문화 간의 차이와 상이성이 크다면, 그러한 차이와 모순을 경험하는 가운데 유학생들은 어떤 태도나 새로운 정체성을 형성하게 되는가? 문화변용과 정체성의 형성이라는 측면에서 유학생들의 경험을 해석하려는 많은 기존연구들은 주로 이런 질문들에서 출발한다. 그런데 이 질문에 대한 하나의 정답을 찾기란 어려운 일이며, 유학생이 놓여있는 각자의 문화적 맥락에 따라 양상은 달라질 것이다. 많은 사례연구들은 유학생들이 문화적 차이, 상이한 가치들 사이에서 자신의 정체성을 부분적으로 조정해 나가면서 유동적인 협상(negotiation)을 하고 있다는 것을 보여 준다.

호주의 대학에서 유학 중인 베트남 학생들을 사례 분석한 연구에 따르면(Pham & Saltmarsh 2013), 베트남 유학생들은 베트남 문화, 베트남 사람으로서의 정체성을 여전히 강하게 유지하고 있었으며, 다른 외국인 유학생과는 유대감을 형성하는 반면 호주의 현지 학생들과의 관계에서는 어려움을 겪는 것으로 나타났다. 그런데 이와 동시에 베트남 학생들이 학교생활을 하면서 자신들이 가장 원하는 것, 즉 우수한 성적과 좋은 평판을 얻으려면 호주 사회의 중심 가치들, 가령 서구적인 개인주의나 토론과 경쟁의 문화 등을 이해하고 그에 맞추어 행동해야 한다. 실제로 인터뷰에서 유학생들은 자기 내부에 있는 모순적인 정체성의 파편들을 드러내기도 했다(Pham & Saltmarshv 2013, 137-138). 독일 대학의 박사과정 유학생들을 사례분석한 연구에서도 유학 국가에서 자신의 출신문화와는 다른 문화적 차이 및 다층적 의미체계와 대면하면서 자신의 정체성을 협상하고 성찰하는 과정들이 드러난다(Bilecen 2013).

사례 연구들이 보여 주는 바와 같이 국제 유학생의 정체성은 "단지 개인적 배경이나 문화적 전통, 전문가적인 열망에 의해서만 형성되는 것이 아니며, 매우 다양하고 예측 불가능한 새로운 문화적 경험들을 통해 지속적으로 재형성되는 것이다"(Rizvi 2005, 4). 일반적인 정체성 이론에서 강조된 것과 마찬가지로, 국경을 넘어 이동하는 유학생들의 정체성은 미리 고정된 것이 아니라 새로운 복합적 정체성을 통합해 나가는 "정체화(identification)"의 지속적 과정이라는 점을 주목해야 한다(Hall 1996; Jenkins 2008). 유학의 경험은 자신이 당연시하고 있던 출신 문화(자국 문화)와 다소간 거리를 두고 성찰해 보는 기회가 될 것이며, 낯선 사회에서 새로운 문화와 가치들을 인정하면서 수용하는 문화적 관용과 개방적 태도를 습득하게 해 줄 것이다. 그렇다면 유학생들은 국민국가에 근거한 정체성에서 다소간 거리를 두고, 초국가적 혹은 코즈모폴리턴적 정체성과 태도를 적극적으로 수용하고 있는가?

기존의 사례연구들을 살펴보면, '나는 유학생'이라는 지아상에서 공통적으로 언급하는 요소는 유학 비경험자에 비해 외국 문화에 익숙하고 외국에서 일상생활을 잘 영위할 수 있는 능력이다(Pham & Saltmarsh 2013, 137). 물론 유학생활을 하면서 자신이 새로운 환경 속에서 '타자'로 주변화되어 있다고 느낄 때도 있지만, 유학생들이 공유하는 핵심적인 준거점은 그들이 유학에 스스로 부여하는 가치, 그리고 유학에서 얻은 국제적 네트워크를 중요한 상징적 자산으로 여긴다는 데 있다. "이 상징적 자산은 유학생들의 정체성에서 중요한 담론이며, 많은 학생들이 자신들의 관용성과 개방성을 강조한다는 차원에서 코즈모폴리턴적인 특징을 갖고 있다"(Bilecen 2013, 683).

일반적으로 유학 경험은 타문화나 외국인과의 접촉 경험이기도 하며 그것을 기반으로 코즈모폴리턴적인 가치와 초국가적인 지향을 받아들이는 자양분이 된다고 볼 수 있다. 하지만 다른 문화에 대한 개방성과 코즈모폴리턴적 태도의 의미는 다소 모호하며 양가적이기도 하다. 리스비(Risvi

2005)는 유학생의 생애 경험에서 코즈모폴리턴 정체성이 갖는 의미를 조사하기 위해 호주에서 유학을 마치고 본국으로 돌아간 인도 및 중국 출신 학생들을 인터뷰하였다. 개별 학생들의 태도에서 코즈모폴리턴 정체성은 무엇보다도 글로벌 경제의 흐름 속에서 유학 경험을 활용하여 자신의 현실적 혜택과 이익을 최대화하려는 전략적 지향으로 표출되었다. 이 학생들에게 외국에서의 유학 경험은 국제적인 감각이나 타문화를 이해하는 능숙한 태도(skill), 코즈모폴리턴으로서의 세련된 외양 등을 습득함으로써 점차 더 지구화하는 경제구조 하에서 자신들의 유리한 지위를 확보하는 데 기여하는 것으로 인식되고 있었다(Risvi 2005, 10). 그는 이러한 지향을 '소비주의적 코즈모폴리터니즘(consumerist cosmopolitanism)'이라고 이름 붙였다. 즉 해외유학이라는 고가의 상품을 소비함으로써 유학 비경험자와는 차별화된 자신의 지위와 자원을 확보하고 그러한 차이를 현실에서 활용하려는 태도가 유학생들에게서 뚜렷하게 드러난다는 것이다. 이러한 태도는 세계시민으로서의 보편적 가치, 문화적 관용과 차이에 대한 개방성을 강조하는 규범적인 코즈모폴리터니즘(Hannerz 1990; Nussbaum 2000)과는 확연히 구분되는, 매우 제한되고 어떤 면에서는 왜곡된 세계시민주의라고 할 수 있다.

리즈비의 연구는 유학생들이 외국생활을 통해 초국가적이고 세계시민적인 태도를 자연스럽게 습득할 것이라는 가정에 대해 부정적인 결과를 제시하고 있다. 이와 달리 유학생의 증가가 국가 간 경쟁의 틀을 뛰어넘는 새로운 초국가적 정체성과 지역 협력에 기여할 것이라는 긍정적인 시각은 주로 유럽 통합과 관련된 연구들에서 엿보인다. 유럽위원회(European Commission)가 발간한 정책 보고서에는 국경을 넘는 청년들의 이동이 "경제위기 시대에 고개를 드는 분리주의, 보호주의, 그리고 인종혐오 등과 맞서 싸우는 데 도움이 될 것"이라는 낙관적인 기대가 표출되었다(Commission of the European

Communities 2009, 2-3). 유럽의 대표적인 교환학생 프로그램인 에라스무스 프로젝트는 학생들로 하여금 지구화 시대의 초국가적 경제활동에 대비하게끔 해주는 학습의 기회일 뿐 아니라, "하나의 유럽 의식"을 형성해 가는 "시민적 훈련"으로 평가되기도 한다(Mitchell 2012, 491; Papatsiba 2006, 99).

물론 유럽에서도 학생들의 초국적 이동이 새로운 정체성을 확장할 것이라는 기대에 대해 다양한 논쟁이 진행 중이다. 에라스무스 프로그램 참가자 설문조사를 분석한 연구자들 사이에 자료 해석의 엄밀성에 대한 논쟁도 있다. 한 예로 미첼(Mitchell 2012)은 에라스무스 참가자들이 비(非)참가자들에 비해 유럽 통합과 유럽 정체성에 대해 보다 적극적이고 긍정적인 태도를 보인다고 주장했다. 이에 반해 시갈라스(Sigalas 2010)는 학생들의 실제적인 유학경험의 내용을 면밀히 살펴보면 다른 결론이 나올 수 있다고 지적한다. 가령 에라스무스 참가자들은 외국 학생이나 다른 나라의 유럽 시민들과 접촉할 기회가 일반적으로 더 많기는 하지만, 그 접촉의 질이나 빈도는 정체성의 변화를 이끌어 내기에는 상당히 빈약한 수준에 그친다는 것이다.

지금까지 살펴본 유학생의 정체성 관련 기존 연구들을 종합해 보면, 유학생들은 자신의 출신문화 뿐 아니라 새로운 문화의 다양한 가치를 놓고 때로는 갈등하면서 자신의 정체성을 보다 유동적으로 협상하는 과정에 놓이게 된다. 대다수의 학생들은 출신 문화를 견지하거나 새로운 문화에 완전히 동화되는 식의 일방적 방향보다는, 상이한 문화적 요소들을 자기 나름대로 수용하면서 일정한 해석의 전략을 만들어가는 경향이 있다. 그 다양한 지향들은, 곧 '다층적 정체성'의 양태는 문화적 맥락에 따라 상이하기 때문에 많은 사례 분석을 통해 탐구돼야 할 것이다. 여기에서 살펴보았듯이, 유학생들이 나름대로 습득하는 국제 감각이나 개방적 가치관, 코즈모폴리터니즘의 이미지도 결코 단일한 것이 아니며, 매우 실용적인 소비주의적 코즈모폴리터니즘이 있는가 하면 보다 규범적이고 시민적인 가치를 중시하는 코즈모폴리터니즘도 있다. 유학생들이 내면화하는 포스트-국가적 정체성이나 초국가적 태도 또한 그 문화적 맥락에 따라 다른 의미를 갖게 되는 것이다.

3. 아시아 유학생: 고등교육의 지역화와 정체성 연구의 필요성

아시아 학생들은 해외 유학에 대한 열망이 매우 강한 편이며, 가장 주된 목적지는 미국과 유럽이다. 그런데 최근 들어 수많은 학생을 송출하던 나라들이 이제 새로운 유학생을 유치하는 수용국으로 변모하여 전통적인 유학 목적국의 경쟁자로 등장하고 있다. 최근의 통계를 살펴보면 동북아 3개국, 즉 한국, 일본, 중국은 정부의 적극적인 유학생 유치 정책에 힘입어 유학생 증가세가 매우 뚜렷하다. 예를 들면, 1990년 일본 내 해외유학생의 수는 4만 1,327명에 불과했지만 2011년에 이르면 13만 8,075명으로 세 배 이상 증가했다. 한국의 경우 1990년 2,000명 정도였던 유학생 수가 2011년에는 8만 9,537명으로 크게 늘어났다. 중국의 증가세는 더욱 극적인데, 2000년에는 5만 2,150명에 그쳤던 유학생 수가 2010년에는 29만 2,611명으로 일본을 능가하게 되었다.

이러한 변화의 견인차로는 우선 적극적인 정부 정책을 꼽을 수 있다. 동북아 국가들은 유학생 유치 전략에 상당한 관심을 기울이고 제도적 지원도 크게 늘렸다. 역내 선두주자인 일본은 1983년에 이미 유학생 10만 명 유치정책을 발표했으며 2008년에는 유학생 30만 명을 목표로 정책을 확대

개편한 바 있다. 한국은 일본과 유사한 '스터디 코리아(Study Korea)' 프로젝트를 2005년부터 시작하고 유학생 10만 명을 목표로 삼았다(황정미 외 2011, 30-36; 54-60). 중국은 모든 수준의 교육기관에서 50만 명의 해외 유학생을 유치하기 위한 정책 프로그램을 2010년 발표한 바 있다.

이처럼 적극적인 유학생 유치 정책은 인근 아시아 국가들로부터 유입되는 유학생의 증가를 촉발시킨 것으로 보인다. 한국과 일본의 경우 전체 유학생 중에서 아시아 출신 학생들이 차지하는 비중이 상당히 높은 편인데, 일본은 유학생의 90% 이상이 아시아 출신이며, 아시아 학생 중에서는 중국(62.7%)과 한국(12.1%) 출신 학생들이 다수를 차지하고 있다(JASSO 2012). 중국 내 국제유학생 중에서도 아시아 학생의 비중이 높은 편이다(2011년 64%). 결국 이러한 현상을 종합하면 '유학 지역으로서 아시아의 부상'(Pan 2013, 250)과 아울러 아시아 내의 고등교육 지역화가 뚜렷하게 진행되고 있는 것으로 보인다.

그런데 고등교육의 지역화는 단지 이동하는 학생의 증가뿐만 아니라 교육 공급자와 교육 프로그램의 이동, 교육의 질 보장, 글로벌 시장이 주도하는 고등교육의 사사화(privatization), 그리고 공적 교육의 개혁 등 다양한 문제들을 함께 제기한다. 또한 교육의 글로벌화로 인해 개별 국가의 정책을 넘어서는 지역 차원의 협력에 대한 관심도 높아지고 있다. 일반적으로 지역 차원의 협력과 관련하여 중요한 의제로 떠오르고 있는 것은 조사 및 연구 분야에서의 대학 간 협력, 인적 자원의 개발, 교육 영역에서 외국인 차별의 해소 및 유학생 출입국 절차의 간소화, 교육의 질 보장을 위한 공동 기준의 마련, 그리고 개발도상국의 두뇌유출 문제에 대한 방안 등이다(Findlay & Tierney 2010, 13-15).

지역 협력과 관련해서 '캠퍼스 아시아' 프로젝트는 교육 분야에서 다자간 협력을 위한 중요한 첫 단계를 시작한 셈이다. 캠퍼스 아시아는 '아시아 대학생의 국제교환을 위한 공동 행동(CAMPUS, Collective Action for Mobility Program of University Students in Asia)'을 의미하며, 한·중·일 3개국 간의 교환학생 프로그램과 이중학위 과정 등을 제도화하여 대학생들 간의 교류를 확대하기 위해 시작되었다. 이 프로그램이 표방하는 비전은 두 가지인데, 이웃한 세 나라 학생들 간의 상호 이해를 증진시켜 지역적 감각을 갖춘 차세대 리더를 육성하고, 또한 대학들 간의 고등교육 네트워크를 구축하여 이중학위나 공동 커리큘럼 등 대학 간의 협력이 활발하게 제도화하도록 지원하는 것이다.

그런데 아시아 역내 유학생들의 증가와 고등교육의 지역화가 상당히 진행되고 있음에도 불구하고, 유학이 학생들의 정체성이나 아시아 지역 내 상호인식의 증진에 어떤 영향을 미칠 것인지에 대해서는 선언적 차원을 넘어서는 구체적 분석이 거의 없다. 교환학생 프로그램을 통해서 '아시아를 이해하는 젊은이'들을 길러내려 한다면, 다른 아시아 국가를 이해하는 과정과 목표는 어떤 것이며, 또한 아시아 역내 교류와 상호 이해는 청년들이 이미 내면화하고 있는 국가 정체성, 그리고 지역을 넘어서는 세계시민적 태도와는 어떻게 연결되는가(혹은 충돌하는가)? 캠퍼스 아시아에 관한 정부 자료나 문건들에도 제도적인 협력을 주로 언급할 뿐, 교환학생 프로그램의 사회문화적 영향이나 지역 정체성에 미치는 함의 등은 거의 거론되지 않는다. 고등교육의 지역화는 역내 국가들의 문화적 갈등 해소라는 차원뿐만 아니라 새로운 다층적이고 복합적인 정체성의 형성이라는 문제와도 연결되어 있다.

유럽의 에라스무스 프로그램을 분석한 기존연구들이 지적하였듯이, 다른 나라에서 공부하고 생활한 경험이 외국에 대한 부정적 태도를 강화하는

지, 아니면 긍정적 인식과 문화적 이해도를 높이는지에 대해서는 다양한 논쟁이 있다. 스기무라(Sugimura 2011)는 아시아 역내 유학의 경험이 반드시 유학생들 간의 상호 이해를 증진시키는 것은 아니며, 오히려 다른 문화에 대한 이질감을 확인하고 자기에게 친숙한 출신국 문화에 더 의존하며 외국인에 대한 배타적 태도를 더 강화할 가능성도 있다는 점을 지적하였다. 그런 점에서 경험적 자료에 근거하여 유학이 미치는 태도 변화를 분석하는 사례 연구들이 축적될 필요가 있다. 유럽에서 교환학생 프로그램이 유럽 지역 정체성을 확대시켰다는 논쟁이 제기되었듯이, 아시아에서도 역내 유학의 증가에 따른 정체성의 변화 양상에 대한 새로운 연구들이 필요하다. 이 글은 아시아 역내 유학의 경험이 학생들의 태도에 유의미한 영향을 미칠 것이라는 가정에서 출발한다. 역내 유학을 통한 새로운 정체성 형성 내지 변화의 측면을 정체성의 세 가지 차원, 즉 국민국가 차원, 아시아 지역 차원, 그리고 세계인 차원의 다층적 정체성 사이의 상호 관계 속에서 분석할 것이다.

4. 연구방법 및 자료: 한·중·일 3개국 유학생 조사

1) 조사 개요 및 응답자의 인구학적 특성

동북아시아 역내 유학생들의 정체성과 태도를 조사하기 위해 이 연구는 아세아문제연구소 연구진이 수행한 의식조사 자료(표본크기 863명)를 활용하였다. 이 조사[1]는 한국, 일본, 중국에 소재한 대학에서 유학 중인 아시아 출신 학생들을 대상으로 대학생활, 교육 만족도, 상호 인식 및 정체성 등에 대한 설문을 실시하였다. 설문지는 4개 언어(한국어, 일본어, 중국어, 영어)로 번역하였고 조사기간은 2012년 5월부터 2013년 2월까지이다. 현실적으로 유학생에 대한 통계적 표집이 불가능한 상황에서 표본의 대표성에는 상당한 제한이 있을 수밖에 없지만, 각 국에서 발표한 유학생 관련 통계자료를 기초로 몇 가지 할당 기준을 적용하여 표집을 설계하였다. 할당 기준은 출신국(한/중/일/기타 아시아국가), 학교의 위치(대도시/지역), 교육과정(학부/대학원), 전공 분야(인문/사회과학/공학 및 자연과학/기타) 등을 적용하여 특정 분야가 배제되거나 지나치게 과대 표집되지 않도록 조정하였다. 조사에 참여한 유학생들이 주요 인구학적 특징은 〈표 6-1〉과 같다.

2) 개념 정의와 측정

정체성은 매우 다양한 의미로 쓰이는 개념인데, 여기에서 주목하는 유학생의 다층적 정체성은 사회정체성(social identity) 개념과도 연관되어 있다. 사회 정체성이란 "자신이 속한 사회적 집단(들)에의 소속감, 그리고 그러한 소속감에 부여하는 가치와 정서적 의미로부터 파생된 개인의 자아 개념"(Tajfel 1978, 63)이다. 여기에서 중요한 것은 사회정체성 이론이 개인주

1_이 조사는 포스코 청암재단(2012년 아시아연구)의 지원으로 아세아문제연구소 연구진들이 중국 및 일본의 공동연구자들의 협조 하에 실시하였다. 조사 대상자는 4년제 대학 학부 및 대학원 과정에 재학 중이거나 교환학생으로 1년 이상 체류한 유학생이며, 전문대나 직업훈련 기관 재학생 및 어학연수 참가자 등은 본 조사에서 제외하였다.

표 6-1 | 유학생 조사 참가자의 인구학적 특성

		수(전체 = 863명)	%
성별	남	371	43.0
	여	492	57.0
유학국	한국	402	46.6
	중국	272	30.5
	일본	189	21.9
출신국	한국	326	37.8
	일본	145	16.8
	중국	323	37.4
	기타	69	8.0
연령	20~24세	561	65.0
	25~29세	230	26.7
	30세 이상	72	8.3

의적 접근으로 환원될 수 없다는 사실이다. 정체성이 형성되는 과정, 즉 정체화(identification)는 사회적 관계에 근거하고 있으며, 또한 개인을 에워싸고 있는 동시에 역동적으로 변화하는 사회적 관계에 반복적으로 영향을 받고 있다. 그런 의미에서 개인의 정체성은 누구와, 또 어떤 집단과 어울려 지낼 것인가를 선택함으로써 자신의 자아를 형성해 가는 지속적 과정이라고 표현할 수 있다(Bilecen 2013, 671).

사회정체성은 자아-범주화(self-categorization) 이론과도 연결되는데, 여기에서 유학생의 다층적인 정체성 형성을 분석하는데 유용한 이미지를 얻을 수 있다. 즉 개인이 스스로 범주화는 과정은 개인(하위 수준)으로서, 어떤 집단의 구성원(중간 수준)으로서, 그리고 인류의 일원(상위 수준)으로서 인지하는 다층적 프레임을 갖고 있다. 자아-범주화 이론에 따르면, 어떤 수준의 정체화가 다른 수준보다 더 지배적인 것이 될지는 특정한 범주화의 적합성, 개인의 수용 태도, 그리고 그 사람이 처해있는 사회문화적 맥락에 따라 달라진다(Mol & Weber 2013; Oakes et al. 1994).

동북아시아에서 유학 중인 아시아 출신 유학생의 사회 정체성을 분석한 기존 연구가 거의 없는 상황에서, 이러한 세 가지 수준의 자아-범주화 이론은 유학생들의 복합적이고 다층적인 정체성 분석에 매우 유용한 근거가 될 수 있다. 현대사회를 살아가는 누구나 그러하듯이, 유학생들 역시 다양한 집단에 소속감을 갖고 있고 따라서 다양한 수준의 정체성이 명시적 혹은 암묵적으로 혼재되어 있을 것이다. 그 중에서도 이 연구가 주목하는 것은 급속하게 지구화되고 있는 사회에서 더 많은 사람들이 국경을 넘어 이동하며 국민국가의 영토적 공간에 국한되지 않는 새로운 사회적 관계에 더 많이 노출된다는 점, 따라서 자신의 정체성을 형성하는 준거집단이나 공동체의 범위가 국민국가를 넘어 다층화될 것이라는 점이다. 여기에서는 국민국가와 더불어 아시아인, 그리고 세계인에 대한 태도를 함께 분석한다. 사실 국민국가, 아시아인, 세계인 등은 모두 매우 추상적인 개념이며 일상적 경험보다는 '상상된 공동체'의 요소들을 많이 갖고 있다. 따라서 설문조사를 통해 포괄적으로 측정하기 위해서는 적절한 척도가 필요하다.

정체성이나 소속감을 측정하는 많은 지표들이 있는데, 대부분 일상적인 정체성의 형성이나 국민국가를 전제한 시민의 자격조건에 대한 태도 등을 주로 다루고 있다. 이러한 기존 지표들은 이 연구가 의도하는 '다층적 정체성'을 측정하기에는 적합하지 않다. 여기에서는 두 가지 방향으로 유학생의 태도를 측정하였다. 먼저 응답자들이 유학 경험을 통해 접촉하거나 새롭게 인지하게 되는 다양한 집단들에 대해 어느 정도 친근감을 느끼는지를 질문하였다. 본 연구에서 설정한 정체성의 세 가지 차원에 맞추어 출신국 국민, 아시아인, 세계인, 그리고 유학국 주민에 대한 친근감을 5점 척도로 측정하였다. 앞에서 고찰한 사례연구들에 비해 설문조사 자료를 통계적으로 분석하는 이 글은 상이한 문화 사이에 놓인 유학생들의 문화변용 전

표 6-2 | 다층적 정체성 - 요인분석 결과 추출된 세 가지 지향성

문 항	(요인 1) 아시아인 지향성	(요인 2) 국민국가 지향성	(요인 3) 세계인 지향성
아시아 지역 내에서 경제가 발전된 국가가 개발도상국에 더 많은 지원을 해야 한다.	**0.740**	0.143	0.224
나는 아시아 사람들에게 친근감을 갖는다.	**0.677**	0.002	0.218
내 나라가 더 살기 좋은 나라가 되려면 아시아 지역 전체가 함께 발전해야 한다.	**0.751**	0.107	0.221
다른 나라와 갈등이 일어나더라도 내 나라는 국가 이익을 추구해야 한다.	0.058	**0.760**	0.083
내 나라의 전통문화를 보존하기 위해서 외래문화의 유입을 어느 정도 제한해야 한다.	0.104	**0.562**	- 0.03
국제적인 평화와 공존은 이상일 뿐, 내 나라의 힘을 기르는 것이 제일 우선이다.	0.069	**0.747**	0.126
나는 내 나라의 국민인 동시에 세계 시민이다.	0.407	- 0.002	**0.645**
내 나라 정부가 인권, 평화와 같은 국제 규범에 어긋나는 행동을 한다면, 이를 비판하는 것이 당연하다.	0.357	- 0.193	**0.630**
태어난 나라뿐만 아니라 거주하는 나라에서도 국적을 허용하는 이중국적(또는 복수국적) 제도가 바람직하다.	0.023	0.247	**0.744**

략이나 정체성 갈등, 유동적 협상의 구체적인 과정을 드러내지 못하는 한계를 갖는다. 그러나 다른 한편 아시아 역내 유학생들이 자국민이나 유학국 주민, 아시아인, 세계인에 대해 느끼는 친근감이나 거리감을 객관적인 지표로 보여 준다는 장점이 있다.

두 번째로는 국민국가의 이익과 아시아 지역의 상호 협력, 국제적인 규범 등과 관련된 다양한 문장들을 제시하고 이에 대해 어느 정도 동의하는지를 5점 척도로 측정하였다. 설문에 대한 응답을 분석할 결과 세 가지 요인, 즉 국민국가를 중시하는 태도, 아시아 지역 협력을 지지하는 태도, 그리고 보편적 국제규범과 세계시민의 의미를 중시하는 태도가 각각 요인(요인분석)으로 추출되었다. 이러한 세 가지 태도는 지구화 시대의 국민국가와 아시아 지역, 국제사회 및 국제규범과 관련된 중요한 문제들에 대한 유학생의 인식을 드러내는 것이며, 전지구화 시대의 다층적인 정체성과도 관련되어 있다. 즉 국민/아시아인/세계인으로 구성된 다층적이고 중첩적인 추상적 공동체들에 대해 각각 어느 정도 동조하고 가치를 부여하는지에 따라 형성되는 시민적 정체성을 의미한다. 사실 국민, 아시아인, 세계인 등은 일상적으로 접하는 정서적 공동체가 아니라 매우 추상적이고 규범적인 의미로 쓰이지만, 외국에서 대학생활을 하는 유학생들은 아시아인과 세계인을 동료나 이웃으로 접하면서 나름대로 그들에 대한 태도를 형성할 것이며 이것이 이들의 시민적 정체성에 중요한 요소로 작용할 수 있다. 이 연구는 경험적 자료에 근거한 새로운 탐색적 연구로서 세 가지 차원의 시민 정체성을 각각 국민국가 지향성, 아시아인 지향성, 세계인 지향성으로 정의하고, 이에 영향을 미치는 다양한 독립변인들과의 관계를 통계적으로 분석한다.

5. 유학생의 소속감과 태도: 출신국별 비교 분석

유학생들의 소속감을 알아보기 위해 먼저 출신국 국민, 아시아인, 유학국 주민, 그리고 세계인의 네 집단에 대해 어느 정도 가깝게 느끼는지를 질문하였다. 가장 멀게 느끼는 집단은 세계인(5점 척도 평균값 2.566)이었고, 그 다음은 유학국 주민(2.620), 아시아인(2.783)의 순서였으며, 가장 가깝게 느끼는 집단은 출신국 국민(3.185)이었다. 이러한 순서는 일반적인 예상과 크게 다르지 않다. 자국 국민에 대한 소속감은 아시아인이나 세계인보다 확연하게 높게 나타났는데, 출신국가별로 비교할 때 한국출신 유학생이 자국민에 대한 소속감이 가장 높았고 그 다음은 중국, 기타 아시아 국가의 순이었으며 일본이 가장 낮았다(〈표 6-3〉).

표 6-3 | 유학생들의 4개 집단에 대한 소속감(5점 척도: "매우 가깝다" 5점 ~ "전혀 가깝지 않다" 1점)

유학생 출신국		유학국 주민	출신국 국민	아시아인	세계인
중국	평균	2.671	3.207	2.758	2.545
	표준편차	0.682	0.598	0.550	0.631
일본	평균	2.593	3.083	2.903	2.634
	표준편차	0.932	0.838	0.828	1.026
한국	평균	2.573	3.237	2.759	2.539
	표준편차	0.930	0.632	0.714	0.922
기타 아시아 국가	평균	2.662	3.058	2.754	2.638
	표준편차	0.822	0.802	0.775	1.000
합계	평균	2.620	3.185	2.783	2.566
	표준편차	0.838	0.676	0.685	0.854
F 값		0.825	2.680*	1.813	0.641

다음으로, 요인분석으로 추출한 세 가지 지향성에 대한 응답을 비교해 보았더니 이와는 다소 다른 결과가 나왔다. 국민국가 중심적 태도에 동조하는 응답(5점 척도 평균값 3.151)에 비해 세계인 지향성(평균값 3.872)에 동의하는 태도가 더 높게 나타났다. 이는 측정에 사용된 문항의 내용에 따라 정체성이나 소속감에 관한 응답이 달라졌기 때문이다. 즉 〈표 6-3〉이 단순한 정서적 소속감을 보여 주는 것이라면, 〈표 6-4〉의 내용은 전지구화에 따라 등장한 새로운 규범과 가치, 보다 구체적으로 국민국가의 이익과 지역협력의 목표가 충돌할 때, 또는 국가 중심의 시각과 보다 보편적인 국제적 인권 및 평화의 가치가 상이할 때 어느 쪽을 선호하는가를 질문하고 있다. 따라서 상호 모순적으로 보일 수 있는 이러한 분석 결과는 소속감의 복합적인 측면을 드러내는 근거로 볼 수 있다. 즉 아시아 학생들은 정서적 애착의 측면에서는 출신국 국민들을 다른 집단보다 훨씬 가깝게 느끼고 있지만, 그러나 규범적 차원에서는 지역 협력이나 인권 등의 국제적 가치를 배타적인 국익보다 높게 평가하는 태도를 보였다.

흥미롭게도 응답자의 국적에 따라 정체성의 세 측면에 대한 선호의 순

표 6-4 | 국민국가/아시아인/세계인 지향성 - 출신국별 비교

출신국		국민국가 지향성	아시아인 지향성	세계인 지향성
중국	평균	3.356	3.886	3.948
	표준편차	0.763	0.675	0.627
일본	평균	2.740	3.772	3.686
	표준편차	0.760	0.764	0.727
한국	평균	3.089	3.812	3.872
	표준편차	0.823	0.686	0.689
기타 아시아 국가	평균	3.344	3.778	3.910
	표준편차	0.713	0.699	0.689
합계	평균	3.151	3.831	3.872
	표준편차	0.812	0.697	0.678
F값		21.412***	1.152	4.859**

***p<.001, **p<.01, *p<.05

그림 6-1 | 유학생의 세 가지 지향성: 출신국별 비교

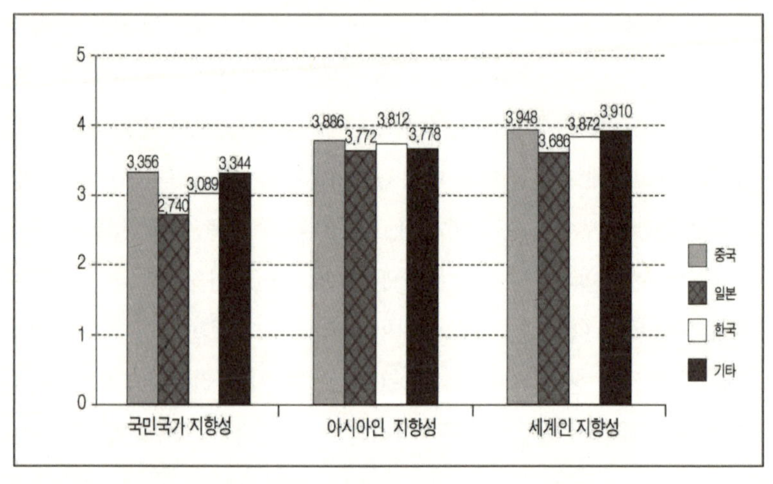

서가 다르게 나타났다. 중국 출신의 유학생들은 출신국을 중시하는 국민국가 지향성뿐만 아니라 세계인 지향성이 모두 높았다. 이와는 대조적으로 일본 학생들은 두 가지 모두 낮게 나타났으며, 한국 출신 학생들의 태도는 양국의 중간 정도였다. 이러한 결과는 국민국가 중심적 태도와 세계시민 지향성이 반드시 서로 배타적인 영합관계에 있는 것은 아님을 강하게 시사한다.

6. 다층적 정체성: 회귀분석

유학생의 시민적 정체성을 국민국가/아시아인/세계인 지향성으로 구분한다면, 서로 다른 정체성의 층위들은 어떠한 사회적 변인들에 의해 영향을 받는 것일까? 가령, 유학생의 정체성은 원래 출신국에서 형성된 국민국가 중심의 가치관에 의해 결정될 수도 있지만, 유학생활을 통해 타국 사람이나 현지 학생들과 접촉하면서 자신이 가지고 있던 태도가 달라질 수도 있다. 또한 유학 중인 학교의 환경과 교육 프로그램, 현지 생활에 만족감을 느끼고 있다면, 그리고 외국 친구나 이웃들과 좋은 관계를 형성한다면 아시아인이나 세계인 공동체에 대한 인식이 긍정적으로 바뀔 수도 있을 것이다.

이러한 다양한 가능성들을 탐색하기 위해 정체성에 영향을 미치는 중요한 사회적 변인들을 투입하는 회귀분석을 실시했다. 회귀분석의 종속변인은 유학생의 (시민)정체성인데, 여기에서는 세 가지 지향성을 각각 종속변인으로 삼아 세 번의 회귀분석을 하였다. 독립변인은 세 단계로 나누어 투입했다. 첫 번째로 연령, 성별, 응답자의 계층 지위(계층귀속의식 응답을 근거로 하여 상/중/하로 구분) 등을 통제변인으로 넣었고, 두 번째 단계에서는 응답자의 출신국 변인을 추가했다. 세 번째 단계는 응답자의 유학생활 경험이 정체성에 어느 정도 영향을 미치는지를 보기 위해 네 가지 요인들을

그림 6-2 | 회귀분석의 틀: 주요 변인들

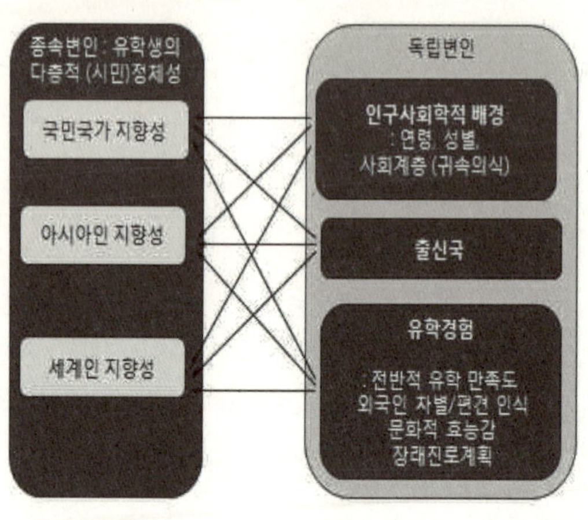

고려했다. 우선 유학생활에 대한 전반적인 만족도, 유학국에서 외국인에 대한 편견과 차별 정도, 5년 후 경력 계획(유학국에 계속 머무름 / 본국으로 귀국 / 제3국으로 이동), 그리고 현재 유학국 생활에서 느끼는 문화적 자기효능감(cultural self-efficacy, CSE) 등을 분석에 포함시켰다.

문화적 자기효능감은 "문화적 다양성이라는 특징적인 상황에서 자신의 역량을 충분히 효과적으로 발휘하고 있는가에 대한 개인의 인지"로 정의할 수 있다(Briones et al. 2009, 303). 유학이란 외국에서 다양한 문화를 접하는 환경 속에서 진행되며, 자기효능감이 높은 유학생은 그렇지 못한 학생보다 유학 중에 더 적극적인 활동을 할 것이다. 문화적 자기효능감은 유학생들

표 6-5 | 회귀분석 1: 국민국가 지향성

독립변인	모델 1	모델 2	모델 3
	Beta	Beta	Beta
연령더미(24세 미만)	0.028	0.058	0.041
연령더미(30세 이상)	- 0.052	- 0.026	- 0.018
(기준: 25~29세)			
성별더미 (남성)	0.154***	0.133***	0.132***
주관적 계층 (하층)	0.042	0.044	0.038
주관적 계층 (상층)	0.009	0.034	0.030
(기준: 중층)			
출신국 더미_중국		0.206***	0.192***
출신국 더미_일본		- 0.130**	- 0.146***
출신국 더미_기타		0.124**	0.109**
(기준: 한국)			
외국인에 대한 차별			0.101**
진로 더미 (유학국 계속 체류)			- 0.055
진로 더미(제3국으로 이동)			0.004
(기준: 본국으로 돌아감)			
전반적 유학 만족도			- 0.038
문화적 자기효능감 1			- 0.099**
문하적 자기휴능감 2			0.036
R square	0.030	0.114	0.142
수정된 R square	0.023	0.104	0.125

***p〈.001, **p〈.01, *p〈.05

이 외국에서의 일상생활을 어떻게 인지하고 있는가를 잘 보여 주는 척도이다. 이 연구에서는 문화적 자기효능감 관련 연구들을 검토한 후, 유학생 연구에 적합한 10개 지문들을 추출하여 설문조사에 활용했으며, 요인 분석을 통해 이는 다시 두 가지로 압축했다. 첫 번째(CSE 1)는 대화와 사회적 관계 유지에 주로 관련되며, 두 번째(CSE 2)는 일상생활과 정보 접근에 관한 것이다. 전체적인 회귀분석의 분석틀은 〈그림 6-2〉와 같다.

먼저 유학생들의 국민국가 지향성이 어떤 요인들에 의해 영향을 받는지 살펴보자(〈표 6-5〉). 전체적으로 가장 큰 영향력을 미치는 변인은 유학생의 출신 국가로 나타났다. 한국 출신 학생을 기준으로 더미변수의 계수

표 6-6 | 회귀분석 2: 아시아인 지향성

독립변인	모델 1	모델 2	모델 3
	Beta	Beta	Beta
연령더미(24세 미만)	- 0.046	- 0.039	- 0.006
연령더미(30세 이상)	0.003	0.008	- 0.002
(기준: 25~29세)			
성별더미 (남성)	0.020	0.020	0.009
주관적 계층 (하층)	0.021	0.022	0.025
주관적 계층 (상층)	0.078*	0.091*	0.079
(기준: 중층)			
출신국 더미_중국		0.053	0.125**
출신국 더미_일본		0.016	0.015
출신국 더미_기타		- 0.004	0.036
(기준: 한국)			
외국인에 대한 차별			- 0.119**
진로 더미 (유학국 계속 체류)			0.051
진로 더미(제3국으로 이동)			- 0.038
(기준: 본국으로 돌아감)			
전반적 유학 만족도			0.068
문화적 자기효능감 1			0.031
문화적 자기효능감 2			0.139**
R square	0.009	0.011	0.061
수정된 R square	0.002	0.000	0.042

***p〈.001, **p〈.01, *p〈.05

를 보면, 중국과 기타 아시아 국가 출신 학생들은 국가 정체성이 더 강하게 표출된 반면, 일본 학생들은 그러한 태도가 약하다. 또한 성별에 따른 차이가 눈에 띄는데, 남학생은 여학생보다 국민국가의 이익을 더 중시하는 태도를 보인다. 유학경험과 관련된 변인 중에서는 유학국 사람들의 외국인 차별에 대한 인지, 그리고 문화적 효능감(1)이 유의미하게 나타났다. 다시 말해, 자신이 현재 머무르고 있는 유학국 사람들이 외국인을 상당히 차별한다고 생각할수록, 그리고 외국어로 말하고 현지 사람들과 사회적 관계를 형성하는 데 불편함을 느낄수록, 유학생들의 국민국가 중심적 태도는 더 강화되는 경향이 있다.

표 6-7 | 회귀분석 3: 세계인 지향성

독립변인	모델 1	모델 2	모델 3
	Beta	Beta	Beta
연령더미(24세 미만)	- 0.102*	- 0.105*	- 0.087*
연령더미(30세 이상)	- 0.073	- 0.064	- 0.076
(기준 : 25~29세)			
성별더미 (남성)	- 0.045	- 0.066	- 0.070
주관적 계층 (하층)	0.090*	0.087*	0.089*
주관적 계층 (상층)	0.050	0.056	0.049
(기준: 중층)			
출신국 더미_중국		0.031	0.061
출신국 더미_일본		- 0.116**	- 0.112**
출신국 더미_기타		- 0.008	0.006
(기준 : 한국)			
외국인에 대한 차별			0.018
진로 더미 (유학국 계속 체류)			0.103*
진로 더미(제3국으로 이동)			0.052
(기준: 본국으로 돌아감)			
전반적 유학 만족도			0.061
문화적 자기효능감 1			0.026
문화적 자기효능감 2			0.080
R square	0.018	0.034	0.059
수정된 R square	0.011	0.023	0.040

***p〈.001, **p〈.01, *p〈.05

아시아인 지향성 〈표 6-6〉과 세계인 지향성 〈표 6-7〉에 대한 회귀분석은 다소 다른 양상을 보인다. 자신이 상층 계층에 속한다고 응답한 학생들은 아시아인 지향성이 좀 더 강하게 나타났는데, 3단계 모형에서 다른 변인들을 투입하면 계층의 통계적 유의도가 사라졌다. 출신국별로는 중국인 학생들의 아시아인 지향성이 다소 높고, 다른 국가들 간에는 유의미한 차이가 없다. 그러나 외국인 차별에 대한 인식이나 문화적 효능감이 아시아인 지향성에 미치는 영향력은 국민국가 지향성에 비해 더 크게 나타났다. 즉 유학국에서 외국인 차별이 심각하다고 생각하는 사람일수록 아시아인 지향성이 더 낮아졌다. 유학과정에서 자신이 차별받거나 타자화될 수 있다는 인식은 이웃 국가나 아시아 사람들에 대한 부정적 태도로 연결되는 것이다. 반대로 유학국에서 일상생활을 스스로 잘 영위할 수 있다는 자신감이 있고 원하는 정보에 원활하게 접근하고 있다고 생각하는 학생들은 아시아인 지향성이 더 긍정적으로 나타났다.

세계인 지향성의 경우, 계층적 지위가 낮은 응답자들이 국제 규범이나 세계시민으로서의 소속감을 더 중요시하는 것으로 나타났다. 출신국가별로는 일본 출신 학생들의 세계인 지향성이 다소 낮았고, 다른 국가 학생들은 큰 차이가 없었다. 보다 주목되는 것은 유학생들의 진로 계획이다. 즉 현재 유학 중인 국가에 5년 후에도 계속해서 머무를 것이라고 응답한 학생들은 본국으로 돌아가거나 제3국으로 갈 것이라는 학생들보다 세계인 지향성이 더 강하다. 이러한 결과를 종합해 보면, 계층적 배경이 낮은 학생들은 유학국에서 학위 과정을 마친 후 경제적 이유로 보다 적극적인 구직활동을 하게 될 것이고, 따라서 유학국에서의 체류 계획을 더 길게 잡을 것이다. 이들은 장기적인 외국생활과 국제적인 경력을 추구하기 때문에 국제 협력의 필요성이나 국제적 규범에 더 친화적인 태도를 갖는다는 해석을 할 수 있다.

7. 맺으며

경험적 자료에 기반한 이 연구의 결과를 요약해 보면, 아시아 역내 유학생의 다층화된 정체성을 구성하는 국민국가 지향성, 아시아인 지향성, 세계인 지향성이 각기 다른 양상으로 형성되고 있다. 국민국가 지향성은 유학생의 출신국가에 따라 크게 달라졌는데, 중국 학생들은 국민국가 중심적 태도가 일본 학생들보다 확연하게 높았다. 물론 중국과 일본 청년들의 태도 차이에 대한 원인 분석은 이 연구의 범위를 벗어나는 별도의 연구과제가 될 터이지만, 국민국가의 국익과 주권을 중요시하는 태도가 무엇보다 출신문화에 따라 큰 영향을 받는다는 점은 주목할 만하다. 또한 유학생들이 외국인이라는 이유로 차별받을 것이라는 부정적 인식이 강하고, 또 외국인 친구나 이웃과의 언어 소통이 어렵고 관계 형성이 어려운 경우, 자국문화를 중시하는 태도는 더 강화되는 경향이 나타났다. 그러나 전체적인 모델의 설명력을 살펴볼 때 국민국가 지향성은 유학생이 어느 국가 출신인가에 따라 달라지는 양상을 보였다.

한편 아시아인 지향성은 유학 생활에서 어떤 경험을 하는가에 따라 영향을 받는 것으로 나타난다. 특히 유학국 내의 일상생활에서 불편이 없고 원하는 정보에 쉽게 접근하는 등 문화적 자기효능감이 높은 응답자일수록 아시아인 지향성이 더 높았다. 마지막으로 세계인 지향성은 학생들의 장래 진로 계획에 따라 많이 좌우되었다. 유학국에 5년 이상 장기 체류할 계획이 있는 학생들은 귀국 예정인 학생들에 비해 국제 협력과 국제 규범의 가치, 그리고 이중국적과 같이 국민국가의 장벽을 낮추는 제도에 더 동조하고 있다.

또한 국민국가 지향성과 세계인 지향성을 단순히 이분법적으로 구분하거나 영합적 관계로만 볼 수 없다는 것을 분석 결과는 보여 준다. 국민국가 지향성이 가장 높은 중국 학생들이 세계인 지향성 또한 가장 높은 반면, 일본 학생들은 양자가 모두 낮게 나타났다. 국민국가 중심적인 가치관이 이른바 포스트-국가 정체성과 상호 갈등적인 것이 아니라 서로 공존할 수 있다면, 그리고 아시아 유학생의 경험에서 이러한 공존의 모델을 찾을 수 있다면, 이는 동북아의 역내 갈등을 보다 협력적인 관계로 전환하는 데 장기적으로 중요한 시사점을 제공해줄 것이다. 유학 경험과 그 효과는 좁은 의미의 학교생활과 교육 프로그램에만 국한되지 않는다. 유학국 이웃 주민과의 접촉, 유학국 사람들의 태도나 가치관에 대한 상호 인식, 일상생활에서 정보 접근이나 사회관계 형성 등 유학 생활의 광범위한 사회문화적 요소들이 젊은이들의 정체성과 태도에 영향을 미친다는 점을 이 연구에서도 확인할 수 있다.

기존의 동북아 지역의 유학 관련 연구들은 교육 커리큘럼이나 학위 제도 등 제도교육의 문제 및 산업적 효과에 주로 집중된 반면, 유학생의 증가가 초래하는 사회문화적인 효과에는 그다지 주목하지 않았다. 장기적으로 본다면 유학생이 늘어날수록 다양한 영역에서 사회문화적 교류가 확대될 것이며, 단순히 학교교육에 국한되지 않는 다문화적 상호작용이 지역 공동체의 역동성이나 초국가적 교류에 다양한 영향을 미칠 수 있을 것이다. 특히 유학 후 본국 귀환이라는 단선적 이동에 국한되지 않고 유학 후 계속 취업 혹은 제3국으로의 이동과 같은 다양한 순환형 이동이 확대될수록, 유학생들은 기존의 국가중심적 태도에 안주하지 않고 지역적 혹은 국제적 가치들에 더 많이 노출될 것이다. 이러한 변화는 동북아시아의 정체성과 상호인식에도 많은 시사점을 갖고 있다. 지역 내 다자간 협력 기반을 제공하는 캠퍼스 아시아 프로그램이 중장기적인 효과를 만들어내기 위해서는 교환학생 프로그램 뿐 아니라 대학 간의 다양한 교류사업, 연구개발 분야에서의 협력 등으로 확대되는 것이 바람직하다. 더 나아가 대학 간 협력에 국한되지 않는 아시아 지역 내 청년들의 교류 증진과 문화적 교류 프로그램은 새로운 지역적 정체성의 형성이라는 차원에서 더욱 활성화될 필요가 있다. 이 글은 통계분석에 기초하여 객관적 자료를 제시하는 데 중점을 두고 있지만, 유학생의 다층적 정체화라는 복합적 과정은 향후 보다 질적이고 심층적인 사례분석을 통해 보완되어야 할 것이다.

정책 차원에서 보면, 국민국가 단위의 유학생 정책은 유학생의 유치, 커리큘럼 개발이나 질 관리 등 제도교육 영역에만 국한되는 경향이 있다. 그러나 유학생이 거주하는 지역사회에서 이웃과의 교류 및 일상생활에서의 조화로운 공존, 지역문화의 구성원으로 참여할 수 있는 다양한 프로그램 제공, 그리고 타문화에 대한 이해 증진 등으로 그 관심을 확대하는 것이 바람직하다. 유학생은 단지 국제적으로 확장된 교육산업의 소비자 혹은 고객으로서만 인식될 것이 아니라, 국민국가의 경계를 넘어서는 지역 내지 글로벌 공동체의 구성원이라는 차원에서 고려되어야 한다. 동북아시아 역내 유학의 증가가 지역 내 문화 교류와 상호이해를 확대함으로써 장기적으로 국민국가 간의 경쟁과 갈등을 넘어서는 새로운 공존의 비전을 형성해 가는 데 기여하기를 기대한다.

참고문헌

Aiden, Hardeep Singh. 2011. "Creating the 'Multicultural Coexistence' Society: Central and Local Government Policies towards Foreign Residents in Japan." *Social Science Japan Journa* 14, No. 2.

Berry, J. W. 2005. "Acculturation: Living successfully in two cultures." *International Journal of Intercultural Relations 29.*

Berry, J. W. 2008. "Globalisation and acculturation." *International Journal of Intercultural Relations 32.*

Bilecen, B. 2013. "Negotiating differences: cosmopolitan experiences of international doctoral students." *Compare: A Journal of Comparative and International Education 43*, No. 5.

Briones, E., C. Tabernero, C. Tramontano, G.V. Caprara, and A. Arenas. 2009. "Development of a cultural self-efficacy scale for adolescents." *International Journal of Intercultural Relations 33.*

Brooks, R. and J. Waters. 2011. *Student Mobilities, Migration and the Internationalization of Higher Education.* New York and London: Palgrave Macmillan.

Chung, Erin Aeran. 2010. *Immigration and Citizenship in Japan.*NewYork: Cambridge University Press.

Commisson of the European Communities. 2009. *Green Paper: Promoting the learning mobility of young people.*

Fan, Cynthia and A. Mak. 1998. "Measuring Social Self-Efficacy in a Culturally Diverse Student Population." *Social Behavior and Personality 26*, No. 2.

Fincher, R. 2011. "Cosmopolitan or Ethnically Identified Selves? Institutional Expectations and the Negotiated Identities of International Students." *Social & Cultural Geography 12*, No. 8.

Findlay, A. M. 2010. "An Assessment of Supply and Demand-side Theorizations of International Student Mobility." *International Migration 49*, No. 4.

Findlay, Christopher and William G. Tierney eds. 2010. *Globalisation and Tertiary Education in the Asia-Pacific: The Changing Nature of a Dynamic Market.* Singapore: World Scientific Publishing Co.

Gargano, Terra. 2009. "(Re)conceptualizing International Student Mobility : The Potential of Transnational Social Fields." *Journal of Studies in International Education 13*, No. 3.

Hall, Stuart. 1997(1991). "Old and new identities, old and new ethnicities." in King A. D. (ed.) *Culture, Globalization and the World-System.* Minneapolis: University of Minnesota Press.

Hannerz, Ulf. 1990. "Cosmopolitans and Locals in World Culture," in M. Featherstone ed. *Global Culture: Nationalism, Globalization and Modernity.* London: Sage.

Haugh, Michael. 2008. "The Discursive Negotiation of International Student Identities." *Discourse: Studies in the Cultural Politics of Education 29*, No. 2.

Healey, Nigel M. 2008. "Is Higher Education in Really 'Internationalising'?" *Higher Education 55*, No. 3.

JASSO (Japan Student Services Organization). 2012. '*Report on the foreign students' career plan and the conferment of academic degrees*'(in Japanese)(March,2012).

Jenkins, R. 2008. *Social Identity* (3rd edition). London and NewYork: Routledge.

Kashima, Emiko S. and E. Loh. 2006. "International Students' Acculturation: Effects of International, Conational, and Local Ties and Need for Closure." *International Journal of Intercultural Relations 30.*

Kim, Andrew Eungi. 2013. "Demography, Migration and Multiculturalism in South Korea." *Japan Focus* (www.japanfocus.org).

King, Russel and Parvati Raghuram. 2013. "International Student Migration: Mapping the Field and New Research Agendas." *Population, Space and Place 19.*

Mitchell, Kristine. 2012. "Student Mobility and European Identity: Erasmus Study as a Civic Experience?" *Journal of Contemporary European Research 8*, No. 4.

Mols, Frank and Martin Weber. 2013. "Laying Sound Foundations for Social Identity Theory-Inspired European Union Attitude Research: Beyond Attachment and Deeply Rooted Identities." *Journal of Common Market Studies* (JCMS) 51, No. 3.

Nussbaum, M. 2000. "Symposium on Cosmopolitanism – Duties of Justice, Duties of Material Aid: Cicero's Problematic Legacy." *the Journal of Political Philosophy 8*, No. 2.

Oakes, P. J., Haslam, S. A. and Turner, J. C. 1994. *Stereotyping and Social Reality.* Oxford: Oxford University Press.

OECD. 2011. *International Migration Outlook: SOPEMI 2011.* OECD Publishing.

OECD. 2012. *International Migration Outlook: SOPEMI 2012.* OECD Publishing.

OECD. 2013. *Education at a glance 2013 - OECD Indicators.* OECD Publishing.

Ota, Hiroshi. 2003. "The International Student 100,000 Plan (Policy Studies)". *Hitotsubash University Center for Student Exchange Journal 6*.

Pan, Su-Yan. 2013. "China's approach to the international market for higher education students: strategies and implications." *Journal of Higher Education Policy and Management 35*, No. 3.

Papatsiba, Vassiliki. 2005, "Political and Individual Rationales of Student Mobility: a case-study of ERASMUS and a French regional scheme for studies abroad." *European Journal of Education 40*, No. 2.

Pahm, Lien and David Saltmarsh. 2013. "International students' identities in a globalized world: Narratives from Vietnam." *Journal of Research in International Education 12*, No. 2.

Porter, Paige and Lesley Vidovich. 2000. "Globalization and Higher Education Policy." *Educational Theory 50*, No. 4.

Rizvi, Fazal. 2005. "International Education and the Production of Cosmopolitan Identities." RIHE International Publication Series 9 - Paper Presented at Transnational Seminar Series at the University of Illinois at Urbana-Champaign (www.ideals.illinois.edu).

Sigalas, E. 2010. "Cross-border Mobility and European Identity: the Effectiveness of Intergroup Contact During the ERASMUS Year Abroad." *European Union Politics 11*, No. 2.

Seol, Dong-Hoon and John D. Skrentny. 2009. "Why Is There So Little Migrant Settlement in East Asia?" *International Migration Review 43*, No. 3.

Seol, Dong-Hoon. 2012. "The citizenship of foreign workers in South Korea." *Citizenship Studies 16*, No. 1.

Spring, Joel. 2008. "Research on Globalization and Education." *Review of Educational Research 78*, No. 2.

Sugimura, Miki. 2011. "Diversification of International Student Mobility and Transnational Programs in Asian Higher Education." *Comparative Education 43*.

Tai, Eika 2009. "Japanese Immigration Policy at a Turning Point." *Asia and Pacific Migration Journal 18*, No. 3.

Tsuda, Takeyuki. eds. 2006. *Local Citizenship in Recent Countries of Immigration : Japan in Comparative Perspective*. Lanham•Boulder•New York•Toronto•Oxford: Lexington Books.

UNESCO. 2009. *Global Education Digest 2009: Comparing Education Statistics Across the World*. Montreal: UNESCO Institute for Statistics.

Waters, J. L. 2006. "Geographies of Cultural Capital: Education, International Migration and Family Strategies between Hong Kong and Canada." *Transactions of the Institute for British Geographers 31*, No. 2.

Yang, Rui. 2010. "Transnational Higher Education in China." in Chrisrtopher Findlay and William G. Tierney eds. *Globalisation and Tertiary Education in the Asia-Pacific.* Singapore: World Scientific Publishing Co.

교육과학기술부 (글로벌협력전략팀). 2011. 5. "아시아 대학생 교류 및 대학간 협력 활성화를 위한 CAMPUS Asia 시범사업 추진계획." (www.moe.go.kr)

황정미·문경희·신미나. 2011. 『교육이주의 추이와 미래 정책과제』. 서울: 한국여성정책연구원·고려대 아세아문제연구소.

7장

동북아의 '국가 정체성 이슈'와 지역안보 협력 구상

손기영

1. 들어가며

아베 신조(安倍晋三) 일본 총리가 고이즈미 준이치로(小泉純一郎) 총리 이래 7년 4개월 만인 2013년 12월 26일 야스쿠니(靖國)신사를 참배함으로써 동북아 국가 간의 마찰이 고조되고 있다. 이 연구의 목적은 "보통국가" 건설을 목표로 재무장을 본격화하려는 아베 정권의 외교안보 전략을 분석하고, 대일정책의 차원을 넘어서 동북아 지역의 안보 협력을 강화하기 위해 한국이 중견국가로서 취할 수 있는 중장기 전략을 조망해 보는 데 있다. 일본의 재무장뿐만 아니라, 신형 대국 관계(新型大國關係)를 주장하는 중국의 부상과 미국의 "아시아 회귀(pivot to Asia)"에 따른 지역 정세의 변환기

* 이 논문은 『국제관계연구』 제19권 제1호(2014년 봄호)에 게재된 논문을 수정한 것이다.

를 맞아, 한국 정부와 전문가들은 동아시아 지역의 안정과 평화를 보장할 수 있는 여러 가지 방법을 모색하고 있다. 그 중의 하나가 한·일 관계에서 과거사와 영토 문제를 안보 협력과 분리해서 일단 양국 협력의 물꼬를 터 보자는 방안이다(노효동 2013a).

하지만 이러한 분리 전략이 단기적으로는 가능하더라도 중장기적 실효성이 있을까? 이 연구는 동북아 국가 간의 영토 문제와 과거사 문제 등을 일국 민족주의에 근거한 "국가 정체성 이슈"로 분류하면서, 이러한 국가 정체성 이슈와 안보 협력이 쉽게 분리될 수 없는 현실을 직시한다. 그 이유는 이미 과거사와 영토 문제가 동북아 지역에서 첨예하게 "안보 문제화(securitization)"되어 있기 때문이다(Buzan and Wæver 2003, 70-76). 즉, 안보 협력의 신전을 위해서는 이러한 과거사와 영토 문제에 대해 동북아 국가 간에 일정 수준의 공감대를 형성해야 하는 것이 선결조건으로 부상했다. 이런 현실을 무시한 분리 전략은 이명박 정부가 추진한 한·일 군사정보 포괄 보호 협정(GSOMIA)과 물품 및 서비스 상호 제공 협정(ACSA)이 체결을 불과 몇 시간 앞두고 대일 감정의 악화로 취소된 것과 같은 전철을 밟을 것이다.

이 연구는 분리 전략의 중장기적 실효성에 의문을 제기하면서 동아시아 지역의 초보적 지역안보 아키텍처(regional security architecture)를 강화시킬 수 있는 이슈 연계(issue linkage) 전략을 제시한다(주재우 2013). 즉, 국가 정체성 이슈를 동북아 국가 간의 안보 협력과 연계시켜서 다룰 수 있도록 유럽의 헬싱키 프로세스와 유사한 동북아판 안보 협력 프로세스를 모색해야 한다고 본다(Jepperson, Wendt and Katzenstein 1996; Abdelal, Herrera, Johnston, and McDermott 2006). 물론, 새로운 전략의 실행은 현재 상황이 위기로 치달아 동북아 국가들 간에 새로운 해결책이 절실하게 요구되는 시점이거나, 아베 총리의 야스쿠니신사 방문에 따른 마찰이 진정된 상황에서 일정한 냉각기를 지나 새로운 지역질서의 모색이 필요할 때 가능할 것이다.

한편으로 동북아의 안보 협력을 위한 새로운 창이 미래의 어느 시점에 열린다고 해서 이슈 연계 전략이 가능해지리라는 보장은 없다. 이슈 분리 전략의 실효성이 높지 않은 것처럼 이슈 연계 전략도 현재의 동북아 정세에서는 당장 실행하기가 쉽지 않다. 그럼에도 불구하고 이 연구는 동북아 안보 협력의 새로운 길을 모색해야 된다는 필요성에서 출발하는데, 이 점에서 헬싱키 프로세스는 다음과 같은 시사점을 던져준다. 냉전기에 시작된 헬싱키 프로세스는 동구와 서구 간에 안보 협력과 인권 보장의 문제를 함께 논의하고 해결책을 모색하는 중장기적 프로세스였다는데 의미가 크다. 헬싱키 프로세스의 준비기였던 1970년대 초반은 인권이 인류의 보편적 가치로 인정받기 전이라서 소련과 동구는 인권을 내세운 서구의 공세를 처음에는 완강히 거부했지만, 수년간의 협상을 거쳐 2차 세계대전 후 공산국가들이 획득한 세력권을 인정받는 조건으로 인권의 보장을 수락하게 된다 (Roth 1986).

기존의 연구들은 동아시아 지역의 다자 안보 협력 또는 인권의 문제를 유럽 안보 협력의 경험을 빌어서 분석했지만, 이러한 국가 정체성의 충돌 문제를 직접적으로 안보 협력 문제와 연계하고자 하는 시도는 없었다(서보혁 2010; 서보혁 2009; 홍기준 2009; 박병석 1994; 허만호 2010). 그러므로 이 연구는 지역안보 협력을 위한 구체적인 레짐(regime) 형성에 대한 연구가 아니라 이러한 레짐의 형성을 위해 발상의 전환이 필요한 초기 환경에 대한 연구이다.

먼저 동북아의 안보 아키텍처에 대해서 분석해 보고, 이슈 연계 전략에 대해 설명할 것이다. 특히, 동북아의 안보 아키텍처의 변화에 중국 요인을 주로 언급한 기존 연구와는 달리 일본 변수를 초점으로 지역질서의 변화를 분석하고자 한다. 이 연구는 정부, 전문가 집단, 그리고 언론으로부터 관련 자료를 수집하고 정책 전문가와의 인터뷰를 통해 동북아의 안보 상황을 심층 분석할 것이다. 또한 일본의 외교안보 전략의 변화에 대한 주변국의 인식을 정부 당국자의 논평과 여론조사 결과를 중심으로 살펴본다. 미·일 안보 협력 강화와 중국의 독자적 군사력 증강이라는 두 개의 큰 흐름으로 전개되는 동북아 안보 환경의 변화가 이 지역의 평화와 안정에 저해 요소라는 판단 아래 한국이 지역안보 협력의 확대를 위해 할 수 있는 역할을 탐색해 본다.

2. 동북아 안보 아키텍처와 이슈 연계 전략

신현실주의 국제정치 이론은 세계정부가 없는 국제체제의 구조적 문제 때문에 개별 국가들은 끊임없이 안보 딜레마(security dilemma)에 시달리고 있다는 가정에서 시작된다(Waltz 1979). 흔히 국제구조(international structure)는 국제정치학에서 어느 정도 구조적 완결성과 지속성이 있는 상태를 지칭하는데, 가장 널리 쓰이는 개념 중의 하나가 세계정부가 존재하지 않는 상황에서 국민국가들 사이의 상호관계를 묘사하기 위해 사용되는 무정부 상태(anarchy)이다(Waltz 1979). 한편, 구성주의 접근법을 사용하는 학자들은 이러한 무정부 상태가 홉스(Hobbes)가 주장하는 "만인 대 만인의 투쟁(struggle of all against all)"으로 불리는 극단적 대립 상태만이 아니라 국민국가들의 상호관계의 선순환에 의한 공동체의 형성을 포함하는 다양한 무정부 상태를 상정할 수 있다고 본다(Wendt 1999, 246-312).

이러한 구조적 접근법이 국가행위자의 행동, 특히 국가 간의 상호관계를 특정한 상태로 유형화한 다음에 국가 간의 관계를 분석하고자 했다면, 아키텍처라는 접근법은 국제정치의 현장과 학술논문에서 광범위하게 쓰이기 시작했지만, 아직 이 용어에 대한 이론적 정립은 이루어지지 않은 상태이다. 힐러리 클린턴 국무장관이 연설문에서 아키텍처라는 용어를 자주 사용했는데 이 연설문들을 분석하면 이 용어가 국제정치적으로 어떤 의미를 가지는지를 암시한다. 하와이대의 동서센터(East-West Center)에서 행한 연설에서 클린턴 장관은 지역 아키텍처를 건물에 비유하면서 국가 간의 아키텍처에도 단단한 기초(foundation)가 필요하다고 주장한다(Clinton 2010). 클린턴 장관은 동아시아 지역의 새로운 도전에 대해 미국은 기존의 양자 동맹을 강화하면서 안정된 지역 아키텍처를 만들기 위해서 중심적 역할을 할 것이라고 강조한다. 미·중 관계에 관한 클린턴 장관의 2011년 워싱턴 연설에서도 아키텍처라는 언급이 나오는데, 클린턴은 구조적 의미보다는 과정의 의미에서 미국이 동아시아 정상회담(East Asia Summit)과 같은 지역 협의체에 참가하고, 동남아국가연합(ASEAN)과 우호 협정을 맺는 등, 동아시아의 지역 아키텍처를 강화하고자 노력해 왔다고 강조했다(Clinton 2013). 보다 견실한 지역 아키텍처가 미·중을 포함한 모든 역내 국가들에게 이익을 가져 올 것이라고 주장하면서, 특히 강조한 것은 "규칙과 책임의 시스템(system of rules and responsibilities)"을 강화하는 방향으로 지역 아키텍처를 발전시켜야 한다는 것이었다.

건축학의 이론을 빌리면, 아키텍처는 행위자가 의지(will), 수단(means), 그리고 능력(ability)의 결과로 건축적으로 안정되고, 세련된 구조물을 만들어 가는 과정 또는 결과물을 말한다(Fazio, Moffet and Wodehouse

2008, 1). 21세기 초의 동아시아의 초보적 안보 아키텍처는 패권적 유형, 세력 균형적 유형, 그리고 공동체적 유형으로 나누어 살펴볼 수 있다(Ikenberry and Mastanduno 2003). 패권적 유형은 미국이 패권국가로서 동아시아의 여러 나라들(일본, 한국, 필리핀, 태국)과의 양자 동맹을 통해 미국의 영향력을 동아시아에서 유지하기 위해 만든 지역 아키텍처라고 할 수 있다. "아시아 회귀" 전략에서 드러나듯이 미국은 아직 이러한 유형을 유지하고자 하는 의지를 갖고 있다. 하지만, 21세기를 맞아 보여 주는 미국의 상대적 쇠락은 이러한 의지가 수단과 능력으로 뒷받침되지 못하는 측면이 있으며, 이런 이유 때문에 패권적 유형은 동아시아의 평화와 안정에 기여하는 아키텍처가 되기에는 부족함이 있다. 이러한 부족함을 메우기 위해 미국은 일본의 재무장을 본격화시켜 동아시아의 패권을 지속적으로 유지하는 수단으로 삼고 싶은 것이다.[1]

세력 균형적 유형은 양극적 유형과 다극적 유형으로 나누어 볼 수 있는데 동북아에서 미·중이 대결하는 구도는 양극적 상황이지만, 일본이 독자적 외교안보 전략을 갖고 지역정치에 나서는 경우에는 다극적 상태가 만들어 진다. 아베 정권은 일본을 적극적인 안보 행위자로 만들기 위한 의지가 충분해 보이지만, 중국에 비해 상대적으로 쇠락하고 있는 일본의 경제력과 부족한 외교력을 볼 때, 일본의 수단과 능력으로 안정된 지역 아키텍처의 형성에 기여할 수 있을지는 의문이다.

한편 공동체적 유형은 유럽통합의 경험을 동아시아에 도입하는 것인데, 동북아협력회의(NEACD)나 ASEAN 주도의 지역 협의체 중의 하나인

1_미국의 압력과 아베 정권의 군사력 강화 방침에 따라 2014년도 방위비로 2013년보다 2.8% 늘어난 4조 8,848억 엔을 확정됐다. 아베 정권은 2013년도 방위비를 11년 만에 증액, 전년보다 0.8% 늘린 4조 7,538억 엔으로 책정했었다(조준형 2013a).

아세안지역포럼(ARF)과 같은 조직이 좀 더 제 기능을 발휘해 안보 공동체(security community)로 발전하는 유형이다. 현재, ASEAN은 의지는 있지만 수단과 능력이 제한적이므로 미국이나 중국과 같은 강대국이 함께 안보 공동체를 형성하는 방향으로 움직이지 않는 한 공동체적 유형이 동아시아의 안보 아키텍처의 축으로 부상할 가능성은 별로 없다. 결과적으로, 21세기 초 동아시아의 정세는 미국 주도의 패권적 지역질서가 여전히 영향력을 발휘하는 가운데, 미·중의 양극 구도 혹은 미·중·일의 다극 구도로 변화되는 양상을 보이고 있다. 안보 공동체를 형성하고자 하는 움직임은 현저히 약해서 동아시아 지역의 불안정성이 높아가는 국면에 있다.

아베 정권은 미국의 상대적 위상 약화와 중국의 부상이라는 동아시아 정세 변화 속에서 어떤 국제적 영향력을 행사할 수 있을지를 고민해 왔다(伊藤憲一 2010, 67). 특히 아베 정권은 미국의 주니어 파트너였던 과거의 일본을 독립적인 안보 행위자로 만들기 위해서 노력 중에 있다. 물론 이 목표를 달성하기 위해 미국의 협조를 얻고 있지만 미국의 협조가 충분조건이 될 수 있을까? 일본이 미국과의 동맹을 강화하려는 시도는 사실상 지역 국가들에게 위협 요소로 인식되어 왔다(김경일 2007). 현재 동북아시아는 군사·정치적으로는 냉전시대의 양자 구도를 크게 벗어나지 못하고 미·일 동맹과 한·미 동맹이 느슨한 중국, 러시아, 북한의 3각 연대와 대치중에 있는데 이러한 대치는 양측의 전략과 국익의 차이에 의해서만 발생하는 것은 아니다. 이미 체결된 동맹에 기반을 둔 일련의 정책 행위, 관련국 시민들의 상대국에 대한 인식, 영토와 주권 등에 대한 승인(recognition), 과거사에 대한 다른 해석 등의 변수가 부정적으로 작용하면서 상호 배타적이고 충돌 지향적으로 형성된 국가 정체성에 의해 기인하는 측면도 있다(Wendt and Katzenstein 1996; Abdelal, Herrera, Johnston, and McDermott 2006, 695-711).

여론조사는 한 국가의 특정 시기의 입장에 초점을 맞춰 국가 정체성을 측정할 목적으로 광범위하게 이용되는 사회과학적 조사 방법이다(Kang 2007, 21-22). 2013년도 한·일 국민 상호 인식 조사에 따르면 일본인의 경우 한국과 중국을 두고 "한국에 보다 친근감을 느낀다"고 응답한 비율이 45.5%로 절반 가까운 수치를 보였으나, "중국에 보다 친근감을 느낀다"고 답한 비율이 5.9%에 그쳐 일본인의 중국인식이 심각한 상황임을 보여 준다.[2] 반면 한국인은 "일본에 보다 친근감을 느낀다"고 응답한 비율은 13.5%에 불과했지만, "중국에 보다 친근감을 느낀다"고 답한 비율은 36.2%로 중국에 친근감을 느끼는 이들이 일본에 친근감을 느끼는 이들보다 세배가량 많았다.[3] 하지만, 일본과 중국 중에 "어느 쪽에도 친근감을 느끼지 않는다"는 응답자가 38.0%로 가장 많았다는 것은 한국인도 인접한 양국에 대해 친근감을 별로 느끼지 못하는 상황임을 알 수 있다.

한·중·일 3국의 국민 간에 서로 친근감을 느끼지 못하는 이유의 대부분은 영토 분쟁과 역사해석 문제에서 파생된 것으로서 개별 국가가 독자적으로 형성해 온 국가 정체성을 서로 인정하지 못하기 때문이다. 위의 여론조사에서 양국 관계의 발전을 방해하는 가장 큰 요소를 세 개 선택하라고 했을 때, 한국 응답자의 94.6%와 일본 응답자의 83.7%가 "독도/다케시마 문제"를 가장 주요한 원인으로 꼽았다. 뒤이어 61.1%의 한국 국민은 "일본

2_고려대학교 아세아문제연구소, 동아시아연구원, 일본 언론NPO의 2013년 한일 국민 상호 인식 조사의 주요 결과, 2013년 5월 14일. 한국 측 조사는 전국의 만 19세 이상 성인 남녀를 대상으로 2013년 3월 25일부터 4월 15일까지 면접조사(유효회수 표본수: 1004). 일본 측 조사는 3월 30일부터 4월 15일까지 방문유치회 수법으로 실시(유효회수 표본수: 1,000).

3_한국일보사와 일본 요미우리(讀賣)신문사, 중국 신화(新華)통신사 발행 주간지 랴오왕둥팡(瞭望東方)이 실시한 2011년 한·중·일 공동 여론조사에서 "일본과 중국을 신뢰하느냐"는 질문에 한국민은 각각 21%, 20%의 응답자가 긍정적으로 답한 것을 보면 2년 사이에 일본에 대한 신뢰가 상당히 추락하는 대신 중국을 신뢰하는 국민이 빠르게 늘었다는 것을 의미한다.

의 역사인식과 역사교육" 그리고 55.1%의 일본 국민은 "한국 국민의 반일 감정"을 양국 관계의 발전을 방해하는 주요 원인으로 꼽았다.

이러한 일반인의 상호 인식과 한·중·일 정부의 인식은 어떤 차이가 있을까? 집단적 자위권을 포함한 아베 정권의 중장기적 국가전략 모색에 대해 중국은 미·일 양국이 냉전적 사고를 버리지 못하고 동북아 지역의 안정을 저해하는 행동으로 해석하는 반면(吴谷丰 2013), 한국은 당초에는 미국의 입장과 대북정책에서의 협조 등을 고려해 일본을 비판하는 데 조심스러운 입장이었으나, 아베 총리의 야스쿠니신사 방문 이후에는 윤병세 장관이 외교부 장관으로는 처음으로 유엔 인권이사회에서 일본군 위안부 문제를 명시적으로 제기하는 등 강경 노선으로 전환했다(이재민 2013; 류현성 2014).

동북아 안보 협력 문제와 국가 정체성 이슈를 지금까지의 국가 간 협상에서는 다른 채널로 다루어 왔는데 뚜렷한 해결의 실마리를 찾지 못했다. 실제로는 동북아 국가 간의 정치·안보 부문의 협력 문제와 국가 정체성이슈 사이에 암묵적인 연계가 이루어져 동북아 국가 간의 공식 협상의 진전을 방해해 왔다. 예를 들어, 2008년 이후 매년 열렸던 한·중·일 정상회담이 2012년에 센카쿠(尖閣) 열도(중국명 댜오위다오·釣魚島)를 둘러싼 중·일 간의 마찰로 2013년에는 열리지 못했다. 공식적으로는 동북아 국가 간의 협의에서 정치·안보 협력 문제와 국가 정체성 이슈를 분리시키는 형태로 논의가 진행되어 왔는데, 미해결 상태로 남아 있는 국가 정체성 이슈가 정치·안보 협력을 위한 협상의 진전을 막은 것이다. 지금까지 한·중·일 3국 간에는 FTA 협상의 개시 등 경제 협력 부문에서는 진전이 있었지만, 실질적인 안보 협력의 실현은 늘 국가 정체성 이슈라는 암초에 걸려서 좌초되는 상황이었다. 박근혜 대통령이 5월 8일의 미국의 상하 양원 합동 연설에서 이러한 동아시아의 현실을 "아시아 패러독스(Asia Paradox)"라고 묘사했는데, 역내 국가 간의 경제적 상호의존이 증대함에도 불구하고 정치·안보 협력이 뒤처져 있는 상황을 지적한 것이다.

이 연구는 이 두 문제를 연계시켜 해결점을 모색해 보는 전략적 틀을 제시하고자 한다. 특히 대치하고 있는 동북아의 양대 강국인 중국과 일본 사이에서 한국은 어떤 정책적 목표를 갖고 지역 국가 간의 화해와 안보 협력을 증진시킬 수 있을까? 한·일 간의 정상회담과 외상 회담을 포함한 고위급 회담이 중단된 상태에서 어떤 협상 전략이 국내의 반대를 완화시키고 국제적 합의를 도출하는 데 도움이 될 수 있을까? 헬싱키 프로세스에서 성공적으로 이행된 이슈 연계가 동북아의 현실에서 쉽지는 않겠지만, 현실의 위기를 타개하기 위해 그 동안 시도하지 않았던 새로운 전략의 모색은 필요하다.

이슈 연계를 설명하는 통상적인 방법은 무역자유화 협상의 예이다. 농업 경쟁력이 약해서 시장개방을 꺼리는 일본과 같은 나라들이 무역자유화의 물결에 동참할 수 있는 이유는 농산물 부문과 기타 경쟁력 있는 부문의 연계를 통해서 패키지 딜(package deal)이라는 방법으로 문제를 접근했기 때문이다(Davis 2004). 단일 이슈로 협상을 해서 국내의 기존 반대세력의 저항에 직면하는 것보다는 여러 부문을 연계시켜서 협상하는 것은 국내의 다양한 로비(lobby) 집단과 정부기관이 관여됨으로써 협상의 양상이 달라지고, 일정 수준의 타협을 통한 해결책을 찾을 수 있는 가능성이 있기 때문이다. 즉 이슈 연계는 "함께 논의되어서 공동의 해결책을 찾을 수 있는 가능성"이 있을 때 가능하다(Sebenius 1983). 그러므로 절대 협상이 불가능한 이슈를 포함시키는 것은 협상을 결렬시킬 수 있으므로 모든 참석자들이 합의를 통해서 어느 정도의 이익을 얻을 수 있는 이슈들을 연계시키는 것이 중요하다(Mayer 1992).

물론 전술한 무역 협상과 안보 협력을 위한 협의는 시간적, 전략적 면에서 큰 차이를 보일 수 있다. 한국은 이러한 차이를 고려하면서 중견국가로서 지역안보 협력을 위한 의제 설정자(agenda-setter)의 역할을 할 필요가 있다(손기영 2012; 2013). 이 연구는 한·미·일 '삼각동맹'의 강화 과정에서 한·중·일 지역 협력의 걸림돌인 국가 정체성 문제들을 일정 부분 개선해서 지역의 화해와 안보를 함께 보장할 수 있는 로드맵(roadmap)을 그려 나가야 한다고 본다. 즉 한·중·일의 지역 협력을 진전시키기 위해서는 전술한 대로 한·일 간과 중·일 간의 영토, 과거사 문제에 대한 어느 정도의 공감대의 형성이 필요한 것이다.

먼저 이슈 연계를 설명하기 위해 헬싱키 프로세스가 시작된 배경에 대해 분석해 본다. 1972년에 공식적으로 협상이 시작되어 1975년에 35개국 간에 체결된 헬싱키 조약(Helsinki Final Act)은, 서유럽과 동유럽의 영토적 경계를 설정하는 문제, 즉 소련의 영향권을 확정하는 문제가 2차 세계대전의 종식 후 30년이 걸려서 양측 간의 이해에 도달했다는 것을 의미한다. 중요한 것은 소련이 이 조약을 통해서 발트 3국을 합병하고 동유럽의 공산국가들에 대해 배타적 영향력을 추인 받은 반면, 서구는 인권의 보장을 유럽에서 의무화함으로써 소련과 동유럽에서 시민 봉기와 기본권에 대한 공산 정권의 탄압을 최소화하려고 했다(http://history.state.gov/milestones/1969 - 1976/helsinki). 결론적으로 헬싱키 프로세스는 안보와 인권 문제 간의 이슈 연계를 통해 냉전 중 동서 진영의 긴장을 해소하고 협력을 모색하는 대화의 장을 마련하는 데 상당한 역할을 했다(Roth 1986).

특히 헬싱키 프로세스는 국가 간 관계의 원칙 및 안보 문제, 경제·과학기술·환경 분야에서의 협력, 인적 교류분야에서의 협력 등의 3개의 바스켓으로 구성되었다(서보혁 2010, 104). 여기에서 주목할 것은 〈표 7-1〉처럼 헬

표 7-1 | 헬싱키 프로세스의 이슈 영역 통합

영토와 주권	안보와 협력	인간의 기본권
• 동등한 주권 인정 • 영토 불가침 • 영토 보전 • 내정 불간섭	• 무력사용과 위협 중단 • 분쟁의 평화적 해결 • 국가 간 협력 • 국제법상의 의무이행	• 사상, 양심, 종교, 신념 등 기본적 자유와 인권 존중 • 인간의 평등과 자결권 보장

싱키 프로세스의 10개 원칙에는 이슈 영역(issue area)의 통합이 있었다는 것이다(http://www.csce.gov/index.cfm?FuseAction=AboutHelsinkiProcess.OSCE). 즉 영토와 주권, 안보와 협력, 그리고 인간의 기본권 이슈들이 모두 포함되어 있다. 1973년 유럽안보협력회의(Conference on Security and Cooperation in Europe: CSCE)의 출범 당시에는 인권 존중은 하나의 국제적 규범이 아니었고, 북대서양조약기구 측이 인권을 이 회의의 하나의 원칙으로 포함시키려고 했을 때, 바르샤바조약기구 측은 인권은 국가 간의 관계와 무관하다고 주장하면서 이를 거절했다. 서방 측도 동독이 "국경 불가침, 영토 통합, 무력 사용 금지, 주권적 평등, 독립, 불개입, 분쟁의 평화로운 해결 등 7가지 기본 원칙"을 제의했을 때 인권의 보장이 빠졌다는 이유로 수용하지 않았다(김수암 2009, 38). 그러나 서방 측의 반대가 완강하고, 4개의 중립국들이 서방 측의 입장을 지지하자, 동구 측은 처음부터 이 회의의 목적이었던 동서 간의 경계선의 상호 인정이라는 목표를 달성하기 위해, 인권 부분에서 양보하면서 10개의 원칙에 대한 합의가 이루어진 것이다. 동구와 서구라는 적대세력들이 냉전의 와중에 이러한 타협을 이룰 수 있었던 것은 21세기의 동북아 국가들에게도 큰 시사점을 던진다.

3. '보통국가' 건설을 위한 아베 정권의 외교안보 전략

이 연구의 목적은 동북아의 안보 아키텍처의 변화에 중국 요인을 주로 언급한 기존 연구와는 달리 일본 변수를 초점으로 지역질서를 변화시킬 수 있는 전략을 모색하는 데 있다. 일본의 재무장은 사실 냉전 초기부터 소련의 팽창주의, 중국의 공산정권의 수립 등으로 인해 무장 해제된 패전국임에도 불구하고 미국에 의해 제한적으로 추진되어 왔다(Hook 1996). 동북아의 국제정세가 21세기 초 또 한 번 변환기를 맞게 되는데, 중국의 부상과 미국의 상대적 쇠락으로 인해 일본의 재무장이라는 목표에 미·일 양국의 안보 이해가 맞아 떨어지는 상황이 된 것이다.

일본의 재무장의 본격화는 "보통국가" 건설이라는 일본 사회의 담론과 맥을 같이 하는데, 이러한 장기적 목표를 위해 아베 총리가 설정한 단기적 정책 목표는 일본을 전수방위의 평화국가에서 "적극적 평화주의"를 지향하는 나라로 변화시키는 것이다. 적극적 평화주의가 의미하는 바는 군사력 확대에 대한 일본 국민과 한국, 중국 등 인접국의 우려를 해소하고 서방과 동남아 국가들의 지지를 이끌어 내면서 일본을 집단적 자위권의 행사가 가능한 국가로 만들겠다는 것이다. 유엔 총회에서 아베 총리는 "일본은 적극적 평화주의의 입장에서 평화유지활동(PKO) 등 유엔의 집단 안전보장 조치에 한층 더 적극적으로 참가하도록 하겠다."고 선언했다(길윤현 2013). 즉, 부상하는 중국을 견제하기 위해 추진 중인 동아시아에서의 미·일 안보 협력의 강화와 유엔 평화유지활동 등의 전지구적 영역에서의 군사 활동을 위해서는 집단적 자위권의 확보가 필수적이라는 논리를 담고 있다. 유럽연합과의 공동성명에 포함된 "소말리아 해적 퇴치 활동에 적극적으로 협력한다."는 내용은 역외 군사행동을 강화하는 쪽으로 일본의 정책 방향을 분명히 하겠다는 의도이기도 하다(차학봉 2013a). 단계적으로 보면 아베 총리의 적극적 평화주의는 일본판 국가안전보장회의(NSC) 설립 → 특정비밀보호법 제정 → 무기 수출 3원칙 수정 → 집단적 자위권에 대한 헌법 해석 수정 → 개헌으로 이어지는 수순을 밟고 있다(関口克己 2013). 이미 NSC는 설립되어 첫 회의가 12월 4일 열려서 중국의 방공식별구역 설정에 대해 대응책을 논의했으며, 특정비밀보호법도 12월 13일 공포되었다(朝日新聞 2013).

다음으로 아베 정권은 중국의 부상에 따른 독자적 방위력의 향상과 집단적 자위권을 포함한 국제적 군사 협력에 관심을 기울이고 있다. 특히, 집단 안전보장에 대한 법적 기반을 검토하겠다고 대내외에 천명하고 "안전보장의 법적 기반 재구축에 관한 간담회" 등을 운영함으로써 준비 작업을 하고 있다. 또한, 센카쿠를 둘러싼 영토 분쟁으로 인해 일본 내부에서 중국을 적대적으로 보는 여론이 상승하고 있는 가운데 아베 정권은 중국에 의한 센카쿠 열도의 현상 변경을 용인할 수 없다는 입장을 굳히고 있다. 아베 정권은 집단적 자위권의 도입에 대한 미국의 지지를 얻고, 영토 분쟁에 대한 동남아 국가들의 "동병상련"적인 동조를 얻으면서 중국의 영향력의 확대에 대응할 방침이다. 이러한 일련의 정책은 일본의 국가 정체성을 평화헌법을 폐지하고 종국적으로 전쟁을 할 수 있는 "보통국가"로 만드는 데 목적이 있다.

아베 정권의 전략 변화는 미국과의 군사 동맹을 대폭 강화하면서 중국의 군비 증강과 북한의 핵·미사일 개발에 대응하는 쪽으로 초점을 맞추고 있다.[4] 아베 정권은 1기인 2006년 11월 미국의 신보수주의 입장을 반영한 가치관 외교를 주장하면서 당시 외상이었던 아소 다로가 일본, 필리핀, 인도, 호주 등을 포함해 유럽의 민주주의 국가들까지 연결하는 "자유와 번영

4_高木誠一郎(日本国際問題研究所研究顧問) 저자 인터뷰, 동경, 2013년 9월 30일.

의 호(the arc of freedom and prosperity)"를 제창했는데, 중국을 봉쇄하는 해상 방어선으로 해석되면서 중국의 반발을 산 적이 있다(아소 2007; 양기호 2013; 笹島雅彦 2013). 이에 앞서 아베 총리는 자신의 책 『아름다운 나라로(美しい国へ)』에서 밝힌 것처럼 전력(戰力) 없는 군대의 모순을 개탄하면서 집단적 자위권을 보유해야 한다고 지속적으로 주장해 왔다(安倍 2006, 123). "자유와 번영의 호"와 함께 아베 총리가 주장한 개념은 "아시아의 민주적 안보 다이아몬드(Asia's Democratic Security Diamond)"로서 인도양에서 서태평양까지의 항해의 자유가 중국에 의해 훼손되는 것을 막기 위해 일본, 인도, 호주, 미국 하와이가 다이아몬드 형태의 안보 연대를 구성해야 한다는 것이다(Abe 2013).

이러한 일본의 구상들은 2013년 10월 미·일 양국의 외교·국방 담당 장관이 참가하는 "안전보장협의위원회"에서 미국이 일본의 집단적 자위권 행사를 적극 지지하는 내용의 공동성명을 채택함으로써 구체화되고 있다. 미국의 척 헤이글 국방장관과 존 케리 국무장관, 일본의 기시다 후미오 외무상과 오노데라 이쓰노리 방위상은 10월 3일 도쿄에서 발표한 이 성명에서 "미국은 집단적 자위권 행사와 관련된 사항을 포함한 법적 기반의 재검토, 방위 예산의 증액 등 일본의 노력에 대해 환영한다."고 밝혔다(차학봉, 이하원 2013a).

미국의 브루킹스연구소의 리처드 부시 연구원, 헤리티지재단의 브루스 클링너 연구원, 더글러스 팔 카네기국제평화재단 부회장, 쉴라 스미스 미국외교협회 연구원 등의 한반도와 동아시아 전문가들은 일본의 집단 자위권 추진이 미·일 동맹 강화와 동북아 역내 안정에 필요한 수단이며 한국의 국익을 침해하지는 않을 것이라는 데 공통의 인식을 보이고 있다(이우탁, 노효동 2013). 미국 국무부도 이러한 맥락에서 일본의 집단적 자위권 행사 추진에 대해 "일본의 (방위) 역량을 결정하는 것은 일본 국민과 정부에 달려 있다."고 밝히면서 일본에게 자율권을 주는 입장이다(노효동 2013b). 한국 정부는 미국의 입장이 애초에 아베 정권의 우경화에 대해 우려하는 시각에서 일본의 재무장과 국제적 안보 협력에 긍정적인 방향으로 선회하자 외교 경로를 통해 일본의 집단적 자위권 추진이 갖는 사안의 특수성과 주변국에 미치는 영향 등을 감안해 미·일 방위협력지침(가이드라인) 개정이 한국의 국익과 주권을 침해하지 않도록 미국 측에 지속적으로 요청하고 있다.

집단적 자위권은 동맹국이 공격받았을 때 자국이 공격받은 것으로 간주해 공격할 수 있는 권리이므로 일본은 자국 내의 법령과 가이드라인이 개정되면 미국이 관련된 전쟁에서 전투를 할 수 있는 상황이 되는 것이다. 이런 맥락에서 미·일 양국은 미군과 자위대의 역할 분담을 규정한 가이드라인을 2014년 말까지 개정하기로 했다(園田耕司, 大島隆 2013). 이 가이드라인은 1978년 구소련의 일본 침공에 대비해 만들어졌으며, 1997년 9월에 한반도 유사 사태(전쟁 발발 등)에 대비해 재개정됐다. 이번 미·일 안전보장협의위원회에서 미국은 일본과 중국의 영토 분쟁 지역인 센카쿠 열도의 경비 강화를 위해 P8 초계기, 무인정찰기 글로벌호크, F35B를 일본에 배치한다는 데도 합의했다. 특히 케리 국무장관은 기자회견에서 "센카쿠가 미·일 안보조약의 대상"이라고 재천명함으로써 중·일 영토 갈등에 대해 일본에 대한 지지를 표명했다.

하지만, 미국은 2013년 3월 시퀘스터(sequester·연방정부 예산 자동 삭감)가 발동되고 10월에는 17년 만에 연방정부 기관의 부분적, 일시적 업무 기능 정지(셧다운)가 현실화되는 등 로널드 레이건 대통령 이래 "쌍둥이 적자"로 불리는 재정적자와 무역적자 문제가 더욱 심각해지는 상황을 맞고 있다. 이런 문제를 안고 "아시아 회귀"라는 정책을 추진하고 있는 미국 정부는 우방인 일본의 군사력을 활용하는 방향으로 전략을 수정했다. 2012년 6월 미국의 리언 패네타 국방장관이 6개의 항공모함을 포함한 해군 전력의 60%를 아시아 태평양 지역에 배치하겠다고 밝히면서 미국의 "아시아 회귀" 정책이 본격화 되는 것 같았다(David 2012; Ratner 2013). 하지만 국방비 축소 압력을 받고 있는 미국 정부로서는 아시아 지역으로 군대를 증파하기는 쉽지가 않으므로, 일본이 헌법 해석 변경을 통해 집단적 자위권을 행사하고, 미군의 부담을 줄일 수 있도록 방위비 부담을 늘리고 군사적 역할을 강화하는 데 합의한 것이다(차학봉, 이하원 2013a). 이 과정에서 아베 총리는 집단적 자위권에 반대하는 공명당의 동의를 얻은 후 관련 법제의 정비를 가속화해 나갈 것으로 보인다(차학봉, 이하원 2013b). 일본 정부와 자민당은 아베 총리의 구상대로 헌법 해석을 변경해 집단적 자위권을 행사할 수 있게 될 때에 대비, 집단적 자위권 행사의 절차를 담은 "집단적 자위 사태법(가칭)"을 2014년 정기국회에 제출할 것으로 보인다(조준형 2013b).

미·일 공동성명은 2차 세계대전 후 미국의 강요에 의해 만들어진 "평화헌법"을 사실상 백지화하는 방향으로 길을 연 것이라고 할 수 있다. 일본 헌법 9조 1항은 "전쟁과 무력에 의한 위협 또는 무력행사는 국제 분쟁을 해결하는 수단으로서 영구히 포기"한다고 명시했다. 이 조항에 의거해 일본은 집단적 자위권은 헌법이 허용한 자위권의 범위를 벗어난다고 해석해 왔다. 즉, 유엔 헌장 51조가 모든 국가에 자국이 공격을 받지 않아도 이해관계를 공유하는 국가가 공격받을 경우 타국에 반격할 수 있는 집단적 자위권을 보장하고 있지만, 일본 정부는 그 동안 집단적 자위권을 가지고 있지만 행사하지 않는다는 입장을 밝혀 왔다. 하지만 이런 해석은 일본과의 군사 협력 확대를 추진하는 미국의 입장에 반하는 것이었다. 예를 들어 "중국이나 북한의 장거리 미사일이 미국으로 발사되는 비상 상황에서 이 미사일을 요격할 수 있는 미국의 이지스함이 그 미사일의 궤도상에 있지 않고 일본의 이지스함이 있을 때 일본이 이러한 헌법 해석을 들어 이 미사일을 요격할 수 없으면 일본은 미국의 동맹국으로서의 역할을 할 수 없다."는 것이 미국의 생각이다.[5] 이러한 양국의 이해가 맞아서 2014년에 개정될 가이드라인은 우선 공해상에서 미군이 공격을 받을 경우 일본 자위대가 반격할 수도 있고, 자위대가 유엔 평화유지군으로 참전해 동맹국 부대를 경호할 수 있는 등, 미국이나 유엔이 주도하는 각종 전쟁이나 평화 유지 활동에 자위대가 전투 병력으로서 역할을 할 수 있는 가능성을 높여 줄 것이다.

미국의 지원 하에 일본의 집단적 자위권의 행사가 가능하도록 국제적 분위기를 조성중인 아베정권은 동남아 10개국, 유럽연합, 호주, 러시아 등의 지지를 얻는 데 성공했다. 특히 아베 총리는 취임 후 1년도 되기 전에 동남아 10개국을 모두 방문했으며, 각국의 정상들과의 회담을 통해 일본의 집단적 자위권의 행사에 대한 동의를 얻어냈다(조선닷컴 2013). 이러한 국제적 분위기 조성의 일환으로 일본 정부는 11월 2일 도쿄에서 러시아와의 첫 "2+2회담"(외교·국방 장관 회담)을 개최했다. 이 회담에서 일본은 특히 아시아 태평양 지역에서 중국의 안보 위협을 강조했으나, 러시아 측으로부터 위협 인식을 공유하는 데 실패했다. 러시아 측은 "중국이 없는 자리에서 중국 문제를 논의하지 않는다."는 입장을 고수함으로써 러시아를 끌어 들여 중국을 견제하려던 일본에 실망감을 안겼다(차학봉 2013b). 일본이 2+2회담을 개최한 나라는 미국·호주에 이어 러시아가 세 번째인데 북방 영토(러시아명 쿠릴 열도) 문제로 대립 중인 양국이 이러한 수준의 안보 회담을 개최한 것은 이례적이었다. 양국은 중국의 위협에 대한 입장에서 차이점을 보

5_저자 인터뷰, 주한 미국대사관 정무담당 서기관, 2013년 10월 24일.

였으나 일본 해상 자위대와 러시아 해군 간에 테러와 해적 대처를 위한 합동 훈련을 실시하기로 하는 등 안보 협력을 강화하기로 했다.

4. 안보 협력과 국가 정체성 이슈의 연계 전략

앞에서 일본의 재무장에 대해 상술한 이유는 한국이 일본의 재무장과 미·일 안보 협력의 강화에 대해 부정적인 태도를 보이면서 대화의 틀 밖에 있는 상황이 아베 정권에게 미국의 지지를 받으면서 재무장을 본격화하도록 도움이 되는 쪽으로 작동하고 있기 때문이다. 이 연구는 현재 이슈 영역(issue area)이 달라서 함께 논의되지 않았던 안보 협력 문제와 국가 정체성 이슈를 연계해서 협의할 수 있는 중장기 안보 협력 프로세스에 초점을 맞추고 있다. 중견국가로서 한국은 한·미·일 간의 '삼각동맹'에 대한 협의와 동북아 지역의 안보 협력 문제를 한·중·일 간의 영토 분쟁, 과거사 등의 이슈를 연계시킴으로써 한국의 국익과 동북아의 안정을 모색해야 한다고 본다. 박근혜 대통령이 2013년 5월 8일의 미국의 상하 양원 합동연설에서 동북아 다자간 대화 프로세스로서 동북아 평화 협력 구상을 공식 제안 했지만 현재의 동북아 상황에서 구체적 실천 방안이 가시화되어 있지 않다.[6]

동북아 지역의 중장기 안보 협력 구상은 3가지 방면을 고려할 수 있는데, ① 한·미·일 '삼각동맹' 협의, ② 한·중·일 협력, ③ ①과 ②의 유기적

6_조성열, "동북아평화협력구상의 추진방도 서울프로세스의 성공적 추진을 위하여," 『정세와 정책』 6월호(2013); 손제민, "헬싱키 프로세스를 어떻게 동북아에 적용할 수 있는가," 『경향신문』 2013년 5월 31일.

표 7-2 | 동북아 안보 협력과 국가 정체성 이슈의 연계

영토와 주권	과거사	안보와 협력
영토 현상 유지	야스쿠니신사 문제	한·미·일 '삼각동맹' ↓
무력 사용 금지	위안부 문제	한·중·일 협력 ↓
내정 불간섭	교과서 문제	한·미·일 '삼각동맹'과 한·중·일 협력을 포괄하는 지역 안보 협력체

연계가 그것이다. 이러한 동북아 안보 협력 프로세스에는 이슈 영역의 통합이 필요한데, 〈표 7-2〉와 같이 정리될 수 있다.

물론 동북아의 경계를 어디로 잡는가에 따라 러시아와 북한과 같은 주변 국가들이 포함될 수 있지만, 일단 지역안보에 핵심적 역할을 하는 국가들이 먼저 공감대를 형성할 필요가 있다. 이 연구는 앞에서 언급한 것처럼 지역안보 협력의 초기 환경에 대한 연구이므로 ②와 ③으로의 진전을 유도할 수 있는 ①에 대한 논의에 초점을 맞춘다.

헬싱키 프로세스와 유사한 지역안보 협력 프로세스의 도입을 위해 한국 정부는 한·미·일 '삼각동맹'의 협의에 원칙과 전략을 갖고 참가할 필요가 있다. 한·미·일 '삼각동맹'의 협의에 참가하는 것과 '삼각동맹'을 작동하게 하는 것은 다른 차원이다. 이미 2008년부터 한·미·일 3국은 해상 구조 훈련을 포함한 다양한 형태의 훈련을 공동으로 실시하면서, 3국간의 안보 협력을 넘어서 3국 군대의 유기적 통합이 이루어지고 있는 것이 현실이다(김호준 2012).

여기에서 미·일 간의 안보 협력의 투명성을 높이고 한국이 추구하는 의제를 포함시키기 위해서는 미·일 간의 협의의 틀 밖에 있는 것은 바람직하지 않다. 즉, 한국은 일차적으로 한·미·일 '삼각동맹'에 관한 협의에 참가

한 다음, 일본이 영토 분쟁이나 야스쿠니신사 참배 문제에 전향적인 자세를 취할 때 한·미·일 군사훈련에 참가하는 등 보다 가시적인 조치에 동조해야 한다. 지금처럼 원칙 없이 미국의 요청을 받아 사안별(ad hoc)로 한·미·일 합동 군사훈련에 참가하는 행위는 미국과 일본에 잘못된 메시지를 줄 수 있다.

그럼 한국의 한·미·일 '삼각동맹'의 참가에 대한 반대급부로 아베 정권이 과거사와 영토 문제에 전향적인 태도로 전환할 수 있을까? 정책의 레버리지(leverage)는 절대적인 힘의 우위에서 발생할 수도 있고 그렇지 않은 경우는 상대방과 교환할 수 있는 협상 카드를 보유하고 있을 때 가질 수 있다. 현재 미·일 양국은 한·미·일 '삼각동맹'을 강화하기 위해 한국이 적극적으로 협의에 참가하고 유사 동맹(quasi-alliance)의 모습을 보이는 한·일 안보 협력 관계를 좀 더 심화시키기를 원하다(Cha 2000). 만약 한국이 적극적인 대북 포용정책이나 친중 정책을 취해서 미·일과 소원해지는 경우를 생각해 볼 때, 한·미·일 '삼각동맹'에의 참가는 미국의 세계전략에 큰 도움이 되는 것이다. 유럽의 헬싱키 프로세스도 처음에 소극적 태도를 보였던 미·영·불이 서독의 적극적인 동방정책(Ostpolitik)을 경계하기 위해서 다자간 협력체제에 참여하는 것이 필요하다고 느끼면서 시작되었다(박병석 1994, 295).

미국은 또한 일본이 지역안보에서 큰 역할을 하길 원하지만, 국가 정체성의 충돌을 일으키는 영토와 역사 문제를 확대시키기를 원치는 않는다. 아베 총리의 야스쿠니신사 참배에 대해 한국, 중국은 물론 미국 정부마저 "실망했다"는 성명을 이례적으로 발표한 것은 이런 맥락에서이다(김용수 2013). 미·일 안전보장협의위원회 참석 차 일본을 방문한 케리 미국 국무장관과 헤이글 국방장관이 2013년 10월 3일 2차 대전 중 사망한 일본 병사들의 유골이 안치된 도쿄의 치도리가후치(千鳥ヶ淵) 전몰자 묘원에 헌화하고,

약 15초간 묵념했다는 것은 일본 지도자들의 야스쿠니신사 참배에 변화를 요구하는 무언의 압력이었다(조준형 2013c). 치도리가후치 전몰자 묘원은 2차 세계대전 때 해외에서 사망한 전몰자 중 신원을 알 수 없는 무명용사와 민간인의 유골을 안치한 국가시설이다. 일부 전문가들은 일본 정치인들이 A급 전범 합사를 이유로 한국, 중국 등이 문제를 제기하는 야스쿠니신사를 참배하는 대신 치도리가후치를 찾으면 된다는 견해를 제기해 왔다.

사실 미국의 장관들이 야스쿠니신사를 대신해 치토리가후치 묘역을 참배함으로써 이 문제 해결에 모범을 보여 주었다는 것은 환영할 일이며, 일본 정부가 미국의 무언의 압력을 수용해서 동북아시아 국가 간 역사 분쟁의 원인 중의 하나를 제거할 수 있게 한국 정부가 좀 더 적극적으로 미·일 정부에 압력을 가해야 한다. 하지만, 2011년 12월 18일 이명박 대통령이 노다(野田) 총리를 교토(京都)에서 만난 이후 양자 정상회담은 이루어지지 않고 있다. 한국이 다시 적극적 대일 외교를 펴서 안보 현안과 국가 정체성의 충돌에 관한 문제에 대해 해결책을 모색해야 한다는 것에 대해서 전문가들은 대체로 동의한다(진창수 2013; 박철희 2013).

이 연구는 한국이 중견국가로의 역할을 강화하기 위해서는 미래의 어느 시점에 일본을 군사 협력의 대상으로 볼 수밖에 없는 상황에서 보다 전략적으로 한·미·일 '삼각동맹'의 협의에 참여하면서 반대급부를 받아내는 쪽으로 노력해야 한다고 본다. 일본이 전향적인 태도를 보일 때 이명박 정부가 추진하려다 중단한 GSOMIA와 ACSA도 다시 체결을 하는 쪽으로 가닥을 잡아야 하지만, 이 두 협정이 체결되려면 한국 국민의 일본에 대한 인식이 어느 정도 바뀌어야 하고, 대일 인식이 바뀌려면 일본의 전향적인 행동이 필요하다. 한국의 국가 정체성에 근간을 이루는 반일 감정은 GSOMIA와ACSA의 체결 연기에서 보듯이 한국 정부로서 쉽게 볼 수 있는 문제가 아니다. 하지만 미국의 지원을 받으면서 군사력을 강화하고 있는 일본의 행보를 방관하는 것은 중국과 미·일 동맹의 대치 상황을 견고하게 만들어 줄 뿐이다.

그러므로 이 연구가 도출할 수 있는 한국의 정책 방향에 대한 로드맵은 다음과 같다. 한국은 먼저 한·미·일 '삼각동맹'의 협의가 군사 동맹의 확대 문제만이 아니라 동북아의 국가 정체성 문제도 함께 다룰 것이라는 것을 대내외에 천명하면서 이 협의에 참여해야 한다. 다음으로 이 협의의 틀 내에서 야스쿠니신사 참배 문제와 위안부 문제 등을 한·일 군사 협력의 확대 문제와 함께 논의하고, 이러한 이슈에 대해 포괄적 합의안을 도출하는 것이 양국 국민들의 반발을 최소화할 수 있는 방법이다. 이것은 앞에서 논의한 자유무역 협상에서 농산물 부문과 기타 경쟁력 있는 부문의 연계를 통해서 패키지 딜을 모색하는 것과 같은 방법이다. 다음으로 한·미·일 협의가 야스쿠니 참배 문제를 포함한 국가 정체성 이슈에 어느 정도의 해결 방안을 도출했을 때 한·중·일 협력 프로세스를 재가동시키고, 큰 틀에서 한·미·일 협의와 한·중·일 협의를 포괄하는 지역안보 협력체를 구성할 수 있다.

헬싱키 프로세스가 안보와 인권의 문제를 연계해서 해결하였듯이, 한국도 연결고리가 끊어져 있는 안보 협력 문제와 국가 정체성 이슈를 연계시켜서 포괄적 안보 협력의 틀을 만들려고 노력해야 한다. 실제로 일본의 지식인들 사이에도 전쟁과 식민지 지배에 대해 명확한 반성을 해야 된다는 의견이 있다(北岡伸一 1991, 177). 일본의 아사히신문도 2014년 2월 3일자 사설에서 야스쿠니를 대체할 수 있는 추도시설 건립에 대해 아베 총리가 결단을 해야 한다고 주장했다(朝日新聞 2014). 하지만, 단지 고노(河野) 담화나 무라야마(村山) 담화처럼 일시적 사죄와 반성이 아니라 헬싱키 프로세스의 인도주의적 문제에 대한 협력(바스켓III)을 실현하기 위해 설립된 모스크바 헬싱키 감시 그룹(Moscow Helsinki Watch Group)처럼 담화의 정신을 위반하는 행위에 대해 지속적인 정보 수집과 감시가 필요하다(김수암 2009, 54).

한국이 일본에 대해 독자적 영향력을 행사할 수 있는 역량이 제한적이므로, 한·미 동맹을 적극 활용해 미국의 힘을 빌릴 수밖에 없다. 미국의 힘을 빌리려고 하면 큰 틀에서 미국의 국익에 부합하는 쪽으로 우리의 정책을 선회해야 하는데, 한·미·일 '삼각동맹'의 협의에 참가하는 것은 한국이 받아들일 수밖에 없는 상황이다. 이것은 일본이 독자적으로 혹은 미·일 양자적으로 군사적 역할을 확대하는 것을 억제하면서, 일본의 군사적 역할을 다자적 차원에 묶어 놓는 효과도 가져 올 수 있다. 물론 한국의 협력은 과거사와 영토에 대한 일본의 전향적인 인식의 전환과 함께 실행될 것이라는 것을 분명히 해야 한다.

결국 한국의 국가 이익은 한·미·일 '삼각동맹'의 강화에 있다고 보기보다는 동북아 국가 간의 세력과 상호 정체성의 변환기를 맞아 분쟁을 최소화하고 기회의 창이 열릴 때 미·중, 중·일 간의 가교 역할을 하면서 동북아 안보 협력을 강화하는 쪽에 있다. 결론적으로 한국은 한·미동맹에 근간을 둔 안보전략을 유지하고, 일본을 안보 협력의 파트너로 볼 수밖에 없는 변화를 수용하면서, 동북아의 안정을 위한 큰 그림을 그려야 하는데 앞에서 예시한 헬싱키 프로세스는 좋은 선례가 된다.

5. 맺으며

아베 정권이 추진 중인 일본의 보통국가화는 중국의 부상과 미국의 "아시아 회귀"와 더불어 동아시아 국제관계에 하나의 변수로 등장하고 있다. 미국이 일본의 재무장을 지지하는 상황에서 국내적 절차가 순조롭게 진행되면 일본은 "전쟁을 할 수 없는 나라"에서 제한적으로 "전쟁을 할 수 있는 나라"가 될 수 있다. 21세기 초까지는 초보적인 동북아 안보 아키텍처에도 불구하고 일본과 중국이 경제 우선 정책을 취함으로써 극단적인 안보위기가 없었지만, 일본과 중국이 군사적 영향력을 확대하기로 정책을 전환한 이상 지속적인 안정을 기대하기는 어렵다.

결국 세력 전환기에 발생하고 있는 새로운 안보위기에 대처해 공동의 해결책을 모색할 수 있는가가 동북아 안보질서의 미래를 좌우할 것이다. 이런 맥락에서 헬싱키 프로세스라는 다자 안보 협력이 유럽 안보 아키텍처의 축으로서 냉전기에 대치하고 있던 양대 세력에게 대화의 장을 만들어 주고 인권 문제를 포함한 실질적 문제의 해결에 도움이 되었다는 사실은 동북아에 큰 시사점을 던진다. 헬싱키 프로세스에서 주권과 영토의 문제를 인권의 문제와 함께 공식적인 의제로 협의했듯이, 이 연구에서 말하는 이슈 연계는 동북아 국가들 간의 협력을 방해해 온 영토와 과거사 문제를 공식 의제에 포함시켜 전반적인 안보 협력의 아키텍처를 만드는 전략적 선택을 의미한다. 물론 헬싱키 프로세스의 인권 문제와 동북아의 국가 정체성 이슈를 동일한 수준에서 볼 수 있는가는 심층적 분석이 필요한 부분이지만, 헬싱키 프로세스가 동북아 국가 간의 문제 해결에 있어서 이슈 연계라는 하나의 방법론을 제시한다는 사실은 주목할 만하다. 또한 헬싱키 프로세스와 같은 다자 안보 프로세스는 긴장완화와 대화의 모색을 위한 하나의 과정이지, 직접적인 분쟁 해결의 창구는 될 수 없다는 사실도 간과해서는 안 된다.

한국은 북한의 위협에 노출되어 있는 중견국가로서 동북아 안보 협력을 강화하기 위해 새로운 목표와 실행 전략을 마련할 필요가 있다. 한국이 대륙 세력과 해양 세력의 사이에서 할 수 있는 것은 양대 세력이 충돌하지 않고 대화의 계기를 마련할 수 있도록 노력하는 것이다. 현재의 소극적 외교에서 벗어나 한·미·일 '삼각동맹'에 대한 논의와 영토와 과거사 문제를 적절하게 연계시켜 지역안보 협력 프로세스를 가동하는 것은 고려해 볼 만한 대안이다. 이러한 중장기 프로세스를 위해서는 미국과 동북아 국가 간의 공통 인식이 필요하지만 이에 앞서 현실의 대치 국면을 해소하기 위한 중견국가 한국의 의제 설정 능력과 외교 협상 능력이 요구되고 있다.

참고문헌

길윤현. 2013. "아베 '적극적 평화주의' 깃발…유엔서 '집단적 자위권' 선언," 『한겨레』 9월 27일.

김경일. 2007. "전후 일본의 동아시아정책과 지역 협력을 위한 과제: 인식과 정책의 변화를 중심으로," 『日本文化研究』 第24輯 (2007), pp. 63-63.

김수암. 2009. "헬싱키 최종의정서의 의의와 특징 : 인권의제를 중심으로," 『평화연구』 제17권1호, p. 38.

김용수. 2013. "아베 야스쿠니 참배 후폭풍…日, 파장 수습 '진땀'," 『연합뉴스』 12월 27일.

김호준, 2012. "한·미·일 해군, 하와이 근해서 해상구조훈련," 『연합뉴스』 8월 7일.

노효동. 2013a. "정부, 한·일 문제서 과거사 – 안보 협력 분리 대응 움직임," 『연합뉴스』 12월 24일.

노효동. 2013b. "美 '집단자위권은 일본 국민과 정부가 결정할 사안'," 『연합뉴스』 10월 29일.

박병석. 1994. "다자간 지역안보협력회의의 생성과 구조: 유럽의 경험을 통한 동북아에서의 구성전망," 『韓전략논총』 제3권 , pp. 291-372.

박철희. 2013. "동북아 정세 긴박한 상황…외교 통해 챙길 것 챙겨야,"『매일경제』 10월 16일.

서보혁. 2009. "다자안보협력의 제도화 경로: C/OSCE의 경험과 동북아 적용 방안 연구," 『국제정치논총』 제49권 2호, pp. 7-31

서보혁. 2010. "헬싱키 협정의 이행(바스켓 I): 군비통제의 기원과 동북아에 주는 함의," 『韓國政治外交史論叢』 제32집 1호, pp. 101-131.

손기영. 2013. "한반도평화체제와 대북정책에 대한 중국과 한국의 공동전략비전: 국가 정체성(state identity)과 규범(norm)의 괴리를 중심으로," 『아세아연구』 제56권 3호, pp. 201-230.

손기영. 2012. "서울 핵안보 정상회의와 글로벌 거버넌스를 위한 한국의 역할," 『국제문제연구』 제12권 2호, pp. 1-34.

손제민. 2013. "헬싱키 프로세스를 어떻게 동북아에 적용할 수 있는가," 『경향신문』 5월 31일.

아소 다로, 2007. "'자유와 번영의 호선'에 대해서," 재단법인일본국제포럼설립20주년기념 아소 외무대신 연설, 3월 12일.

양기호. 2013. "아베 정권의 동아시아정책과 한반도," 『KNSI 특별기획』 제41-3호.

이우탁, 노효동. 2013. "'한국의 과잉반응·오해' 시각 속 '주변국 자극 말아야'," 『연합뉴스』 10월 29일.

이재민. 2013. "'집단 자위권'에 분명히 대응해야," 『TV조선』 1월 21일.

조선닷컴. 2013. "아베 수상, 취임 1년도 안 돼 아세안 10개국 모두 방문…왜?," 『조선일보』 11월 17일.

조성열. 2013. "동북아평화협력구상의 추진방도 서울프로세스의 성공적 추진을 위하여," 『정세와 정책』 6월호.

조준형, 2013a. "일본, 내년도 예산안 974조 원…사상 최대," 『연합뉴스』 12월 24일.

조준형. 2013b. "일본 아베 정권, 집단적 자위권 행사 절차법 추진," 『연합뉴스』 8월 26일.

조준형. 2013c. "미국 장관들, '야스쿠니 대안' 일본 전몰자묘원 헌화," 『연합뉴스』 10월 3일.

주재우. 2013. "미·중의 동아시아 지역 질서관 비교 분석: 미국의 '아키텍처' 개념을 중심으로," 『아태연구』 제20권 1호, pp. 59-95.

진창수. 2013. "집단적 자위권의 해석 변경은 우리에게 어떤 의미인가," 『정세와 정책』 11월호.

차학봉. 2013a. "美 이어 EU도 아베의 적극적 평화주의지지," 『조선일보』 11월 21일.

차학봉. 2013b. "日, 러시아에 '中 견제' 말 꺼냈다 본전도 못 찾아," 『조선일보』 11월 4일.

차학봉, 이하원. 2013a. "美 '日 집단적 자위권' 손 들어주다," 『조선일보』 10월 4일.

차학봉, 이하원. 2013b. "美 종합선물세트 받은 아베, 軍事대국화 날개 단다," 『조선일보』 10월 4일.

허만호, 2010. "유럽의 인권보호체계와 헬싱키 프로세스의 대북한 적용," 『미중 경쟁시대의 동북아 평화론: 쟁점, 과제, 구축전략』. 서울: 아연출판부, pp. 175-210.

홍기준, 2009. "헬싱키 프로세스의 초기조건과 동북아 다자안보협력." 『통일문제연구』 통권 제52호, pp. 43-73.

朝日新聞. 2014. "國立追悼施設 - 首相が決斷さえすれば," 2月 3日.

朝日新聞. 2013. "特定秘密保護法が公布 1年以内に施行 內閣に準備室," 12월 13일.

安倍晋三. 2006. 『美しい國へ』. 동경: 文藝春秋, p. 123.

伊藤憲一. 2010. "日本外交と東アジア共同体構想," 『外交』 Vol.1(9月号), p. 67.

北岡伸一. 1991. 『日米關係のリアリズム』. 동경: 中央公論社, p. 177.

笹島雅彦. 2013. "安倍首相の唱える「価値観外交」で, 日中關係は修復するのでしょうか," 『讀賣新聞』 1月 11日.

關口克己. 2013. "國家安保會議法成立 秘密法案は參院審議 解釋改憲への第1彈," 『東京新聞』 11월 28일.

園田耕司, 大島隆. 2013. "防衛指針見直し合意 日米2プラス2 中國の脅威も指摘," 『朝日新聞』 10월 3일.

吳谷丰. 2013. "新華國際時評: 日美同盟在危險的道路上越走越遠," 『新華网』, 10월 3일.

Abdelal, Rawi, Yoshiko M. Herrera, Alastair Iain Johnston, and Rose McDermott. 2006. "Identity as a Variable." *Perspectives on Politics* 4, No. 4, pp. 695-711.

Abe, Shinzo. 2013. "Asia's Democratic Security Diamond." 『Project Syndicate』 http://www.project-syndicate.org/commentary/a-strategic-alliance-for-japan-and-india-by-shinzo-abe (검색일: 2013년 11월 15일).

Alexander, David. 2012. "The U.S. Will Put More Warships in Asia: Panetta." 『Reuters』 6월2일.

Buzan, Barry and Ole Wæver. 2003. *Regions and Powers: The Structure of International Security*. Cambridge: Cambridge University Press, pp. 70-76.

Cha, Victor. 2000. "Abandonment, Entrapment, and Neoclassical Realism in Asia: The United States, Japan, and Korea," *International Studies Quarterly* 44, No. 2, pp. 261-291.

Clinton, Hillary. 2010. "Remarks on Regional Architecture in Asia: Principles and Priorities." http://www.state.gov/secretary/rm/2010/01/135090.htm (검색일: 2013년 12월 5일).

Clinton, Hillary. 2013. "Secretary Clinton on U.S.-China Relations in the 21st Century," http://seoul.usembassy.gov/p_gov_011411.html (검색일: 2013년 11월 16일).

Davis, Christina L. 2004. "International Institutions and Issue Linkage: Building Support for Agricultural Trade Liberalization." *American Political Science Review* 98, No. 1, pp. 153-169.

Fazio, Michael, Marian Moffett, Lawrence Wodehouse. 2008. *A World History of Architecture*. New York: McGraw-Hill, p. 1.

Hook, Glenn. 1996. *Militarization and Demilitarization in Contemporary Japan*. London and New York: Routledge.

Ikenberry, John, G. and Michael Mastanduno. 2003. "Conclusion: Images of Order in the Asia-Pacific and the Role of the United States," Ikenberry and Mastanduno (eds.), *International Relations Theory and the Asia-Pacific*. New York: Columbia University Press, pp. 421-439.

Jepperson, Ronald, Alexander Wendt, and Peter J. Katzenstein. 1996. "Norms, Identity, and Culture in National Security," Peter J. Katzenstein, (ed.), *The Culture of National Security: Norms and Identity in World Politics*. New York: Columbia University Press, pp. 33-75.

Kang, David. 2007. *China Rising: Peace, Power, and Order in East Asia*. New York: Columbia University Press, pp. 21-22.

Mayer, Frederick. 1992. "Managing Domestic Differences in International Negotiations: The Strategic Use of Internal Side-Payments." *International Organization* 46, No. 4, pp. 793-818.

Ratner, Ely. 2013. "Rebalancing to Asia with an Insecure China," *Washington Quarterly* 36, No. 2, pp. 21-38.

Roth, S. J. 1986. "From Madrid to Vienna: What Progress in the Helsinki Process?," *Soviet Jewish Affairs* 16, No. 3, pp. 3-16.

Sebenius, James. 1983. "Negotiation Arithmetic: Adding and Sub-tracting Issues and Parties," *International Organization* 37, No. 2, pp. 281-316.

Waltz, Kenneth. 1979. *Theory of International Politics*. New York, McGraw-Hill.

Wendt, Alexander. 1999. *Social Theory of International Politics*. Cambridge: Cambridge University Press, pp. 246-312.

National Identities and the Perceptions of the Region in East Asia in the Period of Power Transition

The plan of this book is to analyze and compare the major East Asian nations and the changes in their national identities as well as the possibility of the formation of an East Asian regional identity. What is meant by national identity is the sharing of a sense of unity and belonging among members of a nation. The core of national identity comprises of the awareness of innate qualities distinct from foreign nations and together seeking a national ideology and banner. Just as individual identity follows from changes in one's path in life, the formation of national identity is through history and collective experiences. Meanwhile, East Asian regional identity means that East Asian nations have formed a sense of unity and belonging. Although East Asian regional identity is still in its beginning stage, active economic, social, and cultural exchanges and cooperation are opening the possibility towards its formation.

In the 21st century, East Asia has been emerging as a central global economy as regional economic interdependence has continued to deepen. Korea, Japan, China along with the 13 ASEAN nations comprises 31% of the world population, 20% of global GDP, and 22% of trade. With this mind, East Asia has played an active role in the recovery period after the 2008 global financial crisis. Moreover, the Asian Development Bank has forecasted that by 2050, Asia will account for half of the global GDP. Within East Asia itself, the degree of economic cooperation has been deepening, with trade among ASEAN+3 nations accounting for approximately 40% of the region and ASEAN+6 nations accounting for 45%. With this in mind, the notion of an East Asian economic bloc is becoming increasingly salient. There has even been further integration on the socio-cultural level. As human exchanges such as tourism and studying abroad are rapidly increasing, movies, music and other forms of popular culture are becoming widely shared, allowing for nations in East Asia to develop a higher level of mutual understanding.

However, the East Asian region is plagued by clashes surrounding ideology, historical perceptions, sovereign territory, sea demarcation problems and so on. The region has yet to extricate itself from these acute tensions stemming from complex structural imbalances which are remnants of the shifts from modern to post-modern and the Cold War to post-Cold War eras. The already tense situation appears to be increasing in complexity, especially with China's rapid economic growth and potential emergence as a regional superpower and the rebalancing of Asia policy of the U.S. In other words, the situation has been complicated as intense competition between the U.S. and China over regional dominance and the responses of other East Asian nations in the effort for the most strategic gains have contributed to regional instability. In this unstable situation, the North Korean nuclear issue, Japanese re-armament and normalization efforts, territorial and sea demarcation issues that are central to Korean-Chinese-Japanese conflict are harming regional stability and creating volatility. Therefore, in this region it is not just that the community discussion has weakened over time, but the East Asian integrated community itself is an empty slogan.

In this situation, the formation of an all-encompassing East Asian regional community or identity should not be viewed with complete pessimism. The advance of globalization and the information communication society, increasing economic interdependence as well as structural imbalances left from modern and post-modern, Cold and post-Cold War eras all coexist in East Asia.

However, even with these various conflicts, transnational flows and movements are rapidly increasing. These flows are happening via nations, local governments, NGOs, businesses, and various actors including individuals through an extensive range of areas including labor, ideas, ideologies, cultures, environmental issues and human rights. With these exchanges, countless holes are being drilled in existing borders: 'perforation' is underway. Thus in today's East Asia, through actors at various levels, the formation or re-formation of networks and identity is occurring.

Overall, this book seeks to explore identity formation in a situation of imbalance and conflict between sovereign states despite wide-ranging transnational phenomena. It will analyze the characteristics of individual national identities in East Asia and explore the various possibilities that could lead these exclusive identities to form a transcendent regional identity. In particular, the central nations—Korea, China, Japan—and the characteristics of their national identity will be analyzed, exploring the elements that impede the formation of an East Asian identity. For this purpose, symbols of Korean, Chinese, and Japanese identities will be analyzed from a Korean perspective. These symbols include China's awareness and role as a regional power, Japan's "normal state" efforts in the background of revisionist nationalism, and the perception of Korean unification. In conclusion, the influence of transnational exchanges and rewards of multilateral regional security cooperation between these three countries on regional identity formation have been explored in the context of their multilayered identities.

ARI Monograph Series 21
National Identities and the Perceptions of the Region in East Asia in the Period of Power Transition

First Published 2014
by The Asiatic Research Institute at Korea University
145 Anam-ro, Seongbuk-gu, Seoul 136-701, Korea
www.asiaticresearch.org

아연동북아총서 21

세력 전환기 동아시아의 국가 정체성과 지역 인식

1판1쇄 | 2014년 5월 30일

편저자 | 이정남·이내영
펴낸이 | 이종화
펴낸 곳 | 아연출판부
등록 | 2000년 5월 24일 제6-376호
주소 | 서울시 성북구 안암로 145 고려대학교 아세아문제연구소(136-701)
전화 | 02-3290-1600 팩스 | 02-923-4661
홈페이지 | www.asiaticresearch.org

값 12,000원

ISBN 978-89-90769-54-1 94300
ISBN 978-89-90769-29-9 (세트)

이 도서의 국립중앙도서관 출판시도서목록(CIP)은 e-CIP 홈페이지(http://www.nl.go.kr/ecip)에서 이용하실 수 있습니다(CIP제어번호: CIP2014016644).